Silke Unterkircher
mit Cristina Marrone

Die letzte Umarmung des Berges

Das kurze, abenteuerliche Leben
des Karl Unterkircher

Aus dem Italienischen von
Christine Frauendorf-Mössel

Vorwort von Hans Kammerlander

Mit zwei Schwarz-Weiß-Abbildungen
und 24 Seiten Farbbildteil

Mehr über unsere Autoren und Bücher:
www.malik.de

Für Alex, Miriam und Marco
Silke

Für die, die bleiben
Cristina

Bibliografische Information der Deutschen Nationalbibliothek
Die Deutsche Nationalbibliothek verzeichnet diese Publikation in der
Deutschen Nationalbibliografie; detaillierte bibliografische Daten
sind im Internet über http://dnb.d-nb.de abrufbar.

MALIK NATIONAL GEOGRAPHIC

Deutsche Erstausgabe
Oktober 2010
© RCS Libri S. p. A., Milano 2009
Titel der italienischen Originalausgabe: »L'Ultimo Abbraccio della Montagna«,
erschienen 2009 bei Rizzoli, Mailand
© der deutschsprachigen Ausgabe:
Piper Verlag GmbH, München 2010
Umschlaggestaltung: Dorkenwald Grafik-Design, München
Umschlag- und Innenteilfotos: Privatarchiv der Autorin, mit Ausnahme von Tafeln 1, 16:
Walter Nones/Simon Kehrer, Tafel 2 o.: Ivo Rabanser; Tafeln 2, 4 u.: Gerold Moroder;
Tafel 7 o.: Roberto Tasser; Umschlag hinten rechts, Tafel 10 u.: Michele Compagnoni;
Umschlagvorderseite, Tafel 11 o.: Daniele Bernasconi; Tafeln 11, 12 o.: Alessandro
Puccinelli; Tafeln 12/13 u., 13 o.: Archiv Hans Kammerlander
Vorwort von Hans Kammerlander: aufgezeichnet von Walther Lücker
Redaktion: Maria Anna Söllner, München
Satz: Fotosatz Amann, Aichstetten
Papier: Naturoffset ECF
Druck und Bindung: CPI – Clausen & Bosse, Leck
Printed in Germany   ISBN 978-3-492-40392-4

Das Papier wurde aus chlorfrei gebleichtem Zellstoff hergestellt.

Inhalt

Sichtbare Spuren   7

Prolog   11

Der Nanga Parbat – eine Wahl, die der Zufall traf   13

Adieu Schatz, adieu Liebes   26

Mit einem Mal ein Bergsteiger   41

Liebe auf den ersten Blick war es nicht   53

Auf dem höchsten Berg der Welt   75

Nach 63 Tagen auf dem nächsten Achttausender   94

Wart' auf mich, bin gleich wieder da!   117

Das Geheimnis des Genyen: auf dem Gipfel
des Heiligen Berges   133

Mit Hans Kammerlander zum Gipfelsturm
auf den Jasemba   154

Nach der Bezwingung des Gasherbrum II
illegal in Pakistan   169

Die zerrissene Seite   186

Epilog   204

Karl Unterkirchers Erstbegehungen in den Dolomiten   206

Danksagung   215

Sichtbare Spuren

An einem der ersten Julitage 2007 erreichte mich auf meinem Mobiltelefon ein Anruf, dessen Nummer unverkennbar auf einen Satellitenanschluss hinwies. Als ich das Gespräch annahm, meldete sich am anderen Ende Karl Unterkircher. Er saß zu diesem Zeitpunkt über fünfeinhalbtausend Kilometer entfernt im Basislager des Gasherbrum II, auf der Nordseite des dreizehnthöchsten Berges der Erde. Sein Plan war kühn. Zusammen mit Daniele Bernasconi und Michele Compagnoni beabsichtigte er, die Nordwand dieses 8034 Meter hoch aufragenden Berges erstmals vollständig zu durchsteigen. Es war noch nicht lange her, dass wir uns voneinander verabschiedet hatten, nachdem uns die Erstbesteigung des klettertechnisch sehr schwierigen Südpfeilers am Jasemba (7350 Meter) in Nepal zusammen gelungen war. Karl befand sich in Höchstform. Und die Nordwand am Gasherbrum II war wie geschaffen für den weltweit besten Höhenbergsteiger der neuen Generation.

Bereits drei Jahre zuvor war Karl Unterkircher mit einer ebenso aufsehenerregenden, spektakulären wie überzeugenden Leistung zum neuen Fixstern am Himmel über den ganz hohen Bergen geworden. Innerhalb von nur 63 Tagen hatte er 2004 zunächst den K2 und dann den Mount Everest ohne Hilfe von Flaschensauerstoff bestiegen. Das war zuvor noch niemand gelungen. Danach gab es Auszeichnungen, Aufnahme in Rekordlisten, Ehrungen, Interviews. Und Karl stand vor der Frage, ob er künftig von dieser Erinnerung leben oder den Weg, der sich nun eröffnete, weiter fortsetzen wollte. Immerhin, die Latte lag schon zu diesem Zeitpunkt enorm hoch, denn so weit kommen nicht viele. Ein Senkrechtstarter mit grandiosen

Anfangserfolgen. Ein ganz großer Felsspezialist, nun auch für höhentauglich befunden und genau mit den wichtigsten Merkmalen eines außergewöhnlichen Höhenbergsteigers ausgestattet: jenem unbändigen Willen, jenem positiven Denken, jener Fähigkeit, Risiken abzuwägen, nie dem Leichtsinn nah und doch mit so viel Wagemut im Rucksack, um das Äußerste, das gerade noch Mögliche zu versuchen.

Während unseres Telefonates im Juli 2007 unterhielten wir uns über die Verhältnisse in der noch undurchstiegenen Gasherbrum II-Nordwand und irgendwann auch über den Abstieg. Ich riet ihm dringend, rasch und mit nur »kleinem Gepäck« auf die pakistanische Seite abzusteigen und nicht über die Nordwand wieder abzuklettern. Das würde zu lange dauern und wäre viel zu gefährlich. Der Abstieg in Richtung Baltoro hätte den Vorteil, dass er irgendwann auf andere Expeditionen treffen würde, und dass ihm überdies als Nebeneffekt auch noch die Überschreitung gelingen würde. Mit der für ihn typischen Gelassenheit hörte er mir zu, wir beendeten das Gespräch und freuten uns auf ein Wiedersehen in kaum drei Wochen. So sollte es kommen. Die Wand gelang, die Überschreitung auch, und bald sahen wir uns daheim in Südtirol wieder.

Die neuen Ziele an den hohen Bergen, Expeditionen mit den ganz großen Herausforderungen sind nur noch für die Allerbesten möglich. Und selbst die sehen sich mit einem enorm hohen Risiko konfrontiert. Karl Unterkircher hatte am K2 und Everst einen großen Expeditionsapparat im Rücken. Das schmälert ganz gewiss nicht seine Leistung, aber es eröffnete ihm die wunderbare Möglichkeit, sich ganz auf sich und auf die ungewohnte Höhe zu konzentrieren. Nichts lenkte ihn vom fokussierten Ziel ab. Doch die neuen Projekte, kleine Expeditionsgruppen, schnelle Besteigungen, Erstbegehungen, die Suche nach neuen Wegen, das alles faszinierte ihn viel mehr als andere.

Ich hatte ihn 2005 eingeladen, Lois Brugger und mich zu unserem ersten Versuch am Jasemba zu begleiten. Damals schon wurden mir die außerordentlichen Qualitäten dieses Ausnahmekönners bewusst. Das waren die Tage, an denen ich Karl als großen Menschen und wertvollen Partner kennengelernt habe. Er wäre vielleicht der Mann für die ganz schwierigen Aufgaben gewesen, für eine Überschreitung von Everest, Lhotse und Nuptse zum Beispiel, einer für die letzten Herausforderungen abseits der ausgetretenen Pfade an den Achttausendern.

Als wir 2005 dem Jasemba ohne Gipfelerfolg den Rücken kehrten, fiel ihm der Rückzug sicher schwerer als mir. Denn er war vom Erfolg verwöhnt. Er war noch in der Phase, in der Wege nach vorne und selten zurück führen. 2006 verunglückte unser Freund Lois Brugger beim zweiten Versuch am Jasemba tödlich. Karl freute sich wenig später über seinen Erfolg am Genyen. Doch er war es auch, der, mehr noch als ich, ein Jahr später zum Aufbruch drängte, um die Besteigung des Jasemba im Gedenken an Lois Brugger zu Ende zu bringen. Auch das passte ins Bild. Sein Gesicht auf dem Gipfel, von den Strapazen gezeichnet und dennoch überglücklich, sehe ich noch heute vor mir.

Für 2008 hatte er sich dann den Hidden Peak vorgenommen. Doch die unsäglichen Zustände in China, die Unruhen dort im Zusammenhang mit den Unabhängigkeitsbestrebungen Tibets, die weltweite Aufmerksamkeit durch die tägliche Nachrichtenlage und die unmittelbar bevorstehenden Olympischen Spiele in Peking, all das führte dazu, dass Karl die Besteigungsgenehmigung wieder genommen wurde. Der Nanga Parbat, eilig als »Ausweichziel« gesucht, war nur eine Ersatzlösung. Doch auch hier fand Karl eine neue, extrem schwierige Herausforderung: Die Direttissima durch die berüchtigte Rakhiotwand im Alpinstil. Natürlich war die Nordwand des Nanga Parbat eines der oft beschworenen »Wahnsinnsziele«. Doch wenn es einer schaffen konnte, dann er. Die riesige, unüberschaubare, extrem steile, sehr gefährliche Wand passte zu seinem Anspruch. Zu seinem Können auch. Frohen Mutes nennt man wohl den Zustand, in dem Karl zusammen mit Simon Kehrer und Walter Nones am 14. Juli 2008 seinem Ziel unaufhaltsam entgegen strebte. Dass Karl schon vor dem Einstieg nachdenklich geworden war, wissen wir heute. Zögerlich war er nicht. Dass ausgerechnet ein Spaltensturz nach 16 Stunden in der Wand ihn nicht zurückkommen ließ, war ein Unglück, Teil jenes unwägbaren Restrisikos, das trotz seines Könnens nicht zu beeinflussen war.

Bald danach versammelten sich viele Menschen – Freunde, Verwandte, Bergführerkollegen und wildfremde Menschen – in Wolkenstein um den Friedhof. In einer ergreifenden Trauerfeier zu Füßen großer Dolomitenwände erinnerte Silke Unterkircher an ihren Mann. Es war dies eine jener Stunden, die einfach nicht fassbar sind.

Karl Unterkircher hat sichtbare Spuren hinterlassen.

Nun, zwei Jahre nach dem Unglück, liegt vor uns, die wir Karl geschätzt haben, ganz gleich ob als Mensch oder als Bergersteiger oder beides, dieses Buch. Ein wunderbares Buch, geschrieben von einer sehr starken Frau. Der Tod hat nichts Tröstendes. Dieses Buch schon.

Hans Kammerlander
im Juli 2010

Prolog

Karl hat immer wieder zu mir gesagt: »Ich möchte ein Buch über meine Berge schreiben.« Ich habe dann nur gelacht, konnte mir nicht vorstellen, dass er je Zeit finden würde, die Abenteuer, die Besteigungen, seine Liebe zu den Alpen und dem Himalaja aufzuzeichnen und in den Computer zu tippen. Im Scherz habe ich ihm einmal entgegnet: »Ich sehe dich schon vor mir – als Achtzigjährigen mit weißem Haar, über den Computer gebeugt, wie du verzweifelt dein Gedächtnis anstrengst und dich zu erinnern versuchst: an dein erstes Gipfelerlebnis, deinen ersten und vielleicht deinen letzten Achttausender. Aber nichts fällt dir ein!« Karl zog eine Grimasse, tat beleidigt und sah mich plötzlich amüsiert an. »Dann schreibst du halt das Buch für mich.« Mehr sagte er nicht. Nichts in seiner Stimme verriet, ob er meinte: »Wenn ich nicht mehr bin.« Karl war ein vorsichtiger Alpinist, wusste die Risiken und Gefahren bedacht einzuschätzen, war kein Hasardeur. Dennoch wussten wir beide, dass immer die Möglichkeit bestand, dass er eines Tages nicht mehr zurückkommen würde.

Mittlerweile ist aus dieser Möglichkeit Wirklichkeit geworden. Karl ist nicht mehr zurückgekommen. All seine Besonnenheit hat ihm letztendlich nicht das Leben retten können. Ihn dort hoch oben am Nanga Parbat zu wissen, in der eisigen Dunkelheit einer Gletscherspalte, hat mich anfangs bedrückt. Dennoch fühle ich, dass der Mensch Karl, seine Seele ganz nah bei uns und auf den von ihm so geliebten Gipfeln ist. Ich ertappte mich oft bei der Frage, wie es ihm wohl geht, ob er an uns denkt, uns beschützt. Ich bin umgeben von Erinnerungen, von Momentaufnahmen aus unserem gemeinsamen

Leben: Sie zeigen Karl, der Holz im Ofen nachlegt, den notorischen Langschläfer, den Karl, der stundenlang seine Expeditionen am Computer vorbereitet; Karl bei seiner Rückkehr mit unseren drei Kindern, die ihm um den Hals fallen. Erinnerungen, die ich wachhalten möchte, die nicht verblassen dürfen.

Deshalb habe ich dieses Buch geschrieben – so wie Karl es vorhergesagt hatte. Ich erfülle damit seinen Wunsch, den Wunsch, für dessen Verwirklichung er nicht lange genug gelebt hat. Und ich habe das Buch auch für mich geschrieben, um die gemeinsamen Jahre für immer festzuhalten. Und damit unsere Kinder, Alex, Miriam und Marco, ein wenig mehr über ihren Vater erfahren können.

Eine einfache Aufgabe war es nicht. Um nichts auszulassen, habe ich viele Abende mit unseren engsten Freunden, Karls Klettergefährten, am runden Küchentisch verbracht. Viele, die ihn gekannt, die ihn geschätzt hatten, waren nach der Tragödie zu mir gekommen. Wir haben viel gelacht und auch geweint bei dieser Reise in die Vergangenheit. Denn Karls Tod hat eine schmerzliche Lücke gerissen.

Eine große Hilfe waren einige in Karls Handy gespeicherte Dateien, die sein Bruder Peter sicherstellen konnte. Das Handy befand sich zusammen mit anderen Ausrüstungsgegenständen in einer Expeditionstonne, die uns nach dem Unglück am Nanga Parbat zugestellt wurde. Sie waren unter dem Titel »Das Buch, das ich schreiben werde« abgelegt und enthalten seine Tagebücher, seine Sicht der Berge, seine Träume und auch seine Ängste. Mit diesen Aufzeichnungen hat er mir einen Weg eröffnet, einen roten Faden, dem ich folgen konnte wie einer frischen Spur im Neuschnee. Ich hoffe, es ist mir gelungen, auf diese Weise die Lebensgeschichte eines Alpinisten zu erzählen, der seine Leidenschaft für die Berge intensiv gelebt hat. Und dabei geht es auch um meine Geschichte als Frau, die ihren Mann bei allen Expeditionen unterstützt und die Berge als »Nebenfrauen« akzeptiert hat.

Der Nanga Parbat – eine Wahl, die der Zufall traf

»Das Geheimnis der Freiheit ist der Mut.«

PERIKLES

Am Tag vor der Abreise zum Nanga Parbat in der westlichen Gebirgskette des Himalaja humpelte Karl stark. Mit Sandalen an den Füßen war er beim Verlassen der Edda-Bar in Wolkenstein im Grödnertal über einen Blumentopf auf dem Gehsteig gestolpert. Vor den Augen amüsierter Passanten war er mitten auf die Straße gepurzelt. Wie Franz, der Barbesitzer, und sein Team reagierten, konnte ich in Karls Tagebuch nachlesen: »Du willst auf einen Achttausender? Du kannst dich ja nicht mal in Wolkenstein auf den Beinen halten.« Ähnliches dachte auch ich, als Karl mit finsterer Miene und schmerzendem Knie nach Hause kam. Ich machte ihm einen Eisumschlag. Die Schmerzen blieben. Der Aufprall war heftig gewesen. »Wäre ein Auto gekommen, hätte es mich erwischt«, sagte Karl besorgt. Er hatte Glück gehabt. Der Sturz hatte keine bleibenden Schäden hinterlassen. Am nächsten Tag, dem 7. Juni 2008, brach Karl mit seinen Bergsteigerkameraden Walter Nones und Simon Kehrer nach Islamabad, Pakistan, auf. Ihr Ziel war der Nanga Parbat und die Erstbesteigung der Rakhiot-Eiswand an seiner Nordflanke.

Eigentlich war der Nanga Parbat eine in letzter Minute gefundene Ersatzlösung. Karl wollte zu dieser Jahreszeit ursprünglich die noch unbezwungene Nordwand des Gasherbrum I an der Grenze zwischen China und Pakistan besteigen, wieder einmal Neuland erobern.

Ausgewählt hatte er diese Wand zusammen mit Michele Compagnoni, dem Bergsteiger aus dem Veltlin, mit dem Karl seit der Mount-

Everest-Expedition eine herzliche Freundschaft verband. Sie hatten die Nordwand des Gasherbrum I oder Hidden Peak während der Akklimatisierungsphase für die Expedition am Gasherbrum II im Juli 2007 entdeckt. Und Karl sprach seither ständig von dieser Wand, war von ihr fasziniert, sann über Eroberungsstrategien nach, als handle es sich dabei um eine begehrenswerte Frau. Michele jedoch hatte sich zwei Monate vor der Abreise das Kreuzband gerissen. Eine ernsthafte Verletzung. Er musste operiert werden. Und er musste zu Hause bleiben.

Das Team für den Gasherbrum I bestand nach Micheles Absage ursprünglich aus Karl, Daniele Bernasconi, einem der besten Felskletterer, Mitglied der berühmten *Ragni di Lecco* (der Alpinistengruppe »Spinnen von Lecco«), auch er ein Mitglied der Expedition am Gasherbrum II, sowie Walter Nones, Alpinismus-Instruktor bei den italienischen Carabinieri in Wolkenstein. Mit Walter Nones war Karl bereits am K2 und anschließend auf dem sogenannten »Heiligen Berg«, dem Genyen, gewesen.

Der Bürokratismus, der Stress beim Einholen der Bewilligungen für Besteigungen im Himalajagebiet ist reine Nervensache. Diesmal war die Warterei noch aufreibender als sonst. Karl erlebte ein Wechselbad der Gefühle aus Hoffnung und Enttäuschung, bis das Unternehmen endgültig ins Wasser fiel. Man hatte ihn glauben lassen, alle Genehmigungen seien unter Dach und Fach. Dabei fehlte das Wichtigste: die alles entscheidende Genehmigung der Militärbehörden. Diese jedoch wurde wegen der in jenem Jahr in Peking stattfindenden Olympiade nicht erteilt. Die Chinesen sagten aus Angst vor Attentaten und Demonstrationen in Tibet sämtliche für den Sommer 2008 geplanten Expeditionen ab. Das Militär hatte die Zone um das Basislager zur militärischen Sperrzone erklärt. Damit mussten Karl und seine Mitstreiter die Hoffnung auf eine Sondergenehmigung begraben. Karl war wütend. Aus einer Tagebucheintragung wird seine

Gemütsverfassung von damals deutlich: »Ich halte das für absurdes Theater! Man verbietet uns aus Sicherheitsgründen, die eine Flanke des Berges zu besteigen, während auf der anderen Seite mehrere Personen zu genau demselben Gipfel unterwegs sind.« Auf der Suche nach einer Alternative kamen sie auf den Nanga Parbat: ein weiterer Achttausender mit einer bislang unbezwungenen Wand. Und in Pakistan war es zumindest zu diesem Zeitpunkt politisch gesehen verhältnismäßig ruhig.

Die Suche nach Sponsoren, die für Karl ungeliebte und schwierigste Aufgabe, war bereits seit Monaten im Gang. Für Karl war es selbstverständlich, in diesem Zusammenhang zuerst Kontakt zu Agostino Da Polenza aufzunehmen. Der ehemalige Alpinist organisiert mittlerweile Expeditionen zu den Achttausendern und ist seit zwanzig Jahren Präsident des Komitees Ev-K2-CNR zur Erforschung des Klimas im Hochgebirge. Karl hatte sich bereits für das Unternehmen Gasherbrum I an Agostino gewandt und eine Absage mit der Begründung erhalten, man habe gegenwärtig andere Projekte. Nachdem die Expedition zum Gasherbrum I geplatzt war, informierte Karl Da Polenza über seine neuen Pläne. Doch ausgerechnet Agostino, der Karl für das Unternehmen Everest-K2 angeworben hatte, war von diesem Vorhaben überhaupt nicht überzeugt. »Der Nanga Parbat? Hör auf mich, Karl!«, warnte Da Polenza. »Lass die Finger davon! Fahr diesen Sommer lieber ans Meer nach Riccione.« Karl war verärgert, ließ sich jedoch von seinem Plan nicht abbringen. Im Gegenteil. Er arbeitete noch härter an der Vorbereitung dieser Expedition.

Für den Gasherbrum I waren Sponsoren mittlerweile längst aktiviert, die Flugkarten bestellt, die Expeditionstonnen mit der Ausrüstung gepackt und zum Transport bereit. Eine alternativlose Absage des Projekts wäre nicht nur ein finanzielles Desaster, sondern auch eine bittere Enttäuschung gewesen. Der Nanga Parbat erschien Karl als würdiger Ersatz. Außerdem war die Besteigung des Nanga Parbat ein lang gehegter Traum von Karl – schon vor dem Abenteuer Mount Everest. Der Wunsch, zur Besteigung eines Achttausenders aufzubrechen, war seit geraumer Zeit immer drängender geworden. Karl hatte bereits im Winter 2003 begonnen, eine Expedition zum Nanga Parbat zu organisieren. Viele seiner Freunde, unter anderem auch Kollegen von den *Catores*, der Klettergilde des Grödnertals, waren von der Idee begeistert gewesen. Aber es ist sein Tagebuch, dem er wieder eine Enttäuschung anvertrauen muss: »Ich bin sauer. Viel Lärm um nichts. Kaum wurde die Sache ernst, ist ein Freund nach dem anderen abgesprungen.« Also verschob Karl dieses Projekt – und holte es erst aus der Schublade, als sich der Plan zur Besteigung des Gasherbrum I zerschlug.

Daniele Bernasconi, von dem Karl viel sprach, den ich jedoch persönlich nicht kannte, war mit dieser Programmänderung nicht einverstanden. Er sagte ab. Die unbekannte Eiswand am Nanga Parbat behagte ihm ebenso wenig wie der ganze Berg mit seiner tragischen Besteigungsgeschichte. Für die Deutschen, die sich als erste Nation an seiner Eroberung versucht hatten, war er praktisch zu einem Massengrab geworden. Allein in den 1930er Jahren ließen zehn deutsche Bergsteiger dort ihr Leben. Zudem hatten Walter und Karl die Abfahrt mit Skiern geplant. Daniele dagegen ist ein ausgemachter Felskletterer und traute sich die Skiabfahrt auf extrem steilem Gelände nicht zu. Anfänglich wollte Karl die Besteigung allein mit Walter Nones in Angriff nehmen. Aber Walter stimmte ihn um. Er plädierte dafür, aus Sicherheitsgründen einen Dritten ins Team aufzunehmen. Eine, wie sich herausstellen sollte, kluge Entscheidung: Als Karl verunglückt war, konnten sich Walter und Simon auf dem Abstieg von diesem gigantischen Berg gegenseitig unterstützen.

Soweit ich mich erinnere, war es auch Walter, der vorschlug, Simon Kehrer zu diesem Vorhaben einzuladen. Karl war zuerst skeptisch.

Simon war zwar mit den beiden schon auf dem Sechstausender Genyen gewesen, doch ein Achttausender war Neuland für ihn. Ihm fehlte die Erfahrung in noch größerer Höhe. Während der Erstbegehung an einem Achttausender wie dem Nanga Parbat höhenkrank zu werden, könnte den Tod bedeuten. Schließlich ließ sich Karl jedoch überzeugen. Simon war ein ausgezeichneter Alpinist, souverän, charakterstark und teamfähig. Harmonie in der Gruppe war mit die wichtigste Voraussetzung für den Erfolg. In extremem Hochgebirge begibt man sich in eine enge Schicksalsgemeinschaft. Man teilt alles, ist auf Gedeih und Verderb aufeinander angewiesen. Unstimmigkeiten sind absolut kontraproduktiv.

Die Vorbereitungen gestalteten sich ausgesprochen hektisch. Ständig gab es Probleme, immer wieder kam etwas Unvorhergesehenes dazwischen. Karl war gestresst und müde, musste endlose Telefonate mit Sponsoren und den Behörden am anderen Ende der Welt führen. Kaum war eine Hürde genommen, stellte sich ihnen die nächste in den Weg. Wie Karl mir allerdings gestand, machte ihm am allermeisten die Verantwortung zu schaffen, die er als Expeditionsleiter für das Leben seiner Bergsteigerkollegen hatte. Es war eine Belastung, die ihn bereits bei all seinen bisherigen eigenständigen Unternehmungen geplagt hatte. »Diesmal bedrückt es mich besonders«, erklärte Karl eines Abends. »Um mich ist mir nicht bang. Ich vertraue auf mein Können, meine Fähigkeiten. Aber wenn Walter oder Simon was zustoßen sollte ... das könnte ich mir nie verzeihen.« Kurz vor der Abreise gestand er mir noch, dass er als Nächstes den Manaslu im Alleingang besteigen wolle, um freier zu sein – ohne Gruppenzwang und die Belastung durch seine Rolle als Expeditionsleiter und Seilerster.

Um die Spannungen etwas abzubauen und etwas Ruhe zu finden, gönnten wir uns einen Kurzurlaub mit den Kindern: vier Tage am

Strand von Albenga in Ligurien. Wir als Familie ganz allein. Natürlich in der Nähe von Klettergärten, damit Karl im Training bleiben konnte. Aber Karl fand die ersehnte Ruhe nicht. Er war rastlos und nervös, hatte tausend Dinge im Kopf, die vor der Abreise noch erledigt werden mussten. Am Tag vor unserer Rückkehr nach Wolkenstein waren wir am Strand. Karl wirkte besonders abwesend und angespannt. Ich schlug einen Ausflug vor. Er sollte klettern gehen, eine neue Linie im Klettergarten ausprobieren. Nach drei missglückten Versuchen gab er auf. »Ich weiß nicht, was mit mir los ist. Ich bin mit dem Kopf nicht bei der Sache.« Ich schlug ihm vor, eine einfachere Route zu klettern, um in Schwung zu kommen. Aber Karl hörte mir gar nicht zu, sah in Gedanken versunken einfach durch mich hindurch. Das Bild des Nanga Parbat verfolgte ihn überallhin. »Wenn ich vernünftig wäre, würde ich zu Hause bleiben«, bemerkte er noch am selben Abend. Ich sagte darauf nichts. Ich sah ihm in die Augen und schwieg. Die Bitte, zu Hause zu bleiben, auf dieses Projekt zu verzichten, wenn er kein gutes Gefühl habe, wagte ich nicht auszusprechen. Ohne seine Berge wurde Karl depressiv. Und das war nicht in meinem Sinn. Auch wenn ich zwei Monate ohne ihn sein musste, würde ich ihn bei seiner Rückkehr mit unseren drei Kindern glücklich wieder in die Arme schließen, froh, dass er sein Ziel erreicht hatte.

Die drei kleinen Wirbelwinde haben meine Tage während Karls langen Expeditionsreisen ausgefüllt. Alex, der Älteste, ist mittlerweile sieben Jahre alt und hängt naturgemäß sehr an seinem Vater. Ich beobachte, wie er wächst, Monat für Monat ein paar Zentimeter zulegt, erlebe, wie er scheinbar sorglos mit seinen Freunden spielt. Und doch weiß ich, dass ihm der Vater täglich schmerzlich fehlt. Während Karl im Himalajagebiet war, habe ich ihn häufig ertappt, wie er im Bett geweint und gefragt hat, wann der Papa zurückkäme und wieder mit ihm in die Kletterhalle ginge. Heute ist Alex der kleine Herr im Haus. Ich weiß, dass er Angst hat, mich traurig zu stimmen. Die vierjährige Miriam ist ein sehr lebhaftes Kind, ein kleines blondes Energiebündel, aufgeweckt und nicht müde zu kriegen. In diesem Punkt ähnelt sie Karl. Der ebenfalls blonde Marco ist jetzt zwei. Er war noch zu klein, um sich gut an den Vater zu erinnern. Er ist ihm vielleicht am ähnlichsten. In der Küche hängt ein Foto, das uns in der Stube unseres Hauses in Wolkenstein zeigt. Es ist eines der seltenen Bilder, auf dem wir alle fünf beisammen sind und lachen. Ich hänge sehr an diesem Bild. Es wurde kurz vor Karls Abreise zum Nanga Parbat gemacht.

Karl hatte sich auf die Nanga-Parbat-Expedition besonders sorgfältig vorbereitet. Aufreibend waren für ihn nur die organisatorischen Aufgaben. Vermutlich hätte er sich mit einem Manager für diese Dinge leichter getan. Zwar stand ihm seit einem Jahr Herbert Mussner, ein guter Freund und Hotelier, zur Seite. Dessen Aktivitäten beschränkten sich jedoch eher auf die Beschaffung von Sponsoren und die Betreuung der Internetseite. Alle übrigen praktischen und organisatorischen Aufgaben lasteten auf Karl. Das machte ihn nervös, raubte ihm die Zeit, die er lieber in den Bergen und beim Training verbracht hätte. Ich habe mehrfach meine Hilfe angeboten. Aber davon wollte er nichts wissen. Ich hätte genug mit den Kindern zu tun, lautete stets seine Antwort.

Unsere Ferientage in Ligurien waren für mich alles andere als glücklich. Das spürte er. Auf der Rückfahrt im Auto nach Wolkenstein war ich den Tränen nahe. Er schien mir in diesen Momenten schon sehr weit fort zu sein. Irgendwie war etwas von der heiteren Unbefangenheit verloren gegangen, die uns zu einem so starken Team gemacht hatte. Während Karl den Wagen in Richtung Wolkenstein lenkte, legte er seine Hand auf mein Knie. »*La va pa bën miëc, Popa*, wird schon alles gut gehen, Mädel«, sagte er auf Ladinisch zu mir. Ja, es würde alles gut gehen. Davon war ich ebenfalls überzeugt.

Unser Leben hatte lediglich eine neue, unerwartete Dimension angenommen. Daran mussten wir uns erst gewöhnen. Karl war auf dem
besten Weg, ein bekannter und bewunderter Alpinist zu werden. Die
Entbehrungen der ersten Jahre begannen allmählich, Früchte zu tragen. Dennoch fielen mir, den Kindern und auch Karl die langen
Trennungsperioden immer schwerer. Zum Glück waren meine Eltern, Karls Eltern und unsere Freunde in der Umgebung immer für
uns da. Karl war ein geachteter Bürger der Gemeinde, alle waren
stolz auf ihn. Wolkenstein im Grödnertal, zwischen Fassatal und
Gadertal gelegen, mit seinen fast 3000 Einwohnern, war das ideale
Sprungbrett für Karl und seine Leidenschaft für die Berge. Schließlich ist der Ort, einst Lieblingsferienziel des unvergessenen Staatspräsidenten Sandro Pertini, umgeben von der schönsten Bergkulisse
der Dolomiten, zwischen dem Langkofel im Süden und der Sellagruppe im Osten.

Vor jeder Abreise in den Himalaja gab es Spannungen. Schuld war
nicht nur organisatorischer Stress. Wir wussten beide um die Gefahren, die Karl bei diesen Unternehmungen erwarteten. Die Vorbereitung konnte noch so perfekt sein, das Training noch so optimal, das
Material noch so zuverlässig und die Stimmung großartig – ein Restrisiko blieb bestehen. Vor allem bei einer Erstbegehung. Das hatten
mich nicht nur die Jahre gelehrt, die ich mit einem Extremkletterer
zusammenlebte, sondern meine eigene Erfahrung als Bergsteigerin.
Die Berge und vor allem Achttausender sind unberechenbar. Eine
schwierige Klettertour bewältigt man nicht nur mit Können und Erfahrung. Es gehört auch das berühmte Quäntchen Glück dazu. Karl
hatte nie einen Unfall gehabt, war nie von einer Lawine verschüttet
worden. Nie hatte er, wie so viele andere, den Tod eines Seilpartners
mit ansehen müssen. Karl blieb meist sehr verschlossen, wenn er
vom Tod eines Alpinisten erfuhr, und verbarg seine Gefühle. Einmal

allerdings habe ich ihn sehr bestürzt erlebt: beim tragischen Tod von Christian Kuntner, dem Bezwinger von dreizehn der vierzehn Achttausender. Dabei kannte er ihn nicht einmal persönlich. Sein letzter Gipfel, der Annapurna, war dem Südtiroler aus Prad vom Stilfser Joch beim vierten Besteigungsversuch zum Verhängnis geworden. Ein Sérac, ein Eisturm, der sich aus dem Eisbruch gelöst hatte, hatte ihn unter sich begraben. Das Unglück geschah, als Karl am Jasemba war. Es war der 18. Mai 2005, der Tag, an dem die kleine Miriam geboren wurde. Vielleicht hatte Karl auch deshalb das Bedürfnis, an Kuntners Begräbnis teilzunehmen und ihm später eine neue Kletterroute zu widmen, die er am Salamiturm in der Langkofelgruppe eröffnet hatte.

Seit Karls Entscheidung vor einigen Jahren, Profi zu werden, hatten er und ich ein stilles Übereinkommen getroffen: Was auch kommen würde, wir wollten das Schicksal akzeptieren. Karl war ein vorsichtiger Mensch, der große innere Ruhe ausstrahlte. Eigenschaften, die verhinderten, dass ich jedes Mal halb verrückt vor Angst wurde, sobald er das Haus verließ, um zum Himalaja zu reisen oder einen Gipfel in unseren Dolomiten zu besteigen. Ich habe ihm und seiner Erfahrung vertraut. Nie hätte er mutwillig sein oder das Leben seiner Kameraden aufs Spiel gesetzt. Dennoch mischte sich vor Karls Abreise zum Nanga Parbat eine seltsame Traurigkeit in die üblichen Sorgen und Bedenken. Da ich drei kleine Kinder zu Hause hatte, konnte ich ihn diesmal nicht zum Flughafen Malpensa begleiten. Daher sind wir am Vorabend zum Abschied eine Pizza essen gegangen. Wir zwei ganz allein. Ich hatte das Bedürfnis, zu Fuß zur Pizzeria zu gehen, um etwas von meiner inneren Anspannung abzubauen. Das Lokal *L Ciamin* ist mir von vielen Besuchen vertraut. Seltsamerweise kam es mir so vor, als sähe ich es an jenem Abend mit anderen Augen. Zum ersten Mal fielen mir die warmen Farbtöne des Tischtuchs auf, die herzliche, rustikale Atmosphäre. Ich überließ Karl die

Wahl des Tisches. Wir setzten uns ein wenig abseits der anderen Gäste. Es wurde ein schöner Abend. Vielleicht sogar einer der schönsten, ja harmonischsten mit Karl. Und während wir uns unterhielten, uns gegenseitig beruhigten, hatte ich das Gefühl, er wollte gar nicht fort. Nur mit Mühe konnte ich meine Tränen zurückhalten. Karl saß vor mir, aß seine Pizza Prosciutto und trank Bier wie hundertmal zu Hause. Und doch schienen die vertrauten Gesten an diesem Abend eine besondere Bedeutung zu haben. Ich wusste ja, dass uns eine längere Trennung bevorstand.

Plötzlich kam mir der Gedanke, es könnte unser letzter gemeinsamer Abend sein. Eine bedrückende, erschreckende Vorstellung, die mich nicht zum ersten Mal befiel. An jenem Abend in der Pizzeria war es fast schon eine Vorahnung. Natürlich habe ich Karl kein Wort gesagt. Trotzdem bin ich irgendwie sicher, dass es ihm ähnlich erging. Dann begannen wir von der Zukunft zu reden, Pläne zu schmieden, was wir nach seiner Rückkehr vom Nanga Parbat tun wollten. Wir sprachen über banale Dinge wie den Kauf von Möbeln für das Kinderzimmer und einen Kurzurlaub auf der Berghütte. Darüber vergaß ich eine Weile meine Ängste. Schließlich überwog das Glück, hier mit Karl zusammen zu sein – wie ein verliebtes Paar, das sich einen netten Abend gönnte.

Karl und ich waren nicht verheiratet. Besonders Karls Mutter konnte sich damit nie abfinden. Sie hatte Karl streng katholisch erzogen. Die Tatsache, dass wir unsere Verbindung nie vor dem Altar besiegelt hatten, konnte sie nur schwer akzeptieren. Sie verstand unsere Art des Zusammenlebens nicht. Karl hatte keine Bindungsängste, das hat er mir nur allzu oft versichert. Er hatte ganz allgemein eine Aversion gegen pompöse Feierlichkeiten. Der elegante Anzug, das aufgesetzte Lächeln für die Fotografen, die Zeremonie vor dem Priester, das Hochzeitsessen, das Tanzvergnügen ... Ich glaube, mittendrin hätte er seine Kletterschuhe genommen und wäre in die Berge geflohen. »Du bist doch trotzdem meine Frau. Es ändert sich nichts«, lautete stets sein Kommentar. Und so war es auch. Für alle anderen waren wir ein Ehepaar. Anfangs hätte ich schon gern geheiratet. Dann habe ich begriffen, dass das seine Sache nicht war, und habe mich damit abgefunden. Ehrlich gesagt hat mir seine Konsequenz irgendwie imponiert, seine Weigerung, etwas zu tun, nur weil es den Konventionen entsprach. An jenem Abend in der Pizzeria wusste ich noch nicht, dass Karl Martin Planker, einen Freund aus Kindertagen, zufällig einige Tage vor der Abreise zum Nanga Parbat im Langental getroffen hatte. Martin war dort beruflich unterwegs. Karl joggte, um sich fit zu halten. Die beiden unterhielten sich kurz über den Bürokratismus, der Karl in letzter Zeit so zermürbt hatte, dann verabschiedeten sie sich. Nach wenigen Metern jedoch drehte sich Karl noch einmal zu Martin um und rief ihm zu: »Martin, sag mal, hast du eigentlich geheiratet?« Martin blieb abrupt stehen. »He, was redest du da? Du weißt doch genau, dass wir uns geschworen haben, nie zu heiraten. Da waren wir uns einig. Aber jetzt mal im Ernst. Selbst wenn ich geheiratet hätte, glaubst du wirklich, ich hätte dich dazu nicht eingeladen?«, fügte Martin vorwurfsvoll hinzu. Karl wurde rot. Er stand dort mitten auf der Straße, mit abwesendem Blick, den Kopf wer weiß wo. »Doch, natürlich«, war alles, was er rausbrachte, bevor er weiterjoggte und schnell im Schatten des Tales verschwand. Ich denke oft über diesen Vorfall nach. Karls Frage verwirrt mich. Möglicherweise haben ihn beim Gedanken an mich und unsere Kinder doch Schuldgefühle geplagt. Hatte er angefangen, trotz allem über eine Heirat nachzudenken? Glaubte er, mich auf diese Weise finanziell besser absichern zu können? Für den Fall, dass etwas Schlimmes passierte? Die Antwort darauf werde ich nie erfahren.

Die Tagebucheintragungen Karls, geschrieben während des Fluges nach Pakistan, sind Ausdruck unseres traurigen Abschieds. Sie sind erste Warnzeichen. Sehr persönliche Gedanken, die zuvor niemand gelesen hatte, gespeichert in seinem Handy, das wir mit dem Ausrüstungsmaterial und anderen Habseligkeiten zurückbekommen hatten. Darunter auch zwei Bücher: *Drachenläufer* von Khaled Hosseini und *Gomorrha* von Roberto Saviano. Walter erzählte mir, dass Karl abends im Zelt von seiner Lektüre über die Camorra berichtet hatte. Obwohl das mir zugesandte Material nicht vollständig war – es fehlte zum Beispiel die Videokamera –, besaß ich doch wenigstens sein Handy mit den Tagebucheintragungen: »Im Flugzeug habe ich eine Ausgabe von *Geo* durchgeblättert und tatsächlich einen mehrseitigen Beitrag über die Besteigungsgeschichte des Nanga Parbat entdeckt. Ich war überrascht, wie viele Tote es allein in den 1930er Jahren gegeben hat. Uns erwartet eine große Herausforderung. Zum Erfolg brauchen wir eine Menge Glück. Natürlich fehlt weder das übliche Interview mit Reinhold Messner noch die Diskussionen über den Tod seines Bruders Günther. So was interessiert die Leute. Unser Vorhaben ist sehr ehrgeizig. Schon bei den militärisch durchorganisierten Expeditionen in den Dreißiger Jahren unter der Führung des Bergsteigers Willy Merkl sind viele Mitglieder umgekommen. 1938 wurden sechzehn Expeditionsteilnehmer von einer Lawine verschüttet. Und seither sind noch viele an diesem Berg geblieben. Wir sind erfahrene Bergsteiger. Aber wir brauchen auch gehörig viel Glück. Trotz Erfahrung ist es oft der Instinkt, der uns in vielen Fällen leitet. Wir haben Zeit. Geduld, Gesundheit und eine möglichst gute Akklimatisierung sind das Entscheidende. Wir sind durchtrainiert und fit. Nur mein Knie und Simons Schulter machen mir Sorgen. Hoffen wir, dass sich die Schmerzen mit der Zeit legen.«

Mein Gefühl am Abend in der Pizzeria hatte also nicht getrogen. Karl wäre wohl am liebsten zu Hause geblieben. Ich hatte allerdings die aufreibenden Reisevorbereitungen für seine Stimmung verantwortlich gemacht. Karls letzte Notizen im Flugzeug treffen mich tief: »Zu Hause bin ich in der Früh aufgestanden. Meine Abreise stand bevor. Große Lust hatte ich nicht. Wer weiß warum. Im Traum schon habe ich an diese gigantische Eiswand gedacht, als befände ich mich darunter. Ich hatte keine Angst. Aber mit dem lädierten Knie hatte ich das Gefühl, ich könnte es nicht schaffen. Diese Quälerei ...« An jenem Morgen im Juni war Karl um fünf Uhr aus dem Bett geschlüpft – ganz heimlich und leise und ohne mir wie sonst einen Kuss zu geben.

Adieu Schatz, adieu Liebes

> *»Vermutlich werden wir über den Berg herfallen wie die Frontkämp-*
> *fer im Ersten Weltkrieg. Nur haben wir statt Waffen Eispickel und*
> *Steigeisen.«*   KARL UNTERKIRCHER

Am Flughafen in Islamabad wurden Karl, Walter und Simon von ihrem Verbindungsoffizier Marteen sowie dem Koch Olam in Empfang genommen. Marteen spricht Urdu, die Amts- und Nationalsprache Pakistans, die auch als Verkehrssprache zwischen den zahlreichen Regionalsprachen dient. Davon abgesehen kennt er sich in der Region bestens aus. Im Jahr 2005 hatte er bereits Reinhold Messner in das Diamirtal begleitet. Bei dieser Expedition waren sterbliche Überreste und Teile der Kleidung von Günther Messner gefunden worden. Reinhold Messners Bruder war 1970, in Karls Geburtsjahr, im Eis am Nanga Parbat verschollen.

Zum Abendessen gönnten sie sich eine Pizza im italienischen Restaurant *Luna Caprese*. Am folgenden Tag waren sie in den *Alpine Club of Pakistan* (ACP), dem Alpenverein Pakistans, zu einem kurzen Informationsgespräch einbestellt. Dabei stellte sich heraus, dass die offizielle Genehmigung des pakistanischen Innenministeriums für die Durchsteigung der Rakhiotwand am Nanga Parbat noch immer nicht vorlag. Bevor die Alpinisten in Panik geraten konnten, erklärte Tarik Sadici, der Leiter des *Alpine Club,* dass sie zum Zweck der Akklimatisierung dennoch zum Basislager weiterreisen und bis auf 6500 Meter aufsteigen konnten. Die drei waren daraufhin sehr erleichtert: In Islamabad festzusitzen, um auf ein Blatt Papier zu warten, wäre enorm zeitraubend gewesen. Vor dem Aufbruch jedoch hinterlegten sie beim Hubschrauberrettungsdienst *Ascari* für einen eventuellen Rettungseinsatz die obligatorische Kaution in Höhe von 4000 Dollar. Hubschrauber sind allerdings nur bis zu einer gewissen Höhe einsatzbereit. In extremen Höhen wird für diese Fluggeräte die Luftdichte zu gering. Eine weitere Auflage seitens des *Alpine Club* an die Alpinisten betraf den Umweltschutz. Das Basislager sollte sauber gehalten werden, da »an diesem wunderschönen Ort zuweilen auch Engel Rast machen«, wie Karl in seinem ersten Eintrag im Internettagebuch schreibt. Karls Internetberichte waren für mich eine tröstliche Möglichkeit, mit ihm in Kontakt zu bleiben, mich über seinen jeweiligen Aufenthaltsort zu informieren, seine Stimmungen und Befindlichkeiten zu erfahren. Natürlich haben wir einige Male kurz über das Satellitentelefon miteinander gesprochen, aber diese Telefonate waren nur kurz, und es ging dabei hauptsächlich um die Kinder und das Wetter. Die Beschreibungen der Umgebung auf seiner Internetseite hingegen vermittelten mir eine genauere Vorstellung von diesem wunderschönen Ort. Auf etlichen Fotos war Karl im Internet in den gewohnten Posen zu sehen: lachend und entspannt, aber jederzeit mit dem entsprechenden Adrenalinspiegel bereit für den Angriff auf den Gipfel.

Der Anmarsch zum Basislager verlief verhältnismäßig schnell und ohne Zwischenfälle. Den ersten Streckenabschnitt legten sie auf gefährlichen Passstraßen mit Jeeps zurück. Am zweiten Tag ging es in einem mehrstündigen Fußmarsch weiter, den sie mithilfe einiger Träger bewältigten. Ziel war der zauberhafte Platz oberhalb der Gletschermoräne, umgeben von dichtem Nadelwald, »*Fairy Meadows*« genannt – in deutschsprachigen Alpinistenkreisen als »Märchenwiese« bekannt. Nach allem, was ich erfahren und auf Fotos gesehen habe, erinnert sie tatsächlich an die Märchenlandschaften romantischer Kinderbücher. Unmittelbar über dieser »Märchenwiese« erhebt sich der Nanga Parbat, der westlichste Achttausender in der Hochgebirgskette des Himalaja. Der Nanga Parbat ist ein gigantischer Bergriese. Auf welcher Route man ihn auch besteigen will, der zu überwindende Höhenunterschied beträgt immer fast 4000 Meter. Zwar ist er mit 8125 Metern »nur« der neunthöchste Berg der Welt, gilt jedoch als einer der am schwierigsten zu besteigenden Achttausender – ein Furcht einflößender Berg, der jedem großen Respekt abtrotzt. Der Name »Nanga Parbat« bedeutet »Nackter Berg«, doch bei den Einheimischen heißt er auch der »Menschenfresser« oder »Teufelsberg«, denn in seinen Gipfelregionen, so heißt es, wohnen die Dämonen.

Den großen Aufenthaltsraum der Lodge, in der Karl und seine Kameraden auf dem Weg zum Basislager eine Nacht verbrachten, schmückten Fotos von berühmten Alpinisten wie Willy Merkl, Hermann Buhl und vielen anderen, die den Gipfel erreicht haben oder in der Eiswüste des Berges für immer verschollen sind. Zwischen 1895, als der Engländer Albert F. Mummery beim ersten Besteigungsversuch des Nanga Parbat ungefähr bis auf eine Höhe von 6000 Metern gelangte, und der vollständigen Erstbesteigung im Alleingang und ohne künstliche Sauerstoffzufuhr durch den Österreicher Hermann Buhl 1953, haben am Nanga Parbat 31 Alpinisten ihr Leben gelassen. In den folgenden Jahrzehnten sollte der majestätische Bergriese für viele andere Bergsteiger ebenfalls zum Schicksalsberg werden. Seine unvorstellbare Masse an Fels und Eis hütet das Andenken dieser Männer und Frauen gleich einem monumentalen Grabmal.

Das Basislager von Karl, Walter und Simon befand sich auf 3950 Meter. »Es ist eine saftig grüne Bergwiese, auf der Tausende unterschiedlichster Blumen blühen und sich dicke, kugelrunde Himalaja-Murmeltiere tummeln. Der Duft von Kräutern liegt in der Luft, und überall ist Vogelgezwitscher zu hören. Ein echtes Paradies«, schrieb Karl auf seiner Internetseite. Und ein Paradies muss es tatsächlich sein, denn ein Basislager auf einer Hochalmwiese mit seltener Flora und Fauna ist ein Glücksfall. Normalerweise biwakiert man im Himalaja wie im Karakorum wochenlang zwischen Eis und nacktem Fels, wo die Farbe Grün nur noch eine schwache Erinnerung an die Anreise durch die Täler ist. Auf der »Märchenwiese« am Nanga Parbat dagegen, zwischen dem tief gelegenen Industal und extremen Bergerhebungen, blühen üppig Blumen und Kräuter in dichten Wiesenmatten.

Abgesehen von der landschaftlichen Schönheit spielt dieses Basislager eine bedeutende Rolle in der Geschichte des Alpinismus. Immerhin ist es der historische Ort, von dem vor mehr als einem halben Jahrhundert die ersten und weitere zahlreiche deutsche Nanga-Parbat-Expeditionen ihren Ausgang nahmen. Karl und seine Kameraden dagegen waren bei ihrer Ankunft mutterseelenallein: Offenbar wagte niemand, den Berg von dieser Seite aus in Angriff zu nehmen. »Wir haben ein schwieriges Projekt ausgewählt. Der Mittelpfeiler ist Furcht einflößend. Es ist uns bewusst, dass eine Besteigung möglich ist, aber bevor wir einen Versuch wagen, müssen wir uns erst gut akklimatisieren«, schrieb Karl am 18. Juni. Der Abstieg schließlich sollte über die Buhl-Route erfolgen. Auf einer der ersten Erkundungen während der Eingewöhnungsphase stellten sie an dieser Route auf 5200 Meter ein Zelt auf einem Felsvorsprung auf. Da sie den Abstieg als Skiabfahrt planten, war die Aussicht, dort ein Depotzelt mit einem Vorrat an Lebensmitteln, Gaskartuschen und Handschuhen zum Wechseln vorzufinden, ein wichtiger psychologischer Faktor.

Während unserer wenigen Telefonkontakte hatte ich den Eindruck, dass Karl die große Hitze und anfänglich auch die Höhe zu schaffen machten. Zwischen 4000 und 5000 Meter Höhe fühlte er sich schlapp, litt an Übelkeit und Brechreiz – Symptome, die verschwinden, wenn sich der Körper an die dünnere Luft gewöhnt hat. Und in der Tat haben sich alle allmählich eingewöhnt und gut akklimatisiert. »Wir haben immer einen Bärenhunger. Manchmal essen wir drei- bis viermal täglich und trinken ständig. Auch wenn die Auswahl nicht gerade groß ist, versuchen wir, mit etwas Phantasie Abwechslung in den Speiseplan zu bringen, damit uns die Kost nicht über wird. Ich glaube, ich habe schon Gewicht verloren, und statt Muskeln scheine ich Pudding in den Armen zu haben«, beginnt Karl seinen Bericht am 28. Juni bei der Rückkehr ins Basislager, nachdem sie im Rahmen des weiteren Höhentrainings das Hochlager aufgebaut hatten. Wer nie im Himalaja geklettert ist, kann sich kaum vorstellen, wie viel Kraft und Energie allein der tägliche Überlebenskampf kostet. Kommt das Klettern in diesen Höhen hinzu, verbrennt man Unmengen von Kalorien. Zudem müssen sämtliche Ausrüstungsgegenstände auf dem Rücken transportiert werden, und in noch größerer Höhe stellt sich Appetitlosigkeit ein. Man führt daher zu wenig zu, die verlorenen Kalorien werden nicht ausreichend kompensiert. Zudem sollen zur Vorsorge gegen die Höhenkrankheit mindestens vier Liter Flüssigkeit täglich getrunken werden. Aber selbst das ist mit Anstrengung verbunden. Es muss Schnee in einem Topf gesammelt und auf einem Gaskocher geschmolzen werden. Eine zermürbend lange dauernde Prozedur.

Je mehr Zeit verstrich und je länger sich das Wetter von seiner besten Seite zeigte, desto mehr drängte es Karl und seine Kameraden zum Aufbruch. Besonders abends bei Sonnenuntergang erstrahlte der Gipfel des Nanga Parbat im Amphitheater seiner Gletscher in einem verlockenden, goldenen Licht. Es muss ein atemberaubendes Schauspiel gewesen sein.

Die unmittelbarste Gefahr drohte durch permanenten Fels- und Eisschlag. Einen Monat lang beobachteten Karl, Walter und Simon mit dem Feldstecher das zerklüftete Eis der Rakhiotwand von einer kleinen Erhebung fünfzehn Minuten oberhalb ihres Basislagers aus. Dem gigantischen Sérac in der Wandmitte galt ihre größte Sorge. Sie erkundeten Fluchtwege für den Fall, dass die Eissäule, ein Turm aus Gletschereis, während der Besteigung zusammenbrechen sollte. Karl beunruhigte das sehr. So sehr, dass ihn die Gedanken an den bedrohlichen Eisbruch auch nachts nicht losließen: »Ich schlief schnell ein und begann zu träumen. Bereits kurz darauf wachte ich auf, hörte, wie der Wind auffrischte. Ich starrte auf die Lampe vor mir. Erst allmählich fand ich in die Wirklichkeit zurück. Was wir vorhaben, ist wahrhaftig eine ›Mission‹. Dieser Berg, diese Eissäule, der Eisbruch mitten in der Wand treibt mich um. Wir werden sicher zehn bis zwölf Stunden für die Durchsteigung brauchen. Ich frage mich, ob diese Stunden vergebene Mühe werden könnten. Stunden, die uns dann für die letzte Etappe auf dem Durchstieg fehlen. Ich habe versucht, wieder einzuschlafen. Aber meine Gedanken waren konfus, kreisten immerzu um all diese Fragen. Die Wahrscheinlichkeit, dass sich der Eisbruch ausgerechnet während dieser Stunden entlädt, ist minimal. Russisches Roulette spielen wir nicht. Aber: Sag niemals nie!«

Was den Alpinisten Karl faszinierte, waren die Erkundung und Eröffnung neuer Routen, der Vorstoß ins Ungewisse. Sämtliche Achttausender zu besteigen, interessierte ihn wenig. Zahlreiche Bergsteiger hatten dieses Ziel längst erreicht. Er wollte ein neues Kapitel in der Geschichte des Alpinismus schreiben. Das trieb ihn an. Er sah sich als Entdecker, wollte unbekannte Gipfel erklimmen. Vierzig Erstbegehungen in den Dolomiten und Erstbesteigungen bis dahin unbezwungener Wände in der Himalajakette waren ihm gelungen. Sein Ehrgeiz trieb ihn stets dazu, das Unbekannte, Unerreichbare zu suchen, das auszuprobieren, was andere für unmöglich hielten. Doch die Erfahrung lehrte ihn im Lauf der Zeit, dass es das Wichtigste bei seinen Aktivitäten war, den richtigen Zeitpunkt zur Umkehr zu erkennen, die Risiken kühl abzuwägen. Karl hat in seiner

Karriere auch das durchlebt, was Alpinisten als »Gipfelfieber« bezeichnen. Jenes unstillbare Verlangen, das den Bergsteiger dazu verleitet, den Gipfelerfolg über jede Vernunft zu stellen. Es ist der ewige Kampf zwischen Ehrgeiz und Besonnenheit. Im Gebirge hat dennoch nur der gewonnen, der unversehrt ins Basislager zurückkehrt! Diesen Merksatz hat ihm Hans Kammerlander, Karls Kollege aus dem Ahrntal in Südtirol, immer wieder eingeschärft. So lange, bis Karl seine Lektion gelernt hatte. Deshalb hat Karl auch am Nanga Parbat, da bin ich sicher, jedes Risiko kühl und sachlich analysiert. Wie ich ihn kenne, las er in dieser Eiswand wie in einem offenen Buch. Er beobachtete, wägte ab, prägte sich jede Einzelheit ein. Und dann machte er sich wie von einem inneren Kompass geleitet auf den Weg. Karl zeichneten Ruhe und Ausgeglichenheit aus. Eigenschaften, die sich auch auf seine Partner am Berg übertrug. »*Zech fajonsa bën,* das schaffen wir schon«, pflegte er zu sagen. Seine Begeisterung war ansteckend, und gleichzeitig wirkte sich sein technisches Können beruhigend auf alle anderen aus. Ich habe das selbst erlebt: Während er sich dem Einstieg seiner auserwählten Route näherte, war er übermütig und zu Scherzen aufgelegt. Dann mit einem Mal, wenn der Anstieg begann, wenn es zur Sache ging, wurde er schlagartig ernst und schweigsam, war vollkommen konzentriert. Seine Aufmerksamkeit galt nur noch den Seilen, den Steigeisen, den schwierigsten Passagen. Er vergaß alles andere um sich herum, war auf den Aufstieg, auf die vorbereitete Route fixiert. So muss es auch beim Aufbruch zum Nanga Parbat gewesen sein: Die organisatorischen Probleme, die Spannungen im Vorfeld der Expedition waren in dem Augenblick vergessen, da er seine Expeditionsschuhe zuschnürte.

Während der Akklimatisierungsphase und zur Vorbereitung auf den Gipfelsturm bestiegen Karl, Simon und Walter zuerst den Südlichen und dann den Nördlichen Chongra Peak. Die Besteigung des südlichen Gipfels dauerte drei Tage und führte sie auf 6448 Meter

Höhe. Das Wetter dort oben war unberechenbar. Sie hatten gegen rasch aufkommende unvorhersehbare Wetterumschwünge zu kämpfen. Höllische Hitze wurde in wenigen Momenten zu schneidender Kälte. Die Nacht im Biwak war begleitet vom Krachen und Bersten der Séracs. Denn der Gletscher bewegt sich dort mit beeindruckender Geschwindigkeit. Während sie am folgenden Morgen die letzte steile Eiswand unter dem Südgipfel des Chongra in Angriff nahmen, studierten die drei Männer aufmerksam das Terrain der geplanten Route für die Skiabfahrt über den Silbersattel am Nanga Parbat. Sie waren sich sofort einig, dass die Skiabfahrt auf diesen Hängen machbar war. Sie waren bester Laune. Seit Langem hegte Karl den Wunsch, von einem Achttausender mit Skiern abzufahren. Jetzt war es nur noch ein kleiner Schritt zu dessen Verwirklichung. Die Generalprobe für diese Abfahrt sollte vom Gipfel des Südlichen Chongra Peak stattfinden. Die drei schnallten die Ski an, und abwärts ging die Fahrt. Sie wedelten über die von der Sonne leicht aufgeweichte kompakte Schneedecke durch die gefährlichen Eisschluchten. Sie machten einen Umweg, fuhren auf einer Variante ab, die sie näher an die Rakhiotwand heranführte. Bei einer Pause begutachteten sie aus nächster Nähe »ihren« Pfeiler von unten, die massive Eissäule in der Mitte der Wand. Während sie sich vorsichtig immer näher tasteten, brach von ganz oben ein Eisblock ab und löste eine Lawine aus. Zuerst schien diese nicht groß zu sein, doch mit jedem Meter, den sie herabkam, nahm sie rasant Fahrt und Schnee auf und blähte sich dadurch immer mehr auf. Karl und Simon starrten wie gebannt auf dieses Schauspiel, während Walter alles mit der Videokamera aufnahm. Erst in letzter Minute suchten sie unter einem Sérac Schutz. Und so verwandelten die Milliarden von Schnee- und Eispartikeln, die überall in der Luft herumwirbelten, die drei lediglich in dicke Schneemänner. Es gibt also ein Video, das die Faszination der sich aus einer Höhe von 7500 Metern herabwälzenden Lawine eindrucksvoll wiedergibt.

Es folgten einige Regentage, die sie im Lager festhielten. Dann klarte das Wetter auf, und Karl, Walter und Simon brachen zum Hauptgipfel des Chongra auf. Diesmal ging es auf den Nördlichen Chongra Peak mit einer Höhe von 6830 Metern. Diese Tour sollte ihre Akklimatisierungsphase abschließen. Hier war der Schnee auf dem Gletscher nass. Bei jedem Schritt sanken sie knietief ein. Die Sonne brannte erbarmungslos auf sie herab. Nach einer Nacht im Biwak wurde der Schnee am darauffolgenden Tag derart »faul«, dass an ein Weiterkommen während der heißesten Stunden des Tages nicht zu denken war. Sie beschlossen, erneut auf einem Felsvorsprung zu biwakieren. Auf 6400 Meter Höhe wehte kein Lufthauch, und es wurde so heiß, dass Karl seinen Schlafsack über das Zelt legte, um etwas Schatten und Kühlung zu finden. Es ist grotesk! Selbst in diesen Höhen muss man offenbar zuweilen unter unerträglich hohen Temperaturen leiden! Am folgenden Tag brachen sie früh auf. Zu Beginn trug die über Nacht gefrorene Schnee- und Eisdecke. Erst weiter oben, auf dem Weg zum Gipfel sanken sie bis zu den Knien und schließlich bis zur Hüfte ein. Das spektakuläre Panorama, das sie dort erwartete, entschädigte sie für die Quälerei: Der Blick reichte vom 7795 Meter hohen Batura I, in der Batura-Muztagh-Gruppe im Norden, über die Gipfel der Latok-Gruppe im Westen bis zu den Giganten des Karakorum wie dem K2, dem Broad Peak und dem Massiv der Gasherbrum-Gruppe.

Nach diesen beiden Besteigungen während der Akklimatisierungsphase war die Stimmung der drei geradezu euphorisch. Sie fühlten sich in Form. Karls Knie- und Simons Schulterschmerzen waren kein Thema mehr. Die Übelkeitsattacken in der Höhe waren immer seltener geworden. Nach fast einem Monat am Fuß des Nanga Parbat rückte die Stunde des Aufbruchs immer näher.

Währenddessen hatte ich in Wolkenstein mit den Alltagsproblemen einer Mutter von drei Kindern und der Büroarbeit im Hotel meiner Eltern zu kämpfen. Ich war müde und mit den Gedanken bei Karl, konnte mich anders als sonst nur schwer auf die Kinder konzentrieren. Dabei artet schon eine gewöhnliche Einkaufstour mit drei Kleinkindern zum Kraftakt aus. Zum Glück war es Sommer. Das umständliche Anziehen von Wintersachen fiel daher weg. Alex, der Älteste, entpuppte sich allerdings als große Hilfe. Er wurde immer verständiger und passte auf meine Bitte auf seine jüngeren Geschwister auf. Nur in Bezug auf Karl entwickelte er diesmal seltsame Allüren. Von jeher war seine Beziehung zum Vater besonders eng gewesen. Als Karl jedoch über das Satellitentelefon vom Nanga Parbat aus anrief, weigerte sich Alex, mit ihm sprechen, war nicht zu bewegen, dafür sein Fußballspiel im Freien zu unterbrechen. Das war vielleicht seine Art, den Vater für seine Abwesenheit zu bestrafen, unter der er offensichtlich litt.

Karl und ich verständigten uns häufig per SMS. Es waren nur stichwortartige Sätze, die vielen banal vorkommen würden. Dennoch sind es seine einzigen Worte, die mir von ihm bleiben. Diese letzten Kontakte sind nun ein Teil meiner Erinnerungen.

Zum letzten Mal habe ich am Freitag vor dem Aufstieg mit Karl telefoniert. Es war der 11. Juli. Ich hatte ihn angerufen, nachdem ich das Klingeln des Telefons nicht gehört, seinen Anruf wieder einmal verpasst hatte. Die Hitze machte ihm noch immer Sorgen. Es ist nur eine Vermutung, aber möglicherweise war dieses warme Wetter schuld, dass die Schneebrücke unter ihm einbrach und ihn mit in die Tiefe der Spalte riss. Am Telefon jedenfalls kam es mir so vor, als schwanke er zwischen Vorfreude auf den Aufstieg und Heimweh. »Wir gehen rauf, und dann fahren wir endlich nach Hause«, bemerkte er. Er schien hin- und hergerissen zwischen der Faszination des Himalaja und seinen Dolomiten, wo seine Familie auf ihn war-

tete. Eigentlich fühlte er sich überall wohl, kehrte jedoch stets ebenso
gerne nach Hause zurück. Wenn er also erschöpft von einem Gipfel
des Himalaja kam, Wochen in großer Kälte verbracht und täglich
dieselbe Kost genossen hatte, konnte er die Rückkehr nach Wolkenstein und zu den warmen Felswänden der Dolomiten kaum erwarten, wo er zuerst einfach nur ausschlafen wollte. War er dann wieder
hier, trauerte er dem harten Leben im Basislager nach und fieberte
der nächsten Abreise zu neuen Abenteuern entgegen. Aber am Telefon an jenem Freitag war aus seinen Worten und dem Ton seiner
Stimme herauszuhören, dass es wieder einmal so weit war: Er sehnte
sich nach Hause.

Froh bin ich nur, dass Alex bei diesem Telefonat mit dem Vater gesprochen hat. Der Junge hatte gerade das Video gesehen, das seinen
Vater neben einer gigantischen Staublawine zeigte und wie er anschließend ein großes Glas Bier mit seinen Freunden trank. Alex
allerdings beeindruckte die Lawine weniger als Karls Alkoholkon-
sum. »Seid ihr blöd? Warum trinkt ihr so viel Bier?« Am anderen Ende
ertönte lautes Gelächter. Dann verabschiedeten wir uns. Ich wusste,
dass der Aufbruch zum Gipfel kurz bevorstand. »Ciao, Schatz«, sagte
Karl auf Ladinisch. Und zwischen »Ciao« und »Schatz« machte er eine
kleine Pause, so als wollte er noch etwas hinzufügen, so was sagen wie
»Ich liebe dich« oder Ähnliches. Was ihn in diesem Moment bewegte,
gehört zu den vielen Dingen, die ich nie erfahren werde.

Karls letzter Eintrag auf der Internetseite, einen Tag vor dem Aufbruch zur Rakhiotwand, beunruhigte mich. Plötzlich sprach er seine
Ängste offen aus. »Ich liege in meinem Zelt und versuche, ein Buch zu
lesen. Aber ich kann mich nicht konzentrieren, ich bin in Gedanken
ständig mit dieser Rakhiotwand beschäftigt. Diese verfluchte, zerklüftete Eiswand. Als wir vor einem Monat im Basislager ankamen,
hat mir die imposante Wand, die sich drei Kilometer steil in den Himmel reckt, Furcht eingeflößt. Auf den Fotos wirkte sie wie aus dem

Märchen. Aus der Nähe betrachtet und angesichts der ständigen Eisabgänge macht sie mich schaudern. Von unten besehen erscheint sie schwierig, so schwierig, dass ich, seit wir hier sind, immer unschlüssiger und skeptischer geworden bin. Das ist wahrlich eine gefährliche Mission! Wir müssen überlegt und vorsichtig vorgehen, die am wenigsten gefährliche Linie für den Aufstieg suchen. Seit einer Woche beobachten wir den ganzen Tag den großen Eisbruch, registrieren selbst die geringste Veränderung. Dieser Eispfeiler bleibt ein Rätsel, kann uns um den Erfolg bringen. Trotzdem wächst die Angriffslust. Wir sind voller Tatendrang und eigentlich recht zuversichtlich. Vor vier Tagen haben wir einen Teil unserer Ausrüstung auf die Gletschermoräne unter der Wand gebracht. Vom Basislager zum Depotzelt müssen wir immerhin 500 Höhenmeter überwinden. Damit sparen wir am ersten Tag des Aufstiegs viel Kraft und Energie. Trotz des hohen Risikos sind auch Walter und Simon motiviert und zum Aufstieg entschlossen. Insgeheim jedoch spüre ich wachsende Verantwortung und so etwas wie Furcht. Ich denke oft an meine Lieben zu Hause. Um auf Nummer sicher zu gehen und Unvorhergesehenes zu verhindern, wäre es das Beste, aus diesem Projekt auszusteigen.«

Diese furchterregende Wand schüchterte Karl offenbar ein. Aber war das nicht verständlich? Immerhin hatten sie eine Erstbesteigung vor. Niemand zuvor hatte je diesen Weg zum Gipfel gewagt. Bei einem unserer Telefonate hatte er eindeutig davon gesprochen »Bammel« zu haben. Ein Geständnis, das ihm gar nicht ähnlich sah. Sonst hatte ich immer sein übliches »Wir schaffen das schon!« zu hören bekommen. Er war sich der Risiken seines Tuns und der Unberechenbarkeit der Berge sehr bewusst. Beides hat er einkalkuliert. Karls natürliche Neugier brachte ihn immer wieder dazu, Neues entdecken zu wollen. Deshalb war er ständig auf der Suche nach bislang unbezwungenen, schwierigen, noch nicht künstlich gesicherten Wänden, um sie im Alpinstil zu erklettern. Er wusste, oder besser gesagt wir wussten um die Gefahren, die ihn erwarteten. Jetzt habe ich keine Möglichkeit mehr, ihn festzuhalten. So viel ist klar. Dennoch habe ich nie bereut, dass ich ihn fortgehen ließ. Die Berge waren sein Leben. Von ihm zu verlangen, darauf zu verzichten, hätte bedeutet, einen Wesensteil von ihm zu nehmen. Ich habe ihn so geliebt, wie er war. Gerade wegen seiner Leidenschaft für die Berge.

Am Morgen des 14. Juli riefen die drei vom Basislager aus Karl Gabl in Innsbruck an. Karl Gabl, Meteorologe und Bergführer, erstellt für Bergsteiger und Expeditionen im Himalaja Wetterprognosen. Karl hatte ihn durch Hans Kammerlander kennengelernt. Er wusste daher, dass Karl Gabls Vorhersagen die sichersten sind, sie trafen praktisch immer zu. In Innsbruck allerdings waren die Wetterprognosen für den Nanga Parbat und seine Nordwand noch nicht fertig. Man bat daher um Rückruf zu einem späteren Zeitpunkt. Es war Abend in Pakistan und Nachmittag in Europa, als Karl erneut mit Innsbruck telefonierte. Die Prognose lautete: »Gutes Wetter bis Donnerstag.« Damit wurde es ernst. Es war Zeit, die Steigeisen anzuziehen. Karl, Walter und Simon brachen auf.

Walter packte aus einer Laune heraus auch ein Paket Tortellini in seinen Rucksack. Das »Schmankerl«, die Köstlichkeit, sollte bei der ersten längeren Rast aufgetischt werden, um das Gewicht zu minimieren. Jedes Gramm der achtzehn Kilo Gepäck, die alle schulterten, war bis ins Kleinste austariert. Um Gewicht zu sparen, ließen sie sogar GPS und Überzelt im Basislager zurück. Auf dem Rücken trugen sie das unverzichtbare Minimum dessen, was sie für die einkalkulierten fünf bis sechs Tage der Besteigung zum Überleben brauchten.

Nach der Durchsage des Wetterberichts aus Innsbruck verließen Karl, Walter und Simon das Basislager kurz nach zehn Uhr abends. Sie wählten die nächtliche Stunde für den Aufbruch. Angesichts der ständigen Eis- und Felsabgänge hofften sie, dass sich in der Kühle des Abends wenigstens der Steinschlag beruhigte. Sie stiegen über die Gletschermoräne auf und kamen gegen Mitternacht am Fuße der Wand an. Hier, am Depotlager, begann der eigentliche Aufstieg zum Gipfel. Sie machten Rast und stärkten sich mit heißem Tee, bevor sie ihren Weg fortsetzten. Die erste Felsrippe nahmen sie einzeln, also nicht als Seilschaft in Angriff. Im Himalaja diktiert die Höhe die Verhaltensregeln. Jeder Bergsteiger reagiert hier anders. Jeder muss seiner körperlichen Verfassung entsprechend sein eigenes Tempo gehen. Eine Seilverbindung würde nur dem einen ein langsameres und dem anderen ein schnelleres Tempo aufzwingen.

Karl, Walter und Simon hatten daher bereits im Vorfeld die Regeln für die Besteigung festgelegt: ohne Seil bis zu einer Hangneigung von 60 Grad und im Abstand von maximal 50 Metern. Kurz vor Sonnenaufgang machten sie im Schutz einer fast senkrechten Wand erneut Rast und erlebten den Sonnenaufgang wieder einmal als packendes Schauspiel. Sie lachten und scherzten. Ihre Stimmen waren das einzige menschliche Lebenszeichen in der unglaublichen Stille des Berges. Für die letzten 80 Meter benötigten sie drei mühevolle, endlos wirkende Stunden. Es galt einige fast senkrechte Rampen zu überwinden, um die Falllinie herabstürzender Eisblöcke zu meiden. Sie bewältigten das schwierige Mischgelände aus Fels und Eis mit zwei Seillängen. Nach dieser Aktion banden sie sich aus dem Seil aus. Über dem Grat betraten sie einen frisch beschneiten Hang, sanken ein und seilten sich wieder an. Danach gingen sie den Eisbruch an. Nach zwei Stunden großer Anspannung und Anstrengung hatten sie ihn überwunden. Es folgte erneut ein Hang – diesmal mit Faulschnee. Ich glaube fast, Karl vor Erschöpfung keuchen und seine Schritte im Schnee zu hören, während ich dies schreibe. Es war ein langer und sehr anspruchsvoller Anstieg. Von zehn Uhr abends am Montag bis vier Uhr nachmittags am Dienstag bewältigten sie einen Höhenunterschied von 2400 Metern.

Es war Zeit, einen sicheren Ort für ein Biwak zu finden, sich nach den kräftezehrenden Stunden auszuruhen. Die folgenden dramatischen Ereignisse entnehme ich den Schilderungen von Walter und Simon. Sie haben sie mir wieder und wieder erzählt. Ich habe ihnen gut zugehört, und wenn ich die Augen schließe, sehe ich alles genau vor mir.

Die drei Männer steigen weiter zu einem für diese Höhe verhältnismäßig flachen, beschneiten Hang auf. Simon und Karl haben einen Platz unterhalb eines Séracs ausgemacht, wo sie das Zelt aufstellen wollen. Unter dem Eisturm fühlen sie sich geschützt und binden sich aus dem Seil aus. Karl beschließt – verantwortungsbewusst wie er war – vorauszugehen, das Terrain zu sondieren. Karl hatte wohl bereits eine Ahnung, dass die Erkundung dieser Neuschneepartie riskant werden könnte. Als Seilerster fühlte er sich in der Pflicht. Er musste das Risiko auf sich nehmen, dass diese weiße, pulvrige Schneedecke bei jedem Schritt einbrechen konnte. Simon beobachtete, wie er vorsichtig einen Fuß vor den anderen setzte. Wie er behutsam zuerst die makellos weiße, glatte Schneeschicht mit der Schuhspitze testete, bevor er mit dem ganzen Körpergewicht auftrat. Gewiss spürte Karl, dass hier das Unvorhergesehene lauerte, und tastete sich langsam vorwärts. Simon war kaum drei Meter von ihm entfernt. Walter war weiter zurückgeblieben, befand sich außer Sichtweite für Karl und Simon unterhalb einer Rippe und konnte die beiden ebenfalls nicht sehen. Wie Simon berichtete, machte Karl auf der vom Wind abgelagerten Triebschneeschicht seinen letzten Schritt auf seinem allerletzten Aufstieg. Er hob den Fuß zum x-ten Mal, um den nächsten Schritt zu tun und schob etwas Schnee beiseite. Dann, ohne auch nur das geringste Geräusch, war er mit einem Mal wie von Geisterhand verschwunden. Ohne einen Schrei, ohne einen Hilferuf. Dort, wo er gestanden hatte, klaffte nur eine breite, schwarze Spalte. Ciao, Schatz, ciao, mein Geliebter.

Mit einem Mal ein Bergsteiger

*»Eigentlich wollte ich Eishockey spielen, aber meine Mutter fand das
zu gefährlich. Hätte sie damals geahnt, dass ich mit dem Klettern
anfange, hätte sie mich vermutlich lieber Eishockey spielen lassen.«*

KARL UNTERKIRCHER

Cic. Für die Freunde aus Kindertagen war Karl der *Cic.* Sein Bruder
Peter gab ihm diesen Spitznamen aufgrund der dicken Backen, seiner *guance cicciotte*, die er als kleiner Junge hatte. Auch wenn die
dicken Backen längst der Vergangenheit angehörten, der Spitzname
war ihm geblieben. *Via Speedycic* ist daher der Name einer Aufstiegsroute, die Karl mit seinem Freund Gerold Moroder eröffnet hatte.
Und Karl hatte auf YouTube ein Video veröffentlicht, das mit Markus
Kostner, einem anderen treuen Bergkameraden, gedreht und scherzhaft *Cic video* genannt wurde.

Karls Leidenschaft galt von Kindesbeinen an dem Fußball. Vielleicht weil es kaum Alternativen gab. Er war begeisterter Anhänger
des AC Florenz. Doch niemand wusste so recht, was ihn an den Spie-
lern in den violetten Trikots so faszinierte. Möglicherweise wollte er
nur ein Zeichen gegen berühmte Fußballklubs wie Juventus Turin,
Inter oder AC Mailand setzen. Nach der Schule jedenfalls spielte er regelmäßig noch eine Partie Fußball mit seinen Freunden. Und schon
als Kind wollte er immer nur gewinnen, auch beim Fußball. Martin
Planker, Karls Schulkamerad seit der dritten Grundschulklasse, kam
im vergangenen Sommer eines Nachmittags mit seinen Töchtern zu
mir. Er hatte Alex mit Freunden vor dem Haus Fußball spielen gesehen und sich spontan an Karl und ein Turnier ihrer Kindermann-
schaft erinnert gefühlt. Damals spielte Wolkenstein gegen eine an-

dere Dorfmannschaft aus dem Tal. Sie mussten ein Tor einstecken, weil ein Scheinwerfer auf dem Spielfeld den Torhüter geblendet hatte. Der Trainer legte Protest ein und forderte erfolglos die Annullierung. Daraufhin wurde er so wütend, dass er die Jungen in die Umkleidekabinen schickte. Wenn der Gegner nicht in der Lage sei, das Spielfeld ordnungsgemäß zu beleuchten, könnten sie ebenso gut gleich nach Hause gehen, lautete sein Argument. Alle bis auf Karl waren sich einig, duschen zu gehen und damit die Partie unter Protest zu beenden. »Ihr könnt ja gehen. Martin und ich bleiben und gewinnen das Spiel«, erklärte er kämpferisch. Den Trainer machte Karls Widerrede nur noch wütender. Aber Karl konnte nicht aufgeben, solange ein Sieg noch möglich war. Er gab nie auf. Schließlich konnte er die anderen überzeugen. Sie kehrten auf das Spielfeld zurück und gewannen die Partie. Karl war damals zehn Jahre alt. Er war so fußballverrückt, dass er sogar am Tag der Abschlussprüfung in der fünften Klasse der Grundschule in der Pause spontan ein Fußballspiel im Schulhof organisierte. Selbst das Klingelzeichen am Ende der Pause vermochte ihn nicht dazu zu bewegen, die Partie zu beenden. Die Zulassung zur Mittelschule stand auf dem Spiel. Aber Karl und seine Mitschüler dachten nicht daran aufzuhören. Die Lehrer mussten eingreifen und die Jungen in die Klasse zurückführen.

Karl war kein sonderlich begeisterter Schüler. Er kam recht gut durch, auch ohne viel Zeit über den Büchern zu verbringen. Bei jeder Gelegenheit floh er ins Freie, um zu spielen. Die Hausaufgaben schrieb er wie die meisten seiner Freunde häufig von dem Streber und Mädchenschwarm Samuel ab. Samuel war ein fröhlicher, schlagfertiger Junge und immer freundlich zu den Mädchen. Karl dagegen interessierten Mädchen wenig. Er redete kaum mit ihnen. Sie waren ihm eher lästig. Eine Einstellung, die er auch als Erwachsener nur schwer ablegte. Zu Beginn unserer Freundschaft war er auch mir gegenüber sehr zurückhaltend. Er wollte nicht von seiner

Passion für die Berge abgelenkt oder abgehalten werden, fürchtete, die Freiheit zu verlieren, in den Dolomiten neue Kletterwege im Fels zu eröffnen.

Als Kind und Jugendlichen gab es für ihn jedoch nur den Fußball. Und er wollte Eishockey spielen. Diese Sportart war im Tal sehr beliebt. Alle waren Anhänger des HC Wolkenstein. In der Schule wurden Kurse angeboten und Turniere organisiert. Viele seiner Freunde hatten sich schon dafür angemeldet. Nur Karls strenge, energische Mutter wollte davon nichts wissen. Sie hielt Eishockey für zu gefährlich. Karl erfand daher sein eigenes *Do-it-yourself*-Hockey: In Ermangelung einer Eisfläche zog er statt der Schlittschuhe einfache Turnschuhe an und vergnügte sich mit einem alten Hockeyschläger samt Tennisball auf der Asphaltstraße im Schatten des Langkofels – dem Wahrzeichen von Wolkenstein, der im Winter wie ein überzuckerter Weihnachtskuchen aussieht. Es war ein eher schlichtes Vergnügen, aber es genügte Karl, um sich als heldenhafter Stürmer zu fühlen. Er war schnell, träumte davon, auf dem Eis dahinzugleiten, und schlug den Ball so hart, wie die Champions, die er häufig bei Spielen im Eisstadion beobachtete, den Puck.

Karl war ein folgsamer Junge, der seine Eltern respektierte. Er bemühte sich, ihre Erwartungen zu erfüllen, ohne sich jedoch zu verbiegen. Er war wissbegierig, neugierig und von Anfang an eine Forschernatur. Vermutlich um den Wünschen der Eltern und besonders der Mutter gerecht zu werden, trat Karl in die Musikkapelle von Wolkenstein ein. Er spielte Horn und verbrachte viele Sonntage von seinem fünfzehnten bis fünfundzwanzigsten Lebensjahr bei Proben und Konzerten. Wenn die Blaskapelle an Festtagen auf dem Dorfplatz von Wolkenstein aufspielte, war seine stolze Mutter immer dabei. Sie hat Karl vermutlich die Liebe zur Musik vererbt. Sie konnte keine Noten lesen, sang jedoch gerne und gut und hatte eine schöne Stimme. Außerdem war ein Onkel einmal Dirigent der Musikkapelle gewesen.

Erst als Karl klar wurde, dass er seine gut ausgebildete Lunge sonntags lieber beim Klettern anstatt beim Konzert auf Dorfplätzen einsetzte, gab er die Musik auf.

Der Alpinismus spielte also in Karls Kindheit und Jugend eigentlich keine Rolle. Klettergärten gab es während dieser Zeit noch nicht. Und nur wer einen Vater hatte, der in die Berge ging oder Bergführer war, hatte das Glück, sich mit Seil und Kletterhaken vertraut machen zu können.

Karls Vater war Arbeiter, die Mutter Schneiderin. Sie nähte auch die Kleidung für die Kinder. Die Liebe zu den Bergen allerdings lag in der Familie. Es war der Vater Erich, der ihn zuerst auf kleine, harmlose Touren mitnahm. Dabei allerdings stellte Karl fest, dass er nicht schwindelfrei war. Von einer Tour mit dem Vater auf die Stevia-Alm oberhalb von Wolkenstein hat er oft erzählt. Damals war er sechs oder sieben Jahre alt. Sie stiegen über einen recht steilen und ausgesetzten Weg auf. Karl war angesichts der schroff abfallenden Wände geschockt. »Ich hatte totale Panik«, erzählte er. »Entmutigt und desillusioniert bin ich schnell nach Hause.« Karl hatte ein enges Verhältnis zum Vater. Erich war als Junge aus Villnöß nach Wolkenstein gekommen. Er hatte keine leichte Kindheit, und er war sehr in sich gekehrt – eine Eigenschaft, die der Sohn geerbt hatte.

Karl erlebte in jenen Jahren wie alle seine Altersgenossen seine Abenteuer draußen in der freien Natur. An diese Zeit erinnert sich seine Mutter heute noch. Man trug Kämpfe aus, indem man sich mit Tannenzapfen bewarf, watete in Gebirgsbächen, versteckte sich im Heu und in Sennhütten, klaute Aprikosen von den wenigen Obstbäumen, die man in Wolkenstein findet. Die Lieblingsbeschäftigung bestand darin, mit den Kameraden auf Bäume zu klettern. Sie schlossen Wetten ab, wer am höchsten klettern konnte. Die ultimative Mutprobe bestand darin, die Spitze zu erreichen, wo die Äste am dünnsten waren und sich unter dem Gewicht des Kletterers gefährlich durchbogen. Ganze Nachmittage bauten sie möglichst weit vom Dorf entfernt heimlich Baumhäuser im Wald, wo sie keiner erwischen konnte. Karl kletterte auf alles, was sich ihm bot: auf Bäume, Lattenzäune, Dächer, Mauern. Seine Freunde erzählen heute noch, dass er der Geschickteste und seine Baumhäuser die am höchsten gelegenen waren. Mit der Zeit wurde er schwindelfrei. Er hatte bald entdeckt, wie einzigartig der Blick von oben auf die Welt war. Und dieses Gefühl war stärker als die Angst vor dem Abgrund. Karl war hartnäckig und stur. Allein durch Willenskraft überwand er die Höhenangst, die ihn als Kind so in Panik versetzt hatte.

Seine Eltern hatten ihm zwar nicht erlaubt, Eishockey zu spielen, aber das Skilaufen hatte einen anderen Stellenwert in der Familie. Wie üblich in unserem Tal stand Karl schon als kleines Kind auf Skiern. Auf der Piste erwies er sich nicht gleich als der kommende Champion. Dazu entwickelte er sich erst später. Karl fiel durch die Aufnahmeprüfung des Skiklubs und wurde nicht angenommen. Erst als ein anderes Kind seine Bewerbung zurückzog, durfte er dessen Platz einnehmen. Der reglementierte Tanz zwischen den Torstangen war seine Sache nicht. Er wollte sich in kein Korsett pressen lassen, liebte stattdessen das freie Skifahren im Wald und akrobatische Einlagen. Slalomtraining langweilte ihn. Er wedelte lieber auf eigene Faust zwischen den Bäumen ins Tal. Immer wieder musste der Trainer ihn auf die Piste zitieren. Dennoch schlug das Training an. Er war richtig gut geworden, hatte einen eleganten Fahrstil, beherrschte das Tiefschneefahren perfekt und besaß den Mut zum Risiko. Angst kannte er nicht. Er sprang abseits der Pisten blind über Kanten, ohne zu wissen, was ihn erwartete.

»Wir sind in der Umgebung von Wolkenstein abseits der Pisten Tiefschnee gefahren«, erzählte mir eines Tages sein Bruder Peter. »Karl ist zehn Meter weit über einen Felsen gesprungen und mit einem Schrei im Nichts verschwunden. Ich habe nach ihm gerufen. Dann kam mir die Idee, hinter den Felsen zu schauen und traute meinen Augen kaum. Karl hing, die Baumspitze umklammernd, in einer Tanne, die Ski noch angeschnallt.«

Oft hat Karl erzählt, wie es war, wenn seine Freunde bei der Familie Unterkircher klingelten. Dann öffnete natürlich die Mutter die Tür. »Nein, Karl muss lernen«, hieß es. Oder, als er schon größer war: »Nein, Karl muss arbeiten.« Cic protestierte umgehend, sobald er seine Freunde vom Fenster aus gesehen hatte. Manchmal bekam er die Gespräche zwischen seiner Mutter und seinen Freunden aber auch gar nicht mit. Sie war streng, und Karls Spielkameraden testeten immer erst ihre Laune, bevor sie sich über die Sprechanlage meldeten. Aber Karls Mutter war nicht zu beneiden. Drei lebhafte, im Abstand von circa nur jeweils einem Jahr geborene Söhne im Zaum zu halten, war keine leichte Aufgabe. Alex war der Älteste, Peter der Mittlere und Karl der Jüngste.

Von Felix Perathoner, einem Freund von Karl aus Kindertagen, stammt folgende Geschichte: Sie hatten sich alle mit Steinschleudern bewaffnet und aus Jux die Fenster eines unbewohnten Hauses zerschossen. Ob die in der Nähe wohnenden Besitzer Diebe als die Urheber des Schadens annahmen oder sofort an einen Lausbubenstreich dachten, ist nicht klar. Jedenfalls haben sie ihren Hund auf die Jungen gehetzt. Karl und seine Freunde liefen davon und brachten sich auf einer Steinmauer in Sicherheit, während der Hund sie von unten stellte und verbellte. Die Polizei kam, und die Familien mussten Schadensersatz leisten.

Nach diesem Vorfall herrschten bei Karl zu Hause verschärfte Regeln. Ab halb sieben Uhr abends wurde gegessen, und danach hatten die Söhne Ausgehverbot. Keiner durfte das Haus verlassen. Der sechzehnjährige Peter und der etwas jüngere Karl verfielen jedoch auf einen Trick, wie sie der elterlichen Kontrolle entwischen konnten. Sie legten sich ins Bett. Sobald im Haus das Licht ausging, zogen sie sich wieder an, schlichen auf den Balkon vor ihrem Zimmer und kletterten von dort hinunter auf die Straße. Gegen zwei Uhr morgens kamen sie aus der Kneipe zurück und kletterten über den Balkon wieder in ihr Zimmer. Die Mutter hat es nie bemerkt.

Karl war als Kind sehr neugierig. Nichts war vor ihm sicher. Er nahm Gegenstände auseinander, um sie dann wieder zusammenzusetzen, verbrachte Stunden damit, das Innenleben von Uhren und Motoren zu erkunden. Einmal hatte er eine alte Wanduhr in ihre Einzelteile zerlegt. Als Ziffernblatt, Zeiger, Unruhe, Federn und Zahnräder sorgfältig ausgebreitet auf dem Tisch lagen, geriet er in Panik. Er hatte keine Ahnung, wie er all die Teile wieder zusammenfügen sollte und Angst vor der Schelte der Mutter. Zum Glück fiel ihm ein, dass niemand die alte Uhr vermissen würde, sie längst zum alten Eisen gehörte. Vielleicht war es diese Neugier, das Verlangen, den Dingen auf den Grund zu gehen, warum er den Beruf des Mechanikers erlernen wollte, nachdem er die Kunstschule in Wolkenstein verlassen hatte. Karl zeichnete gern und gut. Dennoch war die Kunstschule nichts für ihn. Auch den Beruf des Mechanikers wollte er nicht auf Dauer ausüben. Diese Tätigkeit machte ihn finanziell unabhängig, und deshalb war er ernsthaft bei der Sache: zuerst als Tankwart, dann als Lehrling in der Reparaturwerkstatt. Drei Jahre schlug er sich durch. Als man ihn nach Ende der Lehrzeit nicht übernehmen konnte, wechselte er zu in einer anderen Werkstatt in St. Ulrich. Ein Jahr später wurde er zum Militärdienst eingezogen.

Während seiner Zeit als Automechaniker begann er zu klettern – zuerst nur aus Jux mit Freunden. Er war gerade fünfzehn – also eher alt für einen Bewohner des Grödnertals –, als er zum ersten Mal Kletterschuhe anzog. Mit drei Altersgenossen machte er sich zu dem Felsen auf, den die Jungen als Kletterwand nutzten: in Plan am Dorfende von Wolkenstein. Dort war eine überhängende Wand, die ein Bergführer aus Wolkenstein, Mauro Bernardi, mit Haken eingerichtet hatte. Deshalb wird sie auch von allen als »der Klettergarten von Mauro« *(palestra de Mauro)* bezeichnet. Alle begannen mit dem Aufstieg. Nur Karl stand wie angegossen am Fuße der Wand und starrte in die Höhe. Er hatte zwar viel Kraft, aber weder Erfahrung noch Technik, wusste gerade mal, wie ein Karabinerhaken aussah. Für den stolzen Karl, der den Ehrgeiz hatte, immer der Beste im Sport zu sein, war die Demütigung groß. Das geschah Anfang des Sommers. Daraufhin kaufte er seinem Freund Livio Prinoth, der an der Bergstation Dantercepies am Lift arbeitete, die Kletterschuhe ab und trainierte den ganzen Sommer lang bei jedem Wetter, denn es gab überhängende Wände, die man auch bei Regen begehen konnte. Und er kletterte häufig mit Livio. Hatte dieser keine Zeit, suchte er sich andere Kletterpartner. Karl trainierte hart, er wollte der Beste werden, nahm jede Herausforderung an, um zu beweisen, dass er mit Köpfchen und Geschick jeden Schwierigkeitsgrad bewältigen konnte.

Wie die meisten Anfänger hatte auch Karl die Angewohnheit, die einzelnen Züge beim Klettern lediglich mit der Kraft seiner Arme zu bewältigen, was dazu führte, dass er schnell ermüdete. Erst allmählich begriff er, wie wichtig die Beinarbeit war und wie er diese nutzen konnte, um neue Kraft zu schöpfen. Aber vor allem gewann er so viel Selbstvertrauen, dass er selbst kleinste Risse und Spalten im Fels zum Klettern ausnutzen konnte. Das Felsklettern, bei dem man die beste Linie finden und mit der richtigen Technik verbinden musste, begeisterte ihn. Er lernte, den Fels nicht nur als Masse aus Stein, sondern als großartige, unerforschte Welt zu begreifen: Sie bot natürliche Kletterhilfen, die man nur erkennen musste.

Gegen Ende jenes Sommers bezwang Karl die Wolkensteiner Kletterwand und noch viele andere danach. Nur wenige Tage, nachdem er die überhängende Wand am Plan durchstiegen hatte, ging

48

Karl seine erste Tour als Seilerster auf der von Ferdinand Glück eröffneten *Via dei Pilastrini* am ersten Sellaturm.

Von Karl weiß ich, dass seine Mutter über den Weg, den ihr Sohn eingeschlagen hatte, keineswegs glücklich war. Die Freunde, die jetzt am Haus klingelten, um ihn zum Klettern abzuholen, erhielten wie üblich nur abweisende Antworten. »Wenn sie gewusst hätte, dass ich mich mit Haut und Haaren der Kletterei verschreiben würde, hätte sie mir sicher lieber das Eishockeyspielen erlaubt.« Die Mutter war ängstlich besorgt um diesen noch so jungen Sohn, der alles erklettern wollte. Argwöhnisch betrachtete sie die Ausrüstung aus Klettergurt, Karabiner, Helm und Seil, die er von seinem gesparten Geld nach und nach erwarb.

Mutter Unterkircher war nach dem tödlichen Autounfall ihres ältesten Sohnes Alex mit nur neunzehn Jahren noch ängstlicher geworden. Am 19. Februar 1987, einem Donnerstag, fuhr Alex nach Bozen zu einem Vorstellungsgespräch. Er hatte gerade sein Informatikstudium abgeschlossen. In einer Kurve hinter St. Ulrich verlor er auf eisglatter Straße die Kontrolle über seinen alten Fiat 127, dessen Reifen ziemlich abgefahren waren, geriet ins Schleudern und prallte frontal gegen einen entgegenkommenden Lastwagen. Trotz des niedrigen Tempos beider Fahrzeuge war die Wucht des Aufpralls hoch. Alex wurde umgehend in die Klinik nach Bozen eingeliefert. Seine Verletzungen waren jedoch so schwer, dass er ins Klinikum nach Innsbruck verlegt wurde, wo er zwei Tage später starb, ohne das Bewusstsein wiedererlangt zu haben.

Karl litt sehr unter dem plötzlichen Tod des Bruders. Zu Hause und auch während Alex' Studium in Brixen standen sich die beiden sehr nahe. Alex hatte auf Karl seine Begeisterung für Fußball und Musik übertragen und ihn immer mit den neuesten Kassetten von *Queen*, *Prince* oder *Alphaville* versorgt.

Nach dem tragischen Unfall kapselten sich Karl und sein Bruder

Peter ab, sprachen mit niemandem über ihren Kummer. Sie wechselten die Freunde, gingen häufig in die Kneipe, rauchten und tranken viel. Karl brachte es auf zwei Päckchen Zigaretten pro Tag. Über diese schmerzliche Zeit sprach Karl so gut wie nie, nicht einmal mit mir. Damals begann er an Gott zu zweifeln, konnte nicht verstehen, weshalb das Schicksal Alex so hart bestraft hatte. Diese Enttäuschung klingt auch in einem Abschnitt seiner Tagebucheintragungen an, das seine Kindheit behandelt: »Ich war immer sehr ehrgeizig, wenn es um einen Wettbewerb oder darum ging, der Erste und Beste zu sein. Schon in der Grundschule war ich derjenige, der täglich als Erster in die Frühmesse ging. So war ich erzogen. Doch an einem gewissen Punkt war Schluss, und der Glaube ging mir verloren – vor allem nach dem Tod des Bruders. Ich konnte einfach nicht begreifen, warum ausgerechnet er hat sterben müssen.« Beim Klettern konnte Karl seinen Kummer vergessen. Klettern half ihm, auf Distanz zur Welt draußen zu gehen, von den Gipfeln der Berge auf sie herabzusehen, fernab und allein mit all seinem Schmerz.

Die Einberufung zum Militär, zwei Jahre später, veränderte sein Leben. Diese Zeit half, die Trauerarbeit zu beenden. Die Berge wurden zu seinem Lebensinhalt. Martin Planker, Freund aus Kindertagen, der seinen Militärdienst bereits leistete, riet Karl, sich für die Gebirgsfallschirmjäger zu bewerben. Dies sei ein sehr dynamischer Truppenteil, meinte er. Man mache viel Sport: Joggen, Klettern, Fallschirmspringen. »Du willst doch wohl nicht ein Jahr lang Wachdienst schieben, oder?«, spottete Martin. Karl sagte kein Wort. Er hörte zu. Mehr nicht. Vier Monate später war auch er in Pisa.

Karl lernte schnell, wurde ein guter Fallschirmspringer. So gut, dass sie ihn in Pisa behalten und zum Instruktor bei den Fallschirmspringern ausbilden wollten, anstatt ihn nach der Grundausbildung nach Bozen zu versetzen. Wieder war es Martin, der stichelte: »He, du willst wirklich auf Schnee verzichten? Aufs Skifahren und Eisklettern?« Das kam für Karl natürlich nicht infrage. Schnee und Eis waren seine Welt. Schließlich landete er wieder in der Nähe seiner Berge, beim Rangerbataillon Monte Cervino (Matterhorn) des 4. Alpini-Fallschirmjägerregiments in Bozen. Dort wurde er Kletterausbilder bei den Gebirgsfallschirmjägern. Seine damaligen Kameraden beschreiben ihn als schweigsam, ernst und präzise. Er war ein Kind der Berge, gewohnt, in freier Natur zu arbeiten, ohne sich über die harten Bedingungen zu beklagen. Major Renzo Martini, Karls damaliger Vorgesetzter, aus Lozzo di Cadore gebürtig, also ebenfalls ein Mann aus den Bergen, hielt so viel von Karl, dass er ihn zum Korporal beförderte. In dieser Eigenschaft wurde er für die Soldaten seines Zuges bald zum Vorbild. »Niemals müde!« lautete das Motto der Alpini-Fallschirmjäger. Und Karl verkörperte dieses Motto perfekt: Er schien tatsächlich unermüdlich zu sein. »Bei schlechtem Wetter«, erinnert sich Major Martini, »trainierte er Kraft und Ausdauer in der Sporthalle. Er rackerte sich ab, war immer umsichtig, konzentriert und präzise. Bei kritischen Phasen im Fels vermittelte er seinen Seilgefährten Ruhe und Sicherheit.« Karls Passion für die Berge wuchs mit jedem Tag. Er kletterte mit Major Martini häufig im Grödnertal. Und Major Martini spricht heute noch davon, mit welcher Bescheidenheit und welchem Feingefühl Karl versuchte, selbst die schwierigsten Passagen in einer Wand leichter erscheinen zu lassen. »Bleib ganz ruhig«, sagte er dann. »Du bist stark, auch wenn du in dieser schwierigen Passage ins Seil fliegst. Es kann nichts passieren. Ich bin optimal gesichert und fange dich jederzeit ab.«

Karl hatte also schon mit achtzehn Jahren jene Eigenschaften erworben, die ihn zu einem besonderen Bergsteiger und Bergführer machten: die Fähigkeit, Ruhe und Sicherheit auszustrahlen, nie die Kontrolle zu verlieren. »Wenn wir Rast gemacht haben, haben wir oft über den zurückgelegten Weg und den Abschnitt diskutiert, der uns noch bevorstand«, erzählt Major Martini. »Karl schien jede Kleinigkeit, jedes Detail verinnerlicht zu haben. Wenn wir eine schwierige Passage hinter uns hatten, haben wir uns an einem Haken an einem Felsvorsprung eingeklinkt, haben die Beine über gelegentlich schwindelerregendem Abgrund baumeln lassen und Armbeugen gemacht.« Offenbar wollten sie sich beweisen, dass es nichts gab, das sie nicht hätten überwinden können.

Einmal führte Martini Karl zu einer Route in die östlichen Marmarole, einer Berggruppe südöstlich von Cortina, in der Tallandschaft des Cadore, also dorthin, wo der Kommandant seine Kindheit verbracht hatte. Sie wanderten große Strecken in dieser stillen, wilden und wenig frequentierten Gegend, ohne jedoch den Einstieg der Kletterroute zu finden, die sie gehen wollten. Der Kommandant fühlte sich verantwortlich für die Pleite und entschuldigte sich unaufhörlich. Karl erwiderte mit der für ihn typischen Gelassenheit: »Wir schaffen das schon.« Er ging davon aus, dass sich irgendwann der Einstieg in die anvisierte Wand auftun würde. Und wenn nicht, ergab sich immer die Gelegenheit, eine neue Route zu eröffnen. Warum sollte man sich mitten in dieser wunderbaren Welt der Gipfel ärgern? Dieser Pragmatismus, mit dem Karl Schwierigkeiten sicher bewältigte, unterschied ihn von seinen Altersgenossen und machte ihn reifer. Weder Kälte, Schmerzen noch Erschöpfung konnten ihn in den Bergen aufhalten.

Als Karl nach einem Jahr der Klettertouren und Fallschirmabsprünge mit dem Diplom des Kletterausbilders in der Tasche nach Wolkenstein zurückkehrte, stand ihm seine Zukunft klar vor Augen. Er wollte in den Bergen sein Geld verdienen. Er wollte Bergführer werden.

Liebe auf den ersten Blick war es nicht

»Tagsüber habe ich Holzfiguren hergestellt, verbrachte elf, zwölf Stunden an Regentagen an der Schnitzmaschine, um bei schönem Wetter fürs Klettern frei zu sein. Auf diese Weise trainierte ich – allein. Ich bin nie mit Freunden ausgegangen. Eines Abends ist mir dann bewusst geworden, dass ich durch das viele Alleinsein fast das Sprechen verlernt hatte.« KARL UNTERKIRCHER

Eines Nachmittags fasste ich einen Entschluss. Ich rief Karl an und sagte: »Also, was ist? Gehen wir heute Abend zusammen essen?« Ich habe ehrlich gesagt lange gezögert, bevor ich zum Hörer griff. Ich war nervös. Was, wenn er seine Schüchternheit nicht ablegte? Wenn wir nicht wussten, was wir miteinander reden sollten? Die Vorstellung, einen Abend bei betretenem Schweigen zu verbringen, quälte mich. Den Hörer in der Hand schwirrte mir der Kopf. Was, wenn er schon verabredet war? Wenn er nur aus Höflichkeit zusagte? Die Ungewissheit schlug sich mir auf den Magen. Das Telefonat war dann äußerst knapp. Er nahm die Einladung an, als sei es das Natürlichste der Welt. Dann einigten wir uns auf einen Treffpunkt, und das Gespräch war beendet.

Es war der 19. Oktober 1996. Wir kannten uns seit vier Jahren, waren mehrfach in der näheren Umgebung von Wolkenstein zusammen beim Klettern gewesen. Ich hatte ihn sogar auf eine seiner Expeditionen nach Patagonien begleitet. Aber abgesehen von einigen kurzen Klettertouren zu zweit hatten wir uns immer in der Gesellschaft von gemeinsamen Freunden getroffen.

Das erste Mal war ich ihm im Frühjahr 1992 begegnet. Ich fand ihn irgendwie »seltsam«. Schweigsam, höflich, etwas scheu. Später erst stellte ich fest, wie schüchtern er war. Wir waren in Erto, dem Wohnort des Alpinisten, Bildhauers und Schriftstellers Mauro Corona, oberhalb von Longarone. Mit meinem damaligen Freund Manfred und einer Clique von Freunden hatten wir uns das Belluneser Gebiet für einen Tag im Klettergarten ausgesucht. In der Gruppe war auch Karl. Ich erinnere mich, dass es regnete und das Klettern eigentlich keinen Spaß machte. Schließlich landeten wir alle zusammen in einem Gasthof, wo reichlich gegessen und getrunken wurde. Ich war fasziniert von Karls Lachen und der Art, wie er beim Klettern unvorhergesehene Situationen mit einer ungewöhnlich positiven Einstellung meisterte. Das Wetter hatte allen anderen die Lust am Klettern vergällt. Karl nahm die äußeren Umstände philosophisch, reagierte mit heiterer Gelassenheit auf die Kapriolen des Wetters. Diese Eigenschaft war auffallend. Und ich erlebte seine Reaktionen auch in den folgenden Jahren wiederholt bei unseren gemeinsamen Klettertouren. Hatte einer aus der Gruppe einen wichtigen Ausrüstungsgegenstand vergessen – Karl geriet nie aus der Fassung. Während andere ihrem Ärger ausgiebig Luft machten, suchte er nach einer Lösung für das Problem.

Ich sah Karl in den folgenden Monaten einige Male, auch dann noch, als meine Beziehung mit Manfred bereits beendet war. Er gefiel mir sehr. Viele Gedanken habe ich zuerst allerdings nicht an ihn verschwendet. Er war nett, blieb aber reserviert, war eher klein von Statur, dafür muskulös und durchtrainiert. Beim Klettern in der Wand sprach er kein Wort. Er konzentrierte sich aufs Klettern. Basta. Diese Zielorientiertheit faszinierte mich. Vielleicht auch, weil wir uns in diesem Punkt ähnlich waren. Andererseits irritierte mich seine große Zurückhaltung. Irgendwann obsiegte mein Herz über die Zweifel. Ich tat den ersten Schritt. Aus Freundschaft wurden Zuneigung und Liebe. Bevor ich mich jedoch in Karl verliebte, machten wir häufig gemeinsame Kletter- und Skitouren. Im Januar 1995 be-

54

gleitete ich ihn bei einer Expedition nach Patagonien zur Besteigung des Fitz Roy. Tatsächlich war das schon seine zweite Tour in Südamerika. 1992, mit 22 Jahren bereits, hatte er den 6959 Meter hohen Aconcagua, den höchsten Berg Südamerikas, bestiegen – ein Gipfel ohne große Schwierigkeiten, ohne große bergsteigerische Herausforderungen. Dennoch war Karl auf dem Aconcagua etwas klar geworden, das für seine Zukunft entscheidend werden sollte: Er vertrug große Höhen besser als viele andere Alpinisten, er akklimatisierte sich schnell und konnte bereits nach kurzer Eingewöhnung wieder essen und gut schlafen. Gerade diese Eigenschaft kam ihm besonders in den folgenden Jahren bei seinen Expeditionen auf die Achttausender zugute.

Im Team für den Fitz Roy befanden sich abgesehen von mir, Karl und seinem treuen Freund Gerold Moroder auch Hubert Moroder. Karl hatte Hubert sechs Jahre zuvor auf einem Fest in St. Ulrich kennengelernt. Eine Begegnung, die in einer fröhlich durchzechten Nacht endete, nachdem es beinahe zu einer heftigen Prügelei gekommen wäre. Hubert erschien mit Tania, seiner späteren Frau, auf diesem Fest. Und Tania fand Karl sympathisch, hörte seinen Erzählungen begeistert zu. Hubert, schon etwas beschwipst, nahm das übel. »Willst du mir die Frau ausspannen?«, drohte er Karl aufgebracht. Karl, der keinen Streit wollte, lenkte das Gespräch geschickt auf das Klettern. Sie setzten sich zusammen an einen Tisch. Etliche Biere später waren sie so in Fahrt, dass sie den restlichen Abend über das Klettern, neue Routen und die modernste Ausrüstung redeten. Das hatte zur Folge, dass Tania allein nach Hause ging, und Karl und Hubert von diesem Tag an Freunde waren. So kam es, dass sich Hubert der Expedition nach Argentinien anschloss, jedoch viel früher als wir nach Italien zurückkehrte.

Es wurde eine interessante und auch lustige Reise. Entgegen den Erwartungen zeigte sich das so übel beleumundete Wetter Patagoniens auf der Anreise zum Basislager von seiner besseren Seite. Normalerweise beschränkten sich die Schönwetterfenster für Bergtouren in diesem Teil Südamerikas auf nur wenige Tage im Jahr. Die meisten Gipfel Patagoniens sind kaum höher als 3000 Meter, verbergen sich jedoch über 300 Tage im Jahr hinter dichten Wolkengebilden. Unwetter, heftige Niederschläge und wechselhafte, orkanartige Winde sind hier die hartnäckigsten Feinde der Bergsteiger. Im Basislager war viel Betrieb, fünf Teams warteten darauf, den Gipfel in Angriff nehmen zu können. Doch das schlechte Wetter zwang alle zu einer ungewollten Pause. Die Spannungen in den anderen Gruppen waren dementsprechend hoch. Wir dagegen waren trotz der widrigen Umstände ganz entspannt, freuten uns auf einen neuen Berg und versuchten, uns seinen Launen anzupassen. Allein den Anmarsch zum Basislager des Fitz Roy hatten wir als faszinierende Trekkingtour durch die Wälder des Nationalparks *Los Glaciares* genossen. Dabei hatte uns der weithin sichtbare imposante Hauptgipfel des Fitz Roy die Richtung gewiesen. Und je näher wir kamen, desto abweisender baute sich der pyramidenförmige Monolith aus Granit vor uns auf. Das Bergmassiv des Fitz Roy ist nicht einmal halb so hoch wie die Giganten des Himalaja. Dafür hatte es den Ruf, den Alpinisten klettertechnisch alles abzuverlangen. Denn meist überziehen gigantische Eisplatten die schroffen Granitwände. Die Besteigung des Fitz Roy jedenfalls ist ausgesprochen anspruchsvoll. Die dort ansässigen Tehuelche-Indianer nennen den Berg auch *El Chaltén,* den »Rauchenden Berg«, denn sie hielten ihn lange für einen Vulkan. Als wir im Basislager ankamen, wurde uns klar, weshalb: Der Gipfel ist fast permanent von Wolkenschwaden verhüllt.

Karl und ich waren damals noch kein Paar. Ich nächtigte daher im Zelt mit den Lebensmittelvorräten und der Ausrüstung, während sich Karl und Gerold das zweite Zelt teilten. Schlechtes Wetter war für uns kein Problem: Wir schliefen lange, spielten Karten, lasen, und sobald der Regen nachließ, unternahmen wir lange Spaziergänge.

Die Einrichtung des vorgeschobenen Basislagers war als abenteuerliches Erlebnis gedacht, wurde jedoch bald zu einer Groteske. Die nötige Ausrüstung wurde zur *Brecha de los italianos*, zur »Italiener-Scharte«, verbracht. Dort, in der Nähe des Einstiegs in die Granitwand, verbrachten die Teams traditionell die Nacht vor dem eigentlichen Aufstieg. Karl und Gerold hatten dasselbe vor, doch als sie zum Lager kamen, waren alle Schneehöhlen besetzt, die Schutz vor den berüchtigten Schneestürmen boten. Zudem war nicht eine freie Fläche zu finden, auf der man einen frischen Schacht für das Zelt hätte ausheben können. Da Gerold und Karl keine andere Möglichkeit sahen, stellten sie ihr Zelt hinter dem Gletscher auf einer höher gelegenen Freifläche auf. »He, was macht ihr denn da? Wenn der Wind kommt, pustet er euer Zelt einfach weg«, warnte ein Bergsteiger einer anderen Expedition. Karl und Gerold hatten noch keine Vorstellung, welche Windstärken die Stürme in dieser Region erreichen. Sie ließen alles, wie es war, und kehrten unbekümmert ins Basislager zurück. Am darauffolgenden Tag kam derselbe Bergsteiger zu ihnen. »Euer Zelt hat der Wind fortgerissen. Die Ausrüstung haben wir in einer Schneehöhle in Sicherheit gebracht.« Leicht gereizt stiegen die beiden wieder auf. Die Situation oben in der Scharte war unverändert. Es gab keinen Platz für sie. Schließlich verfielen sie auf eine Idee, die allerdings heftige Proteste der anderen auslöste. Sie gruben ihren Schacht in der Scharte nicht horizontal zum Berg, sondern senkrecht über der Reihe. Prompt trat das ein, was die anderen schon befürchtet hatten. Obwohl sie vorsichtig mit ihren Eispickeln umgingen, war es nicht zu vermeiden, dass ein Durchbruch zur benachbarten Höhle entstand. Ich kann mir die Reaktion desjenigen gut vorstellen, der plötzlich Gerolds und Karls Gesichter durch die Schneedecke seiner Gletscherhöhle auftauchen sah. Letztendlich war alle Mühe vergebens. Der Platz reichte nicht aus. Dort oben konnten sie nicht schlafen. Unverrichteter Dinge kehrten sie zum Basislager zurück. Karl, der wie immer nicht aus der Ruhe zu bringen war, beschloss mangels anderer Möglichkeiten, direkt vom Basislager zur Besteigung aufzubrechen. Gerold protestierte heftig, aber vergeblich. Am 18. Januar verließen sie das Lager um Mitternacht, um die Kalifornische Route in Angriff zu nehmen, die seit Jahren als die am meisten begangene Linie gilt. »Wir waren so schnell, dass wir noch im Dunkeln in die Wand eingestiegen sind«, berichtete Karl bei seiner Rückkehr. Sie erreichten den Gipfel in Rekordzeit und kehrten ebenso schnell wieder zurück. Karl und Gerold waren in jenem Jahr das einzige Team, das den Gipfel über diese Route erreichte. Insgesamt waren sie 24 Stunden unterwegs gewesen. Ein Rekord! Wie so häufig kam es erst beim Abstieg zu ernsthaften Schwierigkeiten. Es ging nicht alles so glatt wie erwartet. Da Karl nicht dazu neigte zu dramatisieren, hörte sich später im Basislager dennoch alles ganz harmlos an: »Gerold wollte unbedingt abseilen und somit am Doppelseil absteigen. Ich war dagegen, suchte eher das Abenteuer und wollte die Normalroute für den Abstieg nehmen. Schließlich hat er sich durchgesetzt. Das Doppelseil sollte es sein. Aber dann hat sich ein Strang verklemmt. Wir haben zu zweit gezogen und geruckelt, aber nichts hat sich bewegt. Keinen Millimeter! Ist mir also nichts anderes übrig geblieben als zurückzusteigen. Gerold hat von unten gesichert. Ich bin bis zu der Felsspalte geklettert, wo sich das Seil verhakt hatte. Ich habe daran gezogen, war ganz nah dran, aber es war wie verhext. Das Seil kam nicht frei. Und wir brauchten es dringend für den Abstieg. Ich konnte es nicht einfach dort oben lassen. Also habe ich es mit beiden Händen gepackt und mich mit meinem ganzen Gewicht fallen lassen. Erst beim dritten

Versuch kam das Seil frei – allerdings zum Glück nicht mit einem Ruck, sonst hätte ich einen riesigen Abflug gemacht. Selbst Gerold hätte in diesem Moment meinen Fall nicht sofort abfangen können.« Karl war ziemlich wütend auf Gerold. »Warum passt du nicht aufs Seil auf beim Abstieg?«, hat er erst im Basislager losgepoltert und geschworen, nie wieder mit Gerold in einer Seilschaft zu gehen. Das allerdings war eine Lachnummer. Karl sagte das ständig und kletterte dann eine Woche später bereits wieder mit dem Freund. Gerold war über viele Jahre ein verlässlicher und unersetzlicher Partner bei Karls Abenteuern.

Als Gerold und Karl im Basislager ankamen, war ich total überrascht. Es war Mitternacht. Die beiden hatten einen Bärenhunger. Ich taumelte aus dem Zelt und warf den Kocher an, um, wie gewünscht, Pasta zu kochen. Während die beiden sich im Zelt umzogen, brachte ich das Wasser zum Kochen. Plötzlich drang aus dem Zelt kein Laut mehr. Alles war totenstill. Ich nahm an, dass die beiden eingeschlafen waren. Also kippte ich das bereits leicht köchelnde Wasser aus. In diesem Moment hörte ich einen tierischen Schrei. »Neeiin! Silke hat das Wasser weggeschüttet!«, brüllte Gerold und weckte damit das ganze Lager. Ich schämte mich zu Tode. Karl kroch aus dem Zelt und führte halb amüsiert, halb verzweifelt einen Veitstanz auf. »Ah, diese Frauen! Auf die ist kein Verlass! Nicht mal das Wasser für die Pasta können sie kochen. Vom Büchsenöffnen ganz zu schweigen!« Ja, ja, die Sache mit den Büchsen! Das war auch so eine Pleite gewesen. Die Dinger waren einfach nicht aufzukriegen, und ich musste Karl immer um Hilfe bitten. Diese Schwäche wurde natürlich weidlich ausgeschlachtet. Schließlich kochte er die Pasta. Ohne meine Hilfe. Ich wäre am liebsten in Grund und Boden versunken.

Bevor Karl und Gerold den Gipfel über die Kalifornische Route erklommen, hatten die beiden den Aufstieg zum Fitz Roy über die Casarotto-Route versucht, waren jedoch nur bis zur Hälfte des gigantischen Nordostpfeilers gekommen. Dort hatte das schlechte Wetter sie zur Umkehr gezwungen. Durch Feuchtigkeit und Kälte hatte sich überall in den Spalten Reifeis gebildet. Damit war ein Aufstieg unmöglich geworden. Zu allem Übel hatten sie nichts zu essen. Die einzige Gaskartusche war ausgelaufen. Daran, eine Ersatzkartusche mitzunehmen, hatten sie nicht gedacht. Damit fiel eine warme Mahlzeit flach. Die Tütensuppen in ihrem Rucksack blieben geschlossen. »Sogar die Kekse haben nach Gas geschmeckt!«, berichteten sie bei ihrer Rückkehr amüsiert.

Karl ist noch zweimal nach Patagonien zurückgekehrt. Im selben Jahr im Dezember hat er die Painetürme (Torres del Paine) in Chile zusammen mit seinen Seilpartnern und Freunden aus dem Grödnertal Adam Holzknecht, Reinhard Senoner und Stefan Stuflesser bestiegen. Dabei bezwangen sie den Torre Central über die Bonington-Whillans-Route und den Torre Nord über die Monzino-Route. Seit dem Abenteuer in Patagonien fühlte ich mich besonders zu Karl hingezogen. Ich empfand aufrichtige Bewunderung und Hochachtung für seine Fähigkeit, bergsteigerisches Können mit Forscherdrang zu verbinden. Irgendwann musste ich überrascht feststellen, dass ich öfter an ihn dachte, als mir lieb war. Langsam, jeden Tag etwas mehr, schien er mein Herz zu erobern. Aber Karls Schüchternheit erstickte jeden Annäherungsversuch bereits im Ansatz. Bis zu jenem alles entscheidenden 9. Juni 1996, als Karl mir – wie meine Schwester behauptete – das Leben rettete. Dieses Ereignis hat uns für immer zusammengeführt.

An jenem Tag war kein Wölkchen am Himmel. Es herrschte jene für den Frühsommer so typische milde Luft. Ich verspürte – nach der Winterpause – große Lust, wieder mit dem Klettern zu beginnen. Karl war immer auf der Suche nach Kletterpartnern. In seiner Gegenwart fühlte ich mich sicher, ich vertraute ihm. Nur die Tatsache, dass er stets besonders schwierige Routen kletterte, ließ mich zögern, ihn anzurufen. Schließlich griff ich doch zum Telefonhörer und fragte ihn, ob er Lust habe, mit mir eine Klettertour zu machen. Er sagte sofort begeistert zu. Wie ich jedoch befürchtet hatte, plante er bereits eine schwierige Tour. Er schlug vor, an der Marmolada zu klettern, dem mit 3342 Metern höchsten Berg der Dolomiten. Und er hatte bereits eine Linie an der berühmten Südwand im Auge. Ich allerdings hatte mir für das erste Klettererlebnis der Saison etwas Einfacheres vorgestellt. Also suchten wir gemeinsam nach einer leichteren Route. Die Wahl fiel auf den Fakirweg an der Scotonispitze (Cima Scotoni) in der Fanesgruppe im Gadertal. Die Alpinisten Enzo Cozzuolino und Flavio Ghio hatten die Route 1972 im Januar eröffnet und sie »Via dei Fachiri« (Fakirweg) genannt, weil so wenig Haken verwendet wurden, dass das Seil wie von einer Fakirflöte verzaubert nach oben zu steigen schien. Es ist allerdings eine durchaus anspruchsvolle Klettertour mit dreizehn Seillängen und drei Passagen im Schwierigkeitsgrad VI. Ich war gut trainiert und, abgesehen von einem langen Quergang, der mir von Anfang an Sorgen machte, gab es keine Schwierigkeiten, die ich nicht hätte bewältigen können. Als wir von der Scotoni-Hütte aus in die Route einstiegen, waren wir bis auf zwei jugendliche Kletterer, die ebenfalls die neue Saison eröffnen wollten, praktisch allein unterwegs. Aus der Nähe und von unten betrachtet, wurde mir angesichts der Wand doch etwas mulmig. »Ich hasse Traversen«, schoss es mir damals durch den Kopf. Karl schien meine Gedanken zu erraten. Er machte sich ein wenig über mich lustig und sagte: »Nur keine Panik. Ich habe das Funkgerät dabei. Die Batterie ist zwar halb leer, aber für einen Notruf reicht's.« Zu diesem Zeitpunkt ahnten wir noch nicht, dass die – wenn auch schwache – Batterie unsere Rettung sein würde.

Karl stieg voraus, und ich sicherte von unten. Er kletterte so flink, dass mir schwindelig wurde. Wie sollte ich da mithalten? Aber Karl war ein geduldiger Kletterpartner. Sobald ich Schwierigkeiten hatte, gab er mir Hilfestellung von oben, sagte mir, welche Haltepunkte oder Griffe ich nehmen sollte, und zeigte mir diejenigen, die ich von meiner Position aus noch nicht sehen konnte. Nach der fünften Seillänge genossen wir in einer Felsnische kauernd einen unvergesslichen Ausblick auf den Lagazuoi-See und die umliegenden Gipfel wie Marmolada, Sella, die Zacken des Lagazuoi und die Cinque Torri. Karl war in der Wand völlig entspannt, wusste stets exakt, wo er sich mit Händen und Füßen einhalten konnte, und ermutigte mich, ihm nachzusteigen. Er überwand die von mir gefürchtete Traverse problemlos. Ich bewunderte seine Beweglichkeit und seine Kraft. Als ich an der Reihe war, ging zuerst alles erstaunlich gut. Am Ende des Quergangs, bei der achten Seillänge, reckte ich mich weiter nach links, um den nächsten Griff zu fassen. In diesem Moment brach der kleine Felsvorsprung ab, auf den ich mich mit der rechten Hand abstützte. Ich verlor augenblicklich den Halt und fiel. In der ersten Schrecksekunde wusste ich gar nicht, wie mir geschah. Ich fiel etwa drei Meter ins Seil, schrammte die Wand entlang und schürfte mir Hände und Arme auf. Dann versuchte ich instinktiv, mich mit den Füßen von der Wand abzuhalten, um nicht gegen den Fels zu prallen. Im nächsten Moment fuhr ein stechender Schmerz durch meine beiden Fußgelenke. Ich schrie auf – ob vor Schmerz oder Schreck, weiß ich nicht mehr. Dann blieb ich hilflos im Seil baumelnd hängen, ohne mich mit den Füßen abstützen zu können. Offenbar waren beide Knöchel lädiert. Als ich den Kopf hob, sah ich an Karls Blick, dass er sofort begriffen hatte, was geschehen war. Die vermaledeite Felskante war einfach unter meiner Hand weggebrochen. Ich hatte den falschen Griff gewählt. Irgendwie war mir die Stelle gleich nicht ganz geheuer vorgekommen. Ich hatte jedoch keinen besseren Angriffspunkt finden können.

Jetzt hing ich hilflos im Seil, aufgrund der stark schmerzenden, verletzten Knöchel nicht in der Lage, den sicheren Felsvorsprung über mir zu erreichen. Mich am bloßen Seil hochzuziehen war wegen des Gewichts und der hohen Seilspannung natürlich auch nicht möglich. Ich war am Fixpunkt mit einem Mastwurf an einem Karabinerhaken befestigt und lief jetzt Gefahr, Stunden in dieser Position zubringen zu müssen. Karl hatte keinen Flaschenzug mitgenommen, behalf sich jedoch sofort mit anderen Utensilien aus seinem Rucksack. Mit Seil, Schlaufen und Karabinerhaken konstruierte er ein Notsystem. Mithilfe des provisorischen Flaschenzuges zog Karl mich langsam und mühevoll Meter um Meter nach oben. Dabei konnte ich nichts tun, um ihm die Arbeit zu erleichtern. Schließlich hievte er mich behutsam auf den Standplatz auf dem Felsvorsprung. Dort zog er mir vorsichtig die Kletterschuhe aus. Ich biss die Zähne zusammen, es tat sehr weh. Vor Schmerzen liefen mir die Tränen über die Wangen, doch ich sagte keinen Ton. Karl strich mir beruhigend über das Gesicht, und ich fühlte mich in fast 3000 Meter Höhe, auf einem Felsvorsprung kauernd, der kaum für zwei Personen reichte, sicher und geborgen. Wir sicherten uns am Fixpunkt, um angesichts des knappen Platzes, den der Felsvorsprung bot, nicht abzustürzen. Karl zog das Funkgerät heraus und rief die Bergrettung *Aiut Alpin* an, einen Rettungsdienst, zu dem sich sechzehn Bergrettungsmannschaften der Dolomiten zusammengeschlossen hatten. Karl gehörte zu den Mitgliedern. Er beschrieb die Wand, in der wir festsaßen. Für genauere Positionsangaben war jedoch keine Zeit. Die Batterie des Funkgeräts war dabei, ihren Geist aufzugeben.

Der Unfall passierte zur Mittagszeit, ungefähr um ein Uhr, und es sollte noch ein sehr langer Tag für uns werden. Wir warteten, viel mehr konnten wir nicht tun. Zum Glück war es warm und das Wetter gut. Frieren mussten wir also nicht. Karl versuchte mich aufzumuntern: »Donnerwetter, bist du hart im Nehmen! Andere wären vor Selbstmitleid zerflossen.« Später stellte sich heraus, dass mein linker Knöchel gebrochen und das rechte Fußgelenk verstaucht war. Offenbar imponierte Karl mein Verhalten, denn während unserer gemeinsamen Jahre hat er sich noch häufig daran erinnert, wie stark und furchtlos ich mich während der langen Stunden des Wartens in der Felswand gezeigt hatte.

In jenen Augenblicken plagte mich dagegen nur das Gefühl, gänzlich versagt zu haben. Ich hatte durch eine Fehleinschätzung eine Verletzung provoziert und damit unsere Kletterpartie verdorben. »Er muss mich für ziemlich blöd halten«, war mein einziger Gedanke, während wir Stunde um Stunde auf den Rettungshubschrauber warteten. Immer wieder beruhigte er mich mit Worten wie: »Du wirst sehen, es kommt Hilfe.« Und fügte hinzu: »Manchmal dauert es zwar zwei Tage – aber sie kommt. Keine Sorge.« Zwei Tage? Eine andere hätte ihn vermutlich zum Teufel gewünscht oder wäre bei solchen Bemerkungen in Tränen ausgebrochen. Ich wusste, es war seine Art zu scherzen und konterte lachend: »Nach zwei Tagen in dieser Wand gehen wir uns entweder an die Gurgel oder wir lieben uns.« Er lächelte nur und schwieg wie üblich.

Kurz nach zwei Uhr nachmittags näherte sich ein Hubschrauber des Weißen Kreuzes. Wie ein Insekt summend flog er über unsere Wand und war im nächsten Moment wieder verschwunden. Karl hatte sich seine rote Jacke ausgezogen und schwenkte sie hin und her, um sich bemerkbar zu machen. Keine Reaktion. Entweder sie hatten uns nicht gesehen, oder der Pilot wagte sich nicht näher an die Felswand heran. Mein Mut sank. Ich war erschöpft. Meine Knöchel waren mittlerweile dick angeschwollen. Hinlegen konnten wir uns nicht. Dazu war der Felsvorsprung zu schmal. Beim geringsten Geräusch horchten wir angespannt, aber es war meist falscher Alarm. Immer wieder zogen hoch oben kleine Sportflugzeuge ihre Bahnen. Plötzlich tauchten hinter der Gipfelkette gegenüber finstere Gewitterwolken auf, während die Atmosphäre zunehmend spannungsgeladen wirkte. Wir saßen noch immer in dieser Wand fest, aus der es kein Entrinnen zu geben schien. Jetzt bekam ich es wirklich mit der Angst zu tun. Auch Karl vermochte mich nicht zu beruhigen. Das Metall, das wir mit der Ausrüstung reichlich am Körper trugen, musste Blitze geradezu magisch anziehen. Panisch starrte ich auf die Gewitterkulisse, die sich langsam, aber immer bedrohlicher aufbaute. Auch Karl schien die Situation nicht geheuer, verriet seinen Gemütszustand aber nicht. Wir hielten uns aneinander fest, beobachteten lange und schweigend den Himmel. Und dann muss dort oben jemand mit uns ein Einsehen gehabt haben, denn die Wolken änderten mit einem Mal ihre Richtung. Das Gewitter entlud sich offenbar weiter westlich.

In all den langen Stunden, die wir gemeinsam in der Wand verbrachten, sprachen Karl und ich erstaunlich wenig. Ein wenig erzählte er mir von den zahlreichen Rettungseinsätzen bei der *Aiut Alpin* – aber natürlich nur von den erfolgreichen. Von geglückten Bergungsaktionen zu sprechen ist in solchen Momenten eine von Bergsteigern gern praktizierte Aufmunterungsmethode.

Allmählich wurde es neun Uhr abends. Wir harrten mittlerweile bereits seit neun Stunden auf unserem Felsvorsprung aus. Abgesehen von der Stippvisite des Hubschraubers war keine Rettung in Sicht. Nur die beiden jungen Männer, die wir am Einstieg in die Felswand getroffen hatten, hatten unsere Schwierigkeiten bemerkt, sahen jedoch keine unmittelbare Möglichkeit, uns zu helfen.

Ich konnte mir einfach nicht erklären, warum uns niemand zur Hilfe kam. Immerhin wussten sie ungefähr, wo wir festsaßen. Erst hinterher erfuhren wir, dass die Rettungsmannschaft zu diesem Zeitpunkt bereits seit Stunden die Wand an der Scotonispitze mit Feldstechern absuchte. Sie konnten jedoch nur aktive Kletterer, aber niemanden erkennen, der mit Handzeichen um Hilfe gerufen hätte.

Allerdings kannten sie weder unsere exakte Position noch konnten sie uns sehen, da der Felsvorsprung von unten nicht einsehbar war. Nur die beiden jugendlichen Kletterer vom gemeinsamen Einstieg wussten von unserer Notsituation. Deshalb nahmen wir an, dass sie, als sie die Jausenstation Capanna Alpina endlich erreichten, dem Bergretter Sebastian Oberbacher, genannt »Bastl«, unsere genaue Position erklärten.

Währenddessen hatte ich mich mental auf eine Nacht im Freien eingestellt, irgendwie in einer Ecke des Felsbalkons kauernd. Dabei sann ich über eine Methode zur Entspannung meiner verkrampften Körperposition nach – unter diesen Bedingungen ein Problem, das sich aufdrängte. Die Sonne war gerade untergegangen, da ertönte plötzlich das hoffnungsfreudige Rattern eines Hubschraubers. Um halb neun Uhr abends war Bastl alarmiert worden, und um Viertel vor neun Uhr war der Hubschrauber aufgestiegen. Aus der Kanzel des Hubschraubers gab man uns durch Zeichen zu verstehen, dass wir uns bereithalten sollten. Dann wurde Bastl 90 Meter mit der Seilwinde herabgelassen, während der Hubschrauber im Schwebeflug so dicht wie möglich an der Wand seine Position hielt. Bastls Silhouette war nur schemenhaft in der flimmernden Luft der Dämmerung zu erkennen. Er fragte mich, ob ich bereit sei, mich mit ihm hochziehen zu lassen. Natürlich war mir klar, dass dieses Manöver kein Spaziergang werden würde. Der erste Hubschrauber hatte vielleicht nicht kehrtgemacht, weil er uns nicht gesehen hatte. Der Pilot könnte das Risiko, so nah wie möglich an die Wand heranzufliegen, schlicht als zu hoch eingeschätzt haben. Dann war Bastl nur noch wenige Meter über uns und machte Zeichen, ihn noch etwas mehr herabzulassen. Aber das Seil reichte nicht aus. Die Winde gab keine Seillänge mehr her. Bastl versuchte verzweifelt, näher an uns heranzukommen, doch obwohl der Hubschrauber dicht an die Wand herangeflogen war, konnte er uns nicht erreichen. Letztendlich war es der

Geschicklichkeit des Piloten zu verdanken, dass wir gerettet werden konnten. Er flog noch gute zwei Meter näher an die Wand heran. Ängstlich starrte ich auf den Rotor des Helikopters, der fast den Fels zu berühren schien. Wir durften keine Zeit verlieren. Hastig setzten wir unsere Rucksäcke auf. Karl und Bastl schnitten das Seil durch, mit dem wir uns auf der Felskanzel gesichert hatten, und hängten uns mit den Karabinern in das Stahlseil ein. Alle drei zusammen, da die Zeit drängte. Die Aktion durfte maximal eine Viertelstunde dauern. Später wäre es zu dunkel gewesen. Zu einem zweiten Flug hätte der Hubschrauber nicht aufsteigen können.

Angesichts der Anspannung waren meine Schmerzen vorübergehend vergessen. Schließlich hingen wir am Rettungsseil in der Luft, und ich fühlte mich leicht wie eine Feder. Vor mir lagen die vom letzten Sonnenlicht sanft gestreichelten Gipfel der Cinque Torri. Diese Berge von oben zu sehen, war neu und aufregend für mich, ein ungemein befreiendes, unvergessliches Gefühl. In diesem Augenblick verstand ich zum ersten Mal, was Karl dazu trieb, sich mit einem Gleitschirm von den Gipfeln zu stürzen.

Normalerweise hievt die motorbetriebene Winde die Geretteten automatisch am Bergungsseil in die Kabine des Helikopters. In unserem Fall jedoch schwebten wir am Rettungsseil hängend unter dem Heli durch die Luft. Für mich wäre es mit meinen Fußverletzungen sowieso schwierig gewesen, in den Helikopter zu klettern. Als wir über dem Parkplatz bei der Hütte ankamen, fingen Karl und Bastl mich auf, klinkten mich aus, hielten mich, bis der Hubschrauber gelandet war. Dann hoben sie mich in die Kabine. Karl hatte sein Auto auf dem Parkplatz abgestellt. Wir umarmten uns zum Abschied und versprachen, uns bald wiederzusehen. »Dafür schuldest du mir eine Einladung zum Abendessen!«, scherzte Karl erleichtert. Dann hob der Hubschrauber wieder ab. Diesmal waren Bozen und das Krankenhaus das Ziel. Im Krankenhaus sehnte ich mich vor allem nach einer Toilette. Allerdings konnte ich nicht einmal mit Krücken laufen, und es war weit und breit keine Schwester zu sehen, die mir hätte helfen können. In diesen späten Abendstunden waren sämtliche Stationen nur notbesetzt. Wie so oft war Geduld gefragt. Gern hätte ich meine Familie benachrichtigt, aber da mein Portemonnaie in Karls Auto geblieben war, hatte ich keine einzige Lira bei mir. Auch eine vorbeihastende Schwester hatte kein Geld bei sich. Ich fühlte mich so verlassen wie nicht einmal in all den Stunden auf der schmalen Felskante in der Steilwand. Dort hatte immerhin Karl mich im Arm gehalten, sich um mich gekümmert. Jetzt kauerte ich auf einer Trage in der Notaufnahme, wartete erschöpft auf die Röntgenuntersuchung und das Ende einer nicht enden wollenden Nacht.

Als meine Eltern kamen, atmete ich auf. Sie waren froh und glücklich, dass nichts Schlimmeres passiert war. Meine Mutter weinte. Karls Mutter hatte die Familie verständigt. Als ich das hörte, konnte ich mir ein Lachen nicht verkneifen. Karl hatte offenbar nicht den Mut gehabt, meine Eltern anzurufen, und lieber seine Mutter vorgeschickt! Möglicherweise machte er sich Vorwürfe, gab sich die Schuld an dem, was geschehen war. Dabei war das Gegenteil der Fall. Er hatte mich aus einer gefährlichen Situation gerettet. Wäre er nicht gewesen, es hätte böse ausgehen können. Das erkannte auch meine Familie.

Nach diesem Tag hatte ich zum ersten Mal die Gewissheit, dass Karl sich für mich interessierte. Trotz seiner Zurückhaltung hatte mir sein Verhalten bewiesen, dass er mehr für mich empfand als nur Freundschaft und Sympathie. Ich hatte wohl seine Neugier erregt und das Gefühl, dass er mich besser kennenlernen wollte. Allerdings war seine Schüchternheit kein geringes Hindernis. Er zeigte sich häufig verlegen wie ein kleiner Junge. Wenn seine Freunde herumposaunten, die Silke sei die Richtige für ihn, wurde er rot, grinste betreten und verdrückte sich. Wenn dieselben Freunde auf mich einredeten, Karl sei der Richtige für mich, konterte ich: »Nein, der ist mir zu eigenbrötlerisch! Außerdem hat er nur die Berge im Kopf.« Letztendlich habe ich beschlossen, den ersten Schritt zu tun und ihn zum Abendessen einzuladen. Ich wollte mit ihm allein sein.

An jenem Abend holte er mich in St. Christina ab, dem Nachbardorf von Wolkenstein, wo ich mit meiner Familie lebte. Zuerst wollte ich mich besonders herausputzen, doch dann nahm ich mir vor, einfach nur ich selbst zu sein. Jeans und Pullover mussten genügen. Wie sich herausstellte, hatte ich die richtige Wahl getroffen. Karl erschien mehr oder weniger so, als ginge er zum Klettern: in Jeans, Trekkingschuhen und Jeanshemd. Wir hatten vor, zum Törggelen zu gehen. Das ist ein in Südtirol weitverbreiteter Brauch. Er hat sich seit antiker Zeit erhalten, wenn Freunde und Verwandte zusammenkamen, um den Weinbauern beim Pressen der Trauben zu helfen. Zum Dank wurde man zu einer Brotzeit mit Selchfleisch, Würstel, Speck, jungem Wein und gerösteten Kastanien eingeladen. An jenem Abend jedoch hatten wir Pech. Sämtliche Gasthäuser waren bis auf den letzten Platz besetzt. Schließlich fuhren wir zu einem eher abseits gelegenen Restaurant nach Völs in der Nähe von Kastelruth.

Es wurde ein schöner Abend. Meine Befürchtungen, es könne nur peinliches Schweigen zwischen uns herrschen, erwiesen sich schnell als unberechtigt. Wir waren bald so ins Gespräch vertieft, dass ich die anderen Gäste um uns herum gar nicht mehr wahrnahm. Karl öffnete sich mir immer mehr, erzählte viel. Ich war fasziniert von seiner Leidenschaft für die Berge. Unvergessen ist mir das Leuchten in seinen Augen, während er sich an seine Abenteuer mit Freunden, ihre Lausbubenstreiche erinnerte. Seine Begeisterung färbte so sehr ab, dass ich beinahe das Gefühl hatte, dabei gewesen zu sein. Er gestand, dass er Bergführer werden wollte. Und die Vorstellung, den Lebensunterhalt damit zu verdienen, was bislang nur ein Zeitvertreib gewesen war, motivierte ihn. Schon damals träumte er von der Besteigung eines Achttausenders. Ein Wunsch, den er sich unbedingt erfüllen wollte.

In jenen Jahren galt sein ebenso leidenschaftliches Interesse dem Fliegen, dem Drachen- und Gleitschirmfliegen. Er schwärmte von den unbeschreiblichen Gefühlen, die das Gleiten hoch oben in der Luft auslöste. Sein Freund Martin hatte ihn angesteckt, ihn in die Welt des »freien Fliegens« eingeführt. Karl besaß zwar den Segelflugschein, doch mit einem Gleitschirm von einem hohen Berg zu starten, eröffnete andere Dimensionen. Beim ersten Flug war er ganz allein gewesen, wie er mir an jenem Abend gestand. »Martin hatte mir seine Ausrüstung geliehen. Er wollte mich begleiten, mir ein paar Tipps geben. Aber ich wollte es lieber allein ausprobieren. Ich bin zum Grödner Joch (Passo Gardena) hinauf und habe die ersten Gleitflüge geübt. Von dort oben schien alles im Tal so klein wie Spielzeug, und jeder Starthang bot ein anderes Panorama. Im Flug waren das leise Vibrieren der Leinen und das Rascheln der Schirmkappe die einzigen Geräusche. Dort in der Höhe bist du dem Himmel ganz nah, fühlst dich unendlich frei.« Karl hielt sich nie lange mit der Theorie auf. Auch beim Gleitschirmfliegen hat er nicht lange gefragt, sondern es einfach selbst ausprobiert. Dabei war er stets auf der Suche nach etwas Neuem, nach unbekannten Eindrücken und Empfindungen. Das Gleitschirmfliegen hatte ihn gepackt. Vor allem die Vorstellung, den Gleitschirm in den Rucksack zu packen und von jedem geeigneten Hang aus zu einem Flug starten zu können, faszinierte ihn. Der neue Zeitvertreib stellte ihn jedoch vor eine schwierige Entscheidung: Gleitschirmfliegen oder Klettern. Für beide Hobbys brauchte man schönes Wetter. Sein Wunschtraum wäre es gewesen, einen hohen Gipfel zu erklimmen und von dort mit dem Gleitschirm hinunterzufliegen. Er hatte es einige Male vergeblich versucht. Jedes Mal war entweder das Wetter umgeschlagen oder der Wind ungünstig.

Nach dem Essen wurde er ernst und kam auf uns zu sprechen. Vielmehr gestand er, dass er fürchtete, für die Liebe einer Frau sein abenteuerliches Leben aufgeben zu müssen. Ich schwieg. Doch irgendwie muss man mir meine Enttäuschung angesehen haben, denn er fügte hinzu: »Aber wenn es sich lohnt, sollte man es schon riskieren und sich einfach auf die Sache einlassen.« Anschließend gingen wir in die Disco Max in Brixen. Eigentlich zog es uns beide sonst eher selten in Diskotheken, aber es war eben ein besonderer Abend. Und selbst im dichten Gedränge und bei ohrenbetäubender Musik verstanden wir uns ausgezeichnet. Karl nahm meine Hände und drückte sie fest. Das war seine Art, mir seine Gefühle in diesem Moment auszudrücken. Schließlich kam es zu unserem ersten Kuss. Es war ein langer, zärtlicher Kuss. Meine Gefühle standen kopf. Ich hatte bis dahin nicht geahnt, dass ich zu solchen Empfindungen überhaupt fähig war.

An jenem Abend also hatte alles begonnen. Dennoch musste ich in den Tagen danach annehmen, dass ihn die Angst vor den Fesseln einer Beziehung erneut gepackt hatte. Die ganze Woche nach unserem Essen hörte ich nichts von ihm. Kein Anruf. Nichts. Ich widerstand der Versuchung, erneut die Initiative zu ergreifen. Immerhin hatte ich ihn zum Essen eingeladen. Mehr konnte er nicht erwarten. Am Ende der Woche rief er mich an und lud mich ein, mit ihm in Arco klettern zu gehen. Die Funkstille von sieben Tagen rechtfertigte er so: »Du hast mich nicht angerufen, also habe ich's auch nicht getan.« Er machte dabei eine so komische Miene, dass ich ihm nicht böse sein konnte. Ich musste lachen. Unsere Beziehung begann also eher verhalten. Eine Weile ist jeder seiner Wege gegangen. Vermutlich auch aus Angst, zu viel von sich preiszugeben. Doch im Lauf der Zeit wurde uns immer klarer, wie sehr wir einander brauchten. Und von da an haben wir nicht mehr aufgehört, einander zu suchen. Getrennt haben wir uns nur gezwungenermaßen, wenn ihn seine Expeditionen in die Ferne führten.

Im Dezember 1996 kehrte Karl nach Patagonien zurück. Wir waren erst ganz kurz zusammen, und die Expedition war lange im Voraus geplant gewesen. Somit verbrachten wir die erste Jahreswende als Paar getrennt: Er in Argentinien, ich in St. Christina bei meinen Eltern. Wer weiß, vielleicht wollte mich Karl auch gleich von Anfang an daran gewöhnen, dass er häufig und lange abwesend sein würde. In Argentinien jedenfalls hatte er vor, mit Roberto Tasser, einem Freund aus dem Gadertal, einem »Badiot«, wie wir sagen, den Cerro Torre, einen der schwierigsten Gipfel der Welt, zu besteigen. Die in dieser Region typischen überraschenden Witterungsänderungen, Wetterkapriolen und Unwetter haben am Gipfel des Cerro Torre jenen berühmten Schnee- oder Eispilz entstehen lassen, der für jeden Alpinisten eine besondere Herausforderung darstellt. Der Wind dort kann mit einer Geschwindigkeit von 100 Kilometern pro Stunde wehen, und die Temperaturen sinken häufig rapide auf minus 30 Grad Celsius ab. Die Bewohner der Gegend berichten, dass Jahreszeiten an einem Tag und innerhalb weniger Stunden umschlagen können.

Und auch Karl und Roberto war das Wetter nicht gnädig. Der Wind tobte unablässig. Karl hat mir diese Expedition immer als die härteste und schwierigste seiner Karriere beschrieben. Mehrfach waren sie nahe daran, den Kampf ums Überleben verloren zu geben. »Der Wind attackierte uns mit solcher Macht, dass wir uns kaum auf den Beinen halten konnten. Nach jedem zweiten Schritt haben wir uns zu Boden geworfen, um von den Böen nicht einfach fortgeblasen zu werden.«

Als Karl nach Wolkenstein und ins Grödnertal zurückkehrte, nahm er seine Arbeit als Holzschnitzer in der Werkstatt wieder auf, in der er nach seinem Wehrdienst beschäftigt gewesen war. Der Firmeninhaber war sein Freund Roman Senoner, ebenfalls ein begeisterter Bergsteiger, der ihm gestattete, seine Arbeitszeit nach Gutdünken einzuteilen. Er musste lediglich pro Monat ein bestimmtes

Soll an Holzfiguren herstellen. Karl arbeitete am Pantografen, einem Holzschnitzgerät, mit dem man Holzfiguren in Serie herstellen konnte. Während Karl über den Tisch gebeugt Figuren ausschnitt, träumte er von den Bergen, von neuen Routen, die er eröffnen wollte, und davon, mindestens einen Achttausender in seinem Leben zu besteigen. Die Arbeit gefiel ihm nicht besonders. Dennoch ermöglichte sie es ihm, zu trainieren und sich auf die Bergsteigerprüfung vorzubereiten. Karl hat Journalisten alpiner Fachzeitschriften über sein Leben in jenen Jahren häufig erzählt: »Tagsüber habe ich Holzfiguren hergestellt, habe am Regentagen elf, zwölf Stunden am Pantografen gearbeitet, um bei schönem Wetter fürs Klettern frei zu sein. Die Arbeit war recht eintönig. Gegen den Krach musste ich immer einen Gehörschutz tragen. Meine ersten Ziele waren die Westalpen mit Gipfeln wie dem Matterhorn und dem Mont Blanc. Um sie zu bewältigen, habe ich viel trainiert – allein, morgens und abends. Ich bin nie mit Freunden ausgegangen. Eines Abends ist mir dann bewusst geworden, dass ich durch das viele Alleinsein beinahe das Sprechen verlernt hätte.«

Mit dieser Erkenntnis änderte er sein Leben und begann, seinen langjährigen Traum, Bergführer zu werden, in die Tat umzusetzen. Und er stürzte sich auf die Bücher, denn um Bergführer zu werden, musste man nicht nur Ski fahren und klettern können. Die Ausbildung war anspruchsvoll und dauerte drei Jahre. Geduld und Beharrlichkeit waren gefragt. Karl besaß beide Eigenschaften. Alles sah sehr vielversprechend aus. Alles, bis auf die letzte Prüfung in Bozen im November 1997. Es sollte nur noch eine mündliche Prüfung sein, ein paar Fragen über Geologie, Fauna, Flora und Lawinenkunde. Die Pflanzennamen wurden Karl zum Verhängnis. Es hatte genügt, nur einige davon nicht zu wissen, um durchzufallen.

Er war so niedergeschlagen, dass er das Gebäude des Verbandes der Südtiroler Berg- und Skiführer in Bozen fluchtartig und wortlos verließ. Die Freunde, die mit ihm die Prüfung gemacht hatten, suchten vergebens nach ihm, kehrten schließlich allein mit dem Wagen nach Wolkenstein zurück. Sie riefen bei ihm zu Hause an. Dort war er nicht. Sie riefen mich an. Aber auch ich hatte nichts von ihm gehört. Ich verbrachte eine schlaflose Nacht. Draußen war es eiskalt und schneite. Wo war Karl? Was hatte er getan? Am darauffolgenden Tag kam er bei mir zu Hause zerknirscht und müde vorbei. Er hatte fast die ganze Strecke von Bozen nach Wolkenstein zu Fuß zurückgelegt: 40 Kilometer im dichten Schneetreiben, die ganze Nacht unterwegs. Er hatte nur haltgemacht, um etwas Warmes zu trinken. Einige Teilstrecken hatte er per Anhalter zurückgelegt. Er war wütend auf sich selbst und hatte nur Angst, zwei lange Jahre bis zur Prüfungswiederholung warten zu müssen, falls sich zu wenige Kandidaten für den nächsten Termin in einem halben Jahr anmeldeten.

Karl vertiefte sich erneut und noch ehrgeiziger in seine Bücher. Ich erinnere mich noch gut, wie er mit Gerold auf eine Tour ging, den Botanikführer in der Hand, um die Pflanzen und Blumen am Wegesrand zu bestimmen. Obwohl sich die Freunde über ihn lustig machten, trug er dieses Buch immer bei sich. Auch als sie für ein paar Urlaubstage in die Schweiz fuhren, blieb Karl im Zelt und lernte, während die anderen am Abend nach den Touren am Lagerfeuer feierten. Einen zweiten Misserfolg hätte er nicht ertragen. Sechs Monate später, im Mai 1998, wiederholte er erfolgreich die Bergführerprüfung. Er strahlte, und ich war an seiner Seite. Wir hatten mit dem Bau eines Hauses mit Blick auf den Langkofel begonnen, wo wir anschließend unsere gemeinsamen Jahre verbrachten.

Auf dem höchsten Berg der Welt

»Ich setzte meinen Aufstieg fort, Schritt für Schritt, wie in Zeitlupe. Und plötzlich ist er da, ist wie aus dem Nichts aufgetaucht – der höchste Gipfel der Welt. Ich kann es kaum fassen und stütze mich auf die Skistöcke, um zu verschnaufen. Ich bin auf einer Höhe von 8830 Metern, und nur wenige Meter trennen mich von diesem großartigen Moment. Dann erkenne ich einige Leute auf dem Gipfel. Schritt für Schritt, im Schneckentempo gehe ich weiter. Ich bleibe konzentriert, will meine Euphorie lieber noch nicht herauslassen. Ich zähle die Atemzüge. Es sind zehn. Dann mache ich wieder einen Schritt. Da bin ich also. Ich habe es geschafft. Nach zehn Stunden haben wir den Gipfel erreicht!« KARL UNTERKIRCHER

»Karl, möchtest du nächstes Jahr an einer Expedition zum Mount Everest und zum K2 teilnehmen?« Die Einladung, die sein und mein Leben veränderte, kam von Adam Holzknecht, während eines Telefonats im Mai 2003. Auf der Teilnehmerliste standen bereits Adam und Hubert Moroder, wie Karl Mitglieder der *Catores* (»Steinhühner«), der Klettergilde aus dem Grödnertal. Agostino Da Polenza war der Organisator dieser imposanten Jubiläumsexpedition anlässlich des 50. Jahrestages der Erstbesteigung des K2 durch die Italiener. Er hatte die beiden gefragt, ob es bei der Klettergilde noch jemanden gäbe, der daran interessiert sein könnte, zumindest einen der beiden Achttausender zu besteigen. Adam und Hubert hatten sofort Karl genannt.

Nach dem Telefonat war Karl an jenem Abend sehr aufgeregt, vermied es jedoch, mit mir über Einzelheiten des Unternehmens zu sprechen. Er deutete lediglich an, dass für ihn eine vage Chance bestünde, einen Achttausender zu besteigen. Karl hatte in den Jahren zuvor bereits mehrfach versucht, ein Team für ein solches Projekt zusammenzustellen, war über die Planung jedoch nie hinausgekommen. Jetzt rannte Karl euphorisch zwischen Küche und Wohnzimmer hin und her. Sein Jugendtraum schien zum Greifen nahe.

Einige Wochen später kam er von einem Treffen mit Agostino Da Polenza in Bergamo nach Hause und verkündete stolz: »*Popa*, Mädel, jetzt ist es aktenkundig. Ich gehe für zwei Monate fort. Sie haben mich sowohl zum Everest als auch zum K2 eingeladen.« Allerdings war er skeptisch, ob er dieses Doppel schaffen würde. »Kommt mir ziemlich hochgegriffen vor«, waren seine Worte. »*Mah, udron pa ben,* mal sehen.«

Karl wollte maximal zwei Monate im Himalaja bleiben. Ein Zeithorizont, der allerdings vermutlich nur als Beruhigung für mich gedacht war. Ich musste ja mit unserem Erstgeborenen, dem zweijährigen Alex, allein in Wolkenstein zurückbleiben. Einige Monate später, als ich das Programm der Expedition sah, wurde mein Verdacht bestätigt. Das Unternehmen war wesentlich umfangreicher, als Karl hatte zugeben wollen. »Aha, das ist ja interessant! Du bist nicht zwei Monate fort, sondern fast vier!«, rief ich. Aber ein Blick in seine Augen genügte, um zu wissen, dass ich ihm seinen Herzenswunsch, den Mount Everest zu besteigen, nicht verwehren konnte. Ich konnte nicht anders, als mich mit ihm zu freuen. Schließlich schien ein Traum für ihn in Erfüllung zu gehen, an den er kaum mehr zu glauben gewagt hatte. Alex und ich würden schon zurechtkommen. Er war ein stilles Kind, sehr verständig. Zusammen würden wir auf die Rückkehr des Vaters warten.

Welche widerstreitenden Gefühle Karl damals in sich hatte, wurde mir wieder bei der Lektüre seines Tagebuchs klar: »Wir haben uns in Bergamo mit Agostino getroffen. Als er uns die Programme, zuerst für den Mount Everest und dann für den K2 präsentierte, bin ich erschrocken. Mein Gott, das ist ein Mammutprojekt! Keine Ahnung, wie ich die Höhe vertrage. Es wäre ein Traum, einen oder beide Achttausender zu besteigen. Agostino wollte wissen, ob wir zur Verfügung stehen. Das Unternehmen Everest soll von April bis Ende Mai, der K2 von Juni bis Ende Juli dauern. Adam hat nur für den Mount Everest Zeit. Ab Juni muss er als Bergführer arbeiten. Er möchte seine Gäste nicht verlieren. Hubert hat dasselbe Problem. Mir geht es nicht viel anders. Ich entscheide mich also ebenfalls für den Everest. Agostino allerdings lässt nicht locker. 1954 war der Bozner Erich Abram Mitglied der italienischen Expedition auf den K2. Deshalb müssten seiner Meinung nach auch fünfzig Jahre später Südtiroler dabei sein. Er bat uns, alles noch einmal zu überdenken. Die Expedition zum Mount Everest ist ein wissenschaftliches Projekt, während der K2 als ein rein alpinistisches Unternehmen gedacht ist. Ich fragte ihn, ob mit Sauerstoff geklettert werde. Er antwortete, dass beim Everest Sauerstoffflaschen mitgenommen werden. Am K2 wird jedoch definitiv darauf verzichtet. Das hat mich überzeugt. Wie soll ich nur meiner Frau erklären, dass ich an zwei Expeditionen teilnehmen und vier Monate von zu Hause fort sein werde? Ich glaube, ich sage es ihr vorerst gar nicht. Eine solche Gelegenheit kommt nur einmal im Leben – eine Expedition zu den beiden höchsten Bergen der Erde, von kundigen Leuten organisiert und finanziert. Wer weiß, ob es mir überhaupt gelingt, zumindest einen Gipfel zu besteigen. In diesem Fall wäre es die lange Trennung von zu Hause wert gewesen.«

Vor dem Aufbruch der Expedition flog Karl nach Rom, um sich zusammen mit den anderen Bergsteigern des Projekts Mount Everest einer Reihe von Tests zu unterziehen, die seine körperliche und geistige Verfassung dokumentieren sollten. Karl berichtete mir später, ein Arzt habe ihm eine Geschichte vorgelesen und ihn gebeten, sie nachzuerzählen. Für Karl, der häufig in seiner eigenen Gedankenwelt lebte, oft anderen nur kurz zuhörte, um dann wieder seinen eigenen Gedanken nachzugehen, ein unerwarteter Test. Als der Arzt mit seiner Geschichte fertig war, hatte Karl schon lange nicht mehr zugehört und fragte prompt: »Verzeihung, was haben Sie gesagt?« Er musste den Test wiederholen. Alles in allem kehrte er zufrieden zurück. Die Tage in Rom waren positiv verlaufen. Allerdings stand damit nicht fest, ob und wie weit Karl die extreme Höhe vertragen würde. Dieser Unsicherheitsfaktor blieb. Das würde sich erst vor Ort zeigen. Leonardo Pagani, der Arzt, der später die Expeditionen am K2 begleiten sollte, erklärte mir, dass man paradoxerweise viele Male die 8000-Meter-Grenze ohne Beschwerden erreichen und doch beim nächsten Versuch ein Lungenödem entwickeln könne. Umgekehrt ist es schon vorgekommen, dass jemand beim ersten Mal an einem Lungenödem erkrankte, jedoch die nachfolgenden Höhentouren ohne Probleme überstand.

Karl schien zuversichtlich. Er war am Aconcagua nicht höhenkrank geworden und daher überzeugt, mit optimaler Vorbereitung auch am Mount Everest gesund zu bleiben. Am Abend vor der Abreise war er aufgeregt. Das war jedoch eine deutlich positive Anspannung. Er wirkte energiegeladen und selbstsicher. Er hatte viel trainiert. Das gab ihm Sicherheit. An seine Worte erinnere ich mich noch gut: »Ich bin in Topform und habe den Kopf frei!« In dieser Verfassung habe ich ihn vor den folgenden Expeditionen nicht mehr erlebt, nie wieder hat er diese heitere Gelassenheit gezeigt. Zu groß war später der Druck der Verpflichtungen, der organisatorischen Aufgaben, die auf ihm lasteten. Nie wieder hat er sich so frei gefühlt wie damals vor der Besteigung des Mount Everest.

Das Abenteuer nahm am 9. April 2004 in Kathmandu, der Hauptstadt Nepals, seinen Anfang. Die Expedition bestand aus sechzehn Bergsteigern und zwölf Wissenschaftlern. Das Ziel war eine neue

Höhenvermessung des Mount Everest mit Hilfe von speziellen Bodenradargeräten (GPR = *Ground Penetrating Radar*), die wiederum die Alpinisten mit Hilfe von Sherpas auf den Gipfel transportieren sollten. Ein sehr umfangreiches und aufwendiges Unternehmen: 200 Expeditionstonnen gefüllt mit 5000 Kilogramm Material. Nach dem Flug nach Lhasa legte die Expeditionskarawane in vier Tagen 700 Kilometer auf schlechten, unbefestigten Straßen zurück.

Ich hatte in Wolkenstein mit Alex ein Spiel vorbereitet. Auf einer großen Landkarte des Himalaja wollten wir die Route der Expedition verfolgen, stellten uns vor, mit dem Papa auf Abenteuerreise zu gehen. Ich hoffte, damit Karls Abwesenheit auch für das Kind erträglicher zu gestalten. Die erste Woche ohne ihn war die schwierigste. Das ungewohnte Alleinsein machte mir zu schaffen, Karl fehlte mir unendlich. In meinem Gedanken und Wünschen nahm ich bereits seine Rückkehr vorweg. Ich malte mir ständig unser Wiedersehen aus. Dabei war ich zuversichtlich, dass Karl den Mount Everest besteigen und wohlbehalten zurückkehren würde. Sorgen machte ich mir kaum. Karl hatte gesagt, der Berg stelle bergsteigertechnisch kein Problem dar. Außerdem war Karl körperlich fit und ertrug die Höhe prinzipiell gut. Dass er noch keine Erfahrung mit diesen extremen Höhen hatte, beunruhigte mich wenig. Auf unserer Karte jedenfalls verfolgten wir den Weg der Expedition: Das erste Ziel war das Dorf Tingri in 4300 Meter Höhe. Von dort aus konnte man bereits den ersten der Achttausender, den Cho Oyu, erahnen. Dann führte sie der Weg weiter in südlicher Richtung zum Kloster Rongbuk, einem Muss für jeden Reisenden auf der tibetischen Route zum Mount Everest. Hier machte die Karawane zum letzten Mal Rast, bevor sie das Basislager in 5250 Meter Höhe nach nur einer Stunde Fahrt erreichte. Ich erinnere mich gut an die Begeisterung, die aus Karls E-Mails sprach. Er entdeckte eine neue Welt: »Ciao, Schatz, alles in Ordnung bei Euch? Wir sind schon fast im Basislager am Everest. Ein phantastischer Berg, eine gigantische, schwarze Pyramide, die mich ruft. Schade, dass Du ihn jetzt nicht sehen kannst. Aber vielleicht kommen wir eines Tages gemeinsam hierher.«

Einen Dämpfer erfuhr Karls Euphorie allerdings, als er die Menschenmassen sah, die sich im Basislager tummelten. Dazu schrieb er: »Ich wusste natürlich, dass an den Hängen des Everest immer eine Menge Betrieb herrscht. Einen beschaulichen, friedlichen Ort habe ich nicht erwartet. Aber diese Menschenmassen überraschen mich. Zum Glück befindet sich das Basislager auf einer ausgedehnten Hochebene. Platz ist also genug. Hier herrscht ein buntes Treiben von Bergsteigern aus aller Welt, Trägern und endlosen Yak-Karawanen, die das Material zum vorgeschobenen Basislager auf 6500 Meter transportieren, das unmittelbar unter der Nordflanke des Mount Everest liegt. Es herrscht babylonisches Sprachgewirr aus mindestens zehn Sprachen. Und selbst unter uns Italienern spricht jeder noch seinen eigenen Dialekt. Mit Hubert und Adam unterhalte ich mich auf Ladinisch, die Kollegen aus dem Aostatal sprechen Frankoprovenzalisch (Patois oder Patuà), die aus der Provinz Bergamo die Dialekte ihrer Täler. Dasselbe gilt für die aus Mittelitalien. Nur während der gemeinsamen Besprechungen zwingen wir uns, Italienisch zu reden.« Karl fühlte sich der Sprache seiner Täler sehr verbunden. Auch zu Hause mit den Kindern pflegten wir das Ladinische. Karl fürchtete, die ladinische Sprache und Kultur würden sonst untergehen – wie in einigen ladinischen Tälern ja bereits geschehen.

In den ersten Tagen pendelten die Alpinisten regelmäßig zwischen vorgeschobenem und eigentlichem Basislager, um sich zu akklimatisieren. Karl hat seine Befindlichkeiten in dieser Zeit ausführlich dokumentiert. Der Körper reagiert auf die sauerstoffarme Luft mit schnellerem Atemrhythmus. Innerhalb von drei Wochen gewöhnt sich der Organismus normalerweise an diese Bedingungen und passt sich den neuen Umständen an: Die Produktion der roten Blutkörperchen nimmt zu, und der Atemrhythmus normalisiert sich. Bis auf eine Höhe von 5300 Metern kann der Körper in der Regel den Sauerstoffmangel durch eine Umstellung des Stoffwechsels ausgleichen. In größerer Höhe jedoch ist der Organismus nicht mehr in der Lage, den Sauerstoffmangel zu, kompensieren. Um zu überleben, geht er an seine Reserven und beginnt sich selbst aufzuzehren. Befindet man sich daher in der sogenannten »Todeszone« zwischen 7500 und 8000 Höhenmetern, sterben Gehirnzellen und andere Körperzellen ab. Und je länger man sich in diesen extremen Höhen aufhält, desto mehr Zellen werden zerstört, desto mehr degenerieren wir.

Während der Akklimatisierungsphase leiden viele Alpinisten unter klassischen Symptomen wie Kopfschmerzen, Müdigkeit, Übelkeit, Erbrechen, Appetitlosigkeit und Schlafstörungen. Mit dem längeren Aufenthalt in der Höhe passt sich der Körper an, und all diese Beschwerden verschwinden oder treten nur noch abgeschwächt auf. Dieser Mechanismus funktioniert jedoch nicht automatisch.

Am Everest ging es vielen Expeditionsteilnehmern vor allem in den ersten Tagen schlecht. Auch Adam fühlte sich im vorgeschobenen Basislager nicht gut. Er hustete und litt unter Atemnot. Der Expeditionsarzt diagnostizierte die ersten Anzeichen einer Lungenentzündung. Adam kehrte daraufhin auf dem schnellsten Weg nach Italien zurück. Einige Wochen später verließ auch Hubert, durch Schlaflosigkeit zermürbt, das Basislager: In der Höhe hatte er kein Auge zugetan. Karl war bitter enttäuscht. Er hatte davon geträumt, mit seinen Freunden zusammen den Gipfel zu erreichen, die Erfüllung eines gemeinsamen Traumes zu erleben. Stattdessen war er, der als Letzter zum Team gestoßen war, nach kaum mehr als einem Monat der einzig verbliebene Südtiroler Bergsteiger der Expedition.

Mit dem 26. April begann eine länger anhaltende Schlechtwetterperiode, die die Nerven aller im Basislager versammelten Alpinisten auf eine harte Probe stellte. Heftiger Wind setzte ein, und selbst bei gelegentlich aufklarendem Himmel sanken die Temperaturen rapide auf minus 20 Grad Celsius. Aufgrund der erzwungenen Untätigkeit machten sich in den Zelten Übellaunigkeit und Pessimismus breit. Die Stimmung war gereizt. Banale Streitigkeiten waren an der Tagesordnung. Während dieser Zeit schrieb Karl mir eifrig E-Mails. Er hatte Sehnsucht nach uns. Und er fühlte sich fast schuldig, dass er tatenlos in einem Lager am Himalaja dasaß, während ich allein mit einem Kleinkind im Alltag zurechtkommen musste.

Dennoch bewahrte Karl wie immer die Ruhe, ließ sich nicht von denjenigen anstecken, die den Aufstieg unter allen Umständen erzwingen wollten. Mit dem ihm eigenen Phlegma verkroch er sich in seinem Schlafsack, las, studierte Karten und prüfte immer wieder pedantisch die Ausrüstung. Außerdem schlief er viel. Sein Ruf als Langschläfer holte ihn schließlich auch am Fuß des Mount Everest ein. Geduld und die Sensibilität für die besonderen Gegebenheiten der Berge hatten ihn von jeher ausgezeichnet. Eine Eigenschaft, die ich an ihm schon immer sehr geschätzt habe. »Abwarten. Früher oder später können wir's angehen«, pflegte er denen zu entgegnen, die sich mit schlechtem Wetter nicht abfinden wollten. Das Warten vor dem eigentlichen Aufstieg zum Gipfel erzeugt immer Anspannung. Und ich bin sicher, dass auch Karl davon nicht unberührt blieb, auch wenn er versuchte, das nach außen nicht zu zeigen. Gelegentlich bleibt nichts anderes übrig, als den Wetterbericht abzufragen, den Rucksack ein- und auszupacken, über die voraussichtlichen Wind- und Wetterverhältnisse zu spekulieren. Ist der Aufstieg in einer Gruppe geplant, ist die Atmosphäre noch spannungsgeladener. Es stellt sich die Frage, wer in der ersten Gruppe gehen soll. Ist das Schönwetterfenster schmal, haben meist nur ein oder zwei

Teams die Möglichkeit, den Gipfelerfolg zu wagen. Dabei möchte jeder die wenigen guten Tage nutzen, um mit den fittesten Partnern aufzusteigen, da dann die Wahrscheinlichkeit eines Gipfelerfolges am größten ist. Und wer nicht in der Spitzengruppe gehen kann, muss gelegentlich unverrichteter Dinge nach Hause zurückkehren.

Nach Tagen mit äußerst schlechten Wetteraussichten trat eine Besserung ein. Die Vorhersagen für das Zeitfenster vom 15. bis 17. Mai versprachen keine Niederschläge, klare Sicht und leichten Wind. Zu dem Team, das für den Gipfelsturm vom Lager 1 aus bereitstand, befanden sich unter anderen Karl und die Alpinisten aus dem Aostatal Alex Busca und Claudio Bastrentaz. Außerdem gehörten Mario Merelli, Mario Panzeri, Giampaolo Gioia, Paolo Comune und Sergio Minoggio dazu. Geplant war der Aufstieg zum Lager 2 auf 7800 Metern, wo die Sherpas bereits ein Biwak eingerichtet hatten. Anschließend sollte weiter zu Lager 3 auf 8300 Meter aufgestiegen werden. Von dort war die letzte Etappe zum Gipfel geplant.

Als die Gruppe bereits die Höhe von 8600 Metern erreicht hatte, zogen von nepalesischer Seite unverhofft dunkle Wolken auf und verhüllten den Gipfel vollständig. Der aufkommende Wind blies so kräftig von vorne, dass das Atmen schwer und das Weitergehen gefährlich wurde. Vor allem Erfrierungen waren zu befürchten. Die erfahrensten Alpinisten im Team rieten zur Umkehr. Sie wollten den Angriff auf den Gipfel verschieben. Nur Alex Busca und Karl verweilten länger als die anderen in der Höhe und beratschlagten. Schließlich entschieden auch sie sich für den Abstieg, den sie allerdings sehr langsam angingen. Danach folgten Momente der Ungewissheit, die nicht nur wetter-, sondern auch durch ihre Unerfahrenheit in großen Höhen bedingt waren. Karl beschrieb diese Stunden über 8000 Meter, kurz unter dem Gipfel, so: »Als wir die kleine Erhebung erreicht hatten, wo man den Grat verlässt, um den Abstieg zu beginnen, merkten wir, dass das Wetter gar nicht so schlecht war. Die Wol-

83

ken hatten sich rasch verzogen. Der Himmel war wieder blau, die Sicht gut. Alex und ich spielten mit dem Gedanken, umzukehren und die Besteigung des Gipfels doch noch zu wagen. Er schien so nah zu sein. Allerdings hatten wir beim Abstieg für 150 Höhenmeter eine halbe Stunde gebraucht. Der erneute Anstieg hätte eine gute Stunde gedauert. Wir haben erst einmal Rast gemacht, um uns zu besprechen, den Himmel zu beobachten. Währenddessen kamen uns zahlreiche Alpinisten entgegen, alle mit Sauerstoffmasken. Wir hatten keinen künstlichen Sauerstoff benutzt. Das ist mit meinem Berufsethos als Bergsteiger nicht zu vereinbaren. Ich will die direkte Konfrontation mit dem Berg, ganz ohne Doping. Mein Schatz, glaub mir, der Entschluss, nur 200 Meter unter dem Gipfel umzukehren, war sehr schwer. Das war meine Chance, mein Trumpf, und ich fürchte, alles aus Angst vor ein paar Wolken verspielt zu haben. Mit Warten und Diskussionen haben wir viel Zeit verloren, sind insgesamt dreieinhalb Stunden hinter dem Marschplan zurückgeblieben. Selbst wenn das Wetter weiter aufgeklart hätte, für den Gipfel und damit auch für einen gefahrlosen Abstieg wäre es zu spät gewesen.«

Ihre Rückkehr wurde mit großer Enttäuschung und Schweigen quittiert. Viele warfen ihnen vor, das Scheitern einer teuren wissenschaftlichen Expedition verursacht zu haben – aus Angst vor ein paar dunklen Wolken und der Weigerung, Flaschensauerstoff zu benutzen. Dann kehrte auch das zweite Team mit Soro Dorotei und Silvio Mondinelli, zwei Veteranen der Achttausender, unverrichteter Dinge um. An den Tagen, da die beiden Teams aufgaben, hatten sich insgesamt fast 150 Leute auf dem Gipfel des Everest getummelt – auch wenn sie größtenteils von der nepalesischen Seite her und allesamt mit Hilfe von künstlichem Sauerstoff aufgestiegen waren. Nachdem diese Meldung bekannt wurde, herrschte im Basislager Trauerstimmung, während sich der Gipfel des Mount Everest tagelang in dichte

Wolken- und Nebelschwaden hüllte. Trotz des schlechten Wetters versuchten einige kommerzielle Expeditionen, die sich im vorgeschobenen Lager eingerichtet hatten, den Aufstieg. Viele kehrten mit Erfrierungen an Händen und Füßen zurück. Vier allerdings, zwei Südkoreaner, ein Bulgare und eine Japanerin, blieben am Berg.

Karl war sehr bestürzt über die Geschäftemacherei der kommerziellen Expeditionen, den Massentourismus am Mount Everest. Er schrieb mir, wie sehr ihn die Respektlosigkeit gegenüber dem majestätischen Bergriesen befremdete: »Es gibt hier Bergsteiger, wenn man sie überhaupt so bezeichnen kann, die auf Biegen und Brechen auf den Gipfel wollen. Dabei wissen viele nicht mal, wie man sich Steigeisen anzieht. Aber es wimmelt hier nur so von Sherpas, die das für sie erledigen, die Sauerstoffflaschen transportieren, den Aufstieg mit Fixseilen sichern und diese Hochtouristen hochhieven, wenn sie nicht mehr können. Und das alles für ein Foto auf dem höchsten Gipfel der Welt! Sie wollen dort hinauf, koste es, was es wolle. Lawinen, der Wetterbericht, Schneestürme interessieren sie nicht. Sie bezahlen einen Haufen Geld. Dafür fordern sie das Gipfelerlebnis ein, ohne Rücksicht auf die Launen der Berge.« Ja, heutzutage wendet man sich einfach an ein Reiseunternehmen, das sich auf diese Art Expeditionen spezialisiert hat, und bucht das Rundumpaket. Wer bereit ist, eine fette Summe zu investieren, wird bis auf den Gipfel geschleppt. Die Sherpas kümmern sich um alles und tragen sämtliches Material einschließlich der Sauerstoffflaschen in höchste Höhen. Auch wenn die normale Route zum Gipfel nur wenige technisch schwierige Passagen aufweist, bleibt die Höhe das große Problem für den menschlichen Organismus. Das Atmen wird schwer, man leidet unter der Kälte, schläft nicht, hat unerträgliche Kopfschmerzen. Die Reiseunternehmen gaukeln dem unerfahrenen Bergtouristen vor, die Gipfeltour sei problemlos und sicher. Die Wirklichkeit allerdings belehrt sie eines Besseren. Allein die Tatsache, dass viele professionelle Alpinisten an diesem Berg ihr Leben ließen, müsste eigentlich Warnung genug sein.

Bei seiner Rückkehr vom Mount Everest zeigte Karl mir ein Foto, das auch mir die Sprache verschlug: Ein russischer Bergtourist nur mit Jeans und Windjacke bekleidet auf 7100 Metern Höhe im Schlepptau eines Sherpas. »Lauter Verrückte«, kommentierte Karl das Bild. »Diese Leute treten aus ihrem Zelt und haben nicht die geringste Ahnung, was es bedeutet, den Everest zu besteigen. Nur für das spektakuläre Gipfelerlebnis setzen sie ihr Leben und das der Sherpas aufs Spiel.« Und dann erzählte er mir, dass es an bestimmten Schlüsselstellen des Aufstiegs zu regelrechten Staus komme, Dutzende von Menschen, die auf dem Weg zum Gipfel Schlange stehen. Auch das Abfallproblem am Berg hat Karl entsetzt. Während seines Aufstiegs war er an allen möglichen alpinen Ausrüstungsgegenständen vorbeigekommen, die dort einfach schon seit Jahrzehnten, von früheren Expeditionen zurückgelassen, herumlagen. Trotz der Bemühungen spezieller Teams, die immer wieder versuchen, den Touristenmüll zu entsorgen, stapeln sich leere Sauerstoffflaschen, Aluleitern zur Überquerung der Gletscherspalten, Seile, Zelte, Dosen und Verpflegungsreste entlang der Aufstiegsrouten. Das Schlimmste ist, dass sich in der Kälte der organische Müll nicht zersetzt.

Eine Woche nachdem der Aufstieg zum Gipfel misslungen war, schien das Wetter noch einmal Einsicht zu haben. Die Alpinisten stiegen in die Hochlager auf, bereit, das nächste Schönwetterfenster schnell und entschlossen zu nutzen.

In der Nacht vor dem erneuten Angriff auf den Berg ging es Karl schlecht. Eine Unachtsamkeit schien seinen Gipfelsturm erneut zu gefährden. In seinem Tagebuch notiert er dazu: »Am Abend vor dem

Aufbruch zum Gipfel habe ich den Gaskocher angezündet, um Schnee zu schmelzen und Tee zu kochen. Dabei muss ich eine ungesunde Menge Gas eingeatmet haben. Entweder funktionierte der Kocher nicht einwandfrei, oder der Luftaustausch im Zelt war schlecht. Jedenfalls wachte ich am Morgen mit Übelkeit, Schwindel und einem Eisenring um den Schädel auf. Ich weiß selbst nicht mehr, wie ich es geschafft habe, mich aus dem Schlafsack zu schälen, aufzustehen, mir Schuhe und Steigeisen anzuziehen und loszumarschieren.« Jedenfalls kam es ihm so vor, als geschehe alles wie in Zeitlupe. Ein Schritt, zehn Atemzüge, ein Schritt, zehn Atemzüge. In diesen Höhen bewegt man sich wie ein Automat, vermeidet es, zu oft zum Gipfel aufzuschauen, der so unendlich entrückt zu sein scheint. Bei jedem Halt konzentriert man sich fast ausschließlich auf die Atmung, achtet darauf, gründlich auszuatmen, um die Lungen dann wieder mit frischer Luft zu füllen. Nur so kann man mit dem Sauerstoff haushalten.

Bei der Lektüre von Karls Tagebuch in Wolkenstein glaubte ich beinahe, seinen Atem zu hören, seine Müdigkeit zu spüren, die er mit der ihm eigenen Beharrlichkeit überwand. Und ich erlebte die Stunden seiner Qualen und Freude noch einmal: »Dicht unter dem Gipfel, beim letzten Felssprung, bin ich todmüde, weiß aber, dass ich es schaffe. Ich steige weiter auf, Schritt für Schritt, wie in Zeitlupe. Und dann taucht er plötzlich vor mir auf, der höchste Gipfel der Welt. Immer wieder muss ich mich auf meine Stöcke stützen und rasten. Ich sehe einige Leute auf dem Gipfel. Ich bleibe konzentriert, versage mir jede Euphorie. Ich zähle die Atemzüge. Bei zehn setze ich wieder einen Fuß vor den anderen, mache den nächsten Schritt. Wir haben für die 550 Höhenmeter vom letzten Hochlager aus zehn Stunden gebraucht. Bei uns in den Alpen bewältigen wir diese Strecke in einer Stunde.«

Am 24. Mai erreichte um 9 Uhr 45 die erste, um ein Uhr nachts die vom Hochlager 3 gestartete Truppe den Gipfel. Die 8850 Meter des Mount Everest erreichten Karl, Alex Busca und Claudio Bastrentaz aus dem Aostatal sowie Mario Merelli aus Bergamo, der für den letzten Teil künstlichen Sauerstoff benutzte.

Am selben Morgen klingelte um 7 Uhr 30 bei uns in Wolkenstein das Telefon. Ich erlebte eine Schrecksekunde. Wer sollte so früh am Morgen anrufen? Telefonanrufe zu ungewöhnlichen Tages- oder Nachtzeiten, das habe ich in den folgenden Jahren schmerzlich erfahren müssen, überbringen selten harmlose Nachrichten. Freud und Leid liegen stets dicht beieinander. Am 24. Mai 2004 war Hubert Moroder am Apparat, der mir freudig mitteilte, dass Karl den Gipfel erreicht hatte. Plötzlich überkam mich ein Gefühl von Stolz. Später rief auch Agostino Da Polenza mit der freudigen Neuigkeit an. Er berichtete, dass sich das Team nach der Verankerung eines Reflektorsignals für die Winkel- und Laserdistanzbestimmung auf den Abstieg gemacht hatte. Annähernd drei Stunden hatten die Männer auf dem Gipfel verbracht, um ihre ehrgeizige Aufgabe zu erfüllen: eine Neuvermessung des Mount Everest mit einem von Professor Giorgio Poretti entwickelten GPS-Georadars. Dieses mit Schneekufen ausgerüstete Boden- bzw. Georadar, das mit einem Satellitenortungssystem (GPS) kombiniert wurde, ist in der Lage, die Schichtenfolgen der Schnee-, Eis- und Felsmassen zu erfassen und abzubilden. Diese Geräte waren speziell zu diesem Zweck in einer superleichten Ausführung entwickelt und von den Sherpas zum Gipfel transportiert worden. Sie wogen einschließlich solarbetriebener Batterien jeweils kaum vier Kilogramm und damit knapp ein Achtel des Standardproduktes.

Karl und seinen Kollegen oblag die Aufgabe, in der Gipfelzone mithilfe der Bodenradarschlitten Radarprofile in Abständen von zwei bis fünf Metern anzulegen. Ziel war es, die Form und das Höhenprofil der Felsunterlage des Everestgipfels möglichst exakt zu erfassen, da die veränderliche Eis- und Schneekappe keine genaue Höhenbestimmung ermöglichte. »Das war harte Arbeit!«, schrieb mir Karl in einer E-Mail. »Mehrere Stunden ohne künstlichen Sauerstoff auf dem Gipfel zu arbeiten, ist ein unglaublicher Kraftakt. Alles geht wie in Zeitlupe, jede Bewegung erfordert höchste Konzentration. Ich habe mich fast wie ein Astronaut gefühlt.«

Die elektronisch gespeicherten Daten wurden anschließend Professor Giorgio Poretti vom Ev-K2-CNR-Forschungsteam übermittelt, der daraus Computermodelle entwickelte. Professor Giorgio Poretti hatte die Arbeit der Alpinisten bereits vom Basislager aus dirigiert. Monate später, als die Daten ausgewertet waren, stand das überraschende Ergebnis fest: Das Dach der Welt war nicht 8850 Meter, sondern 8845,32 Meter hoch – zuzüglich einer drei Meter dicken Schnee- und Eisschicht, die die Gipfelhaube bildete. Im Folgejahr (2005) wiederholte ein chinesisches Team die Messungen und kam auf eine Höhe von 8844,43 Metern, eine mittlerweile international anerkannte Höhe.

Erneut sind es Karls Tagebucheintragungen, durch die ich die Freude, aber auch die Erschöpfung jener Stunden nachvollziehen kann: »Den Gipfel des Mount Everest zu erreichen, ist ein ausgesprochen euphorischer Augenblick, das Resultat schier übermenschlicher Anstrengung, psychischer Leiden und hartem körperlichen Training. Der große Traum, einmal auf dem Dach der Welt zu stehen, hat sich erfüllt – begleitet von einer unbeschreiblichen Schönheit. Wie verzaubert betrachte ich die endlosen Bergmassive, die mich umgeben. Die Achttausender in der unmittelbaren Umgebung scheinen zum Greifen nah. Das Wetter ist phantastisch, und es weht nur ein leichtes Lüftchen. Glücksgefühle wie diese erlebt man nicht häufig im Leben. Überglücklich umarmen wir uns. Trotz der Höhe behalte ich einen klaren Kopf, bleibe aufmerksam und konzentriert.

Wir sind uns alle bewusst, dass noch ein langer Weg vor uns liegt. Zu Beginn des Abstiegs fühlte ich mich müde und ausgelaugt, musste mich häufig setzen, drohte einzuschlafen. Doch genau das darf nicht passieren. Es wäre das Ende. Ich rüttle mich wach, will den Abstieg um jeden Preis bewältigen.«

Ich erinnere mich, dass Karl schon beim Aufstieg vom Anblick der toten Alpinisten tief betroffen war, die den Weg säumten. Aufgewühlt schrieb er mir mit dem für ihn typischen Fatalismus, der uns Bewohnern der Berge wohl eigen ist: »Diese Toten befinden sich schon seit Jahren dort oben in ihrem eisigen Grab. Es sah aus, als seien sie nur kurz eingenickt – eingehüllt in ihre warme Expeditionskleidung, die Schuhe noch an den Füßen. Einer von ihnen lag ausgestreckt im Schnee, den Daunenanorak geöffnet und darunter nur mit einer Fleecejacke bekleidet. Er muss also noch kurz vor dem Erfrieren versucht haben, sich der warmen Kleidung zu entledigen. Das deutet auf ein seltsames Phänomen hin, das ich nur vom Hörensagen kenne: Bei starker Unterkühlung erfasst den Erfrierenden kurz vor dem Ende eine seltsame Hitzewallung, die ihn veranlasst, sich auszuziehen. Keiner kann diese Bilder ignorieren. Aber etwas dagegen unternehmen und sie begraben ist unmöglich. In extremen Höhen kannst du nur einfach weitergehen – so menschenverachtend das auch klingen mag. Silke, ich musste daran denken, immer daran denken, dass ich der Nächste sein könnte. Ich habe mir vorgestellt, wie die Menschen mich mit einer Mischung aus Mitleid und Bewunderung betrachten und weiterziehen – so wie ich an diesen Unbekannten. Aber ich habe die Zähne zusammengebissen, um nicht schwach zu werden. Ich habe die deprimierenden Gedanken verdrängt und mich auf mein Ziel konzentriert: auf den Gipfel.«

Bei seiner Rückkehr erzählte Karl mir von einem österreichischen Bergsteiger, der auf der Normalroute am Broad Peak sein Leben gelassen hatte. Sein Bruder hatte den Gedanken nicht ertragen, die vorbeikommenden Bergtouristen könnten den Toten fotografieren, sein Foto sozusagen als Souvenir für die überstandenen Gefahren mit nach Hause nehmen. Er hat den Leichnam aus der Todeszone geborgen, in die Heimat überführt und bewiesen, dass das auch in dieser Höhe – wenn auch unter großer Kraftanstrengung – durchaus möglich ist.

Eine Stunde bevor Karl und seine Kameraden den Gipfel des Mount Everest erreichten, hatte Angelo d'Arrigo den Everest mit seinem Hängegleiter überflogen und damit Geschichte geschrieben. Berühmt für seine spektakulären Flugprojekte wurde Angelo d'Arrigo – ein italienischer Drachenflieger- und Gleitschirmpilot sowie autodidaktischer Vogelforscher – auch »Vogelmensch«, »Kondor-Mann« oder »Italienischer Ikarus« genannt. Obwohl er von der nepalesischen Seite aufgestiegen war, wussten auch alle in Karls Basislager in Tibet, dass d'Arrigo diesen Flug plante, der noch niemandem je zuvor gelungen war. Karl, ebenfalls begeisterter Gleitschirmflieger, bedauerte es sehr, dieses einmalige Unternehmen verpasst zu haben. Er hatte zwar ein Geräusch in der Luft gehört, jedoch nur noch Richard Meredith-Hardy in seinem motorisierten Schlepptrike gesehen, der den »Vogelmenschen« auf die nötige Höhe geschleppt hatte. Mit bloßem Auge konnte er Angelo in seinem Hängegleiter über dem Everest allerdings nicht entdecken. Angelo hatte für dieses Unternehmen mit den nepalesischen Steppenadlern Chumi und Gea am Ätna trainiert. Wie alle anderen Vögel, die ihn auf seinen zahlreichen Flügen begleitet hatten, hatte er sie durch Prägetechnik abgerichtet: Er hatte sie zuerst mithilfe der Nachbildung eines Schnabels aufgezogen, ihnen beigebracht zu jagen und sich das Futter selbst zu besorgen. Außerdem hatte er sie mit seinen Fluggeräten auf die Wanderwege der Zugvögel gelotst. Das Steppenadlerweibchen hat er später nach einem entsprechenden Training in Tibet ausgewildert. Karl war schon seit Langem fasziniert von den Flugabenteuern

Angelos. Wir alle waren sehr erschüttert, als wir vom Tod des »Kondor-Mannes« erfuhren. 2006, kaum zwei Jahre später, stürzte er während einer Flugschau in der Nähe von Comiso auf Sizilien mit einem doppelsitzigen Ultraleichtflugzeug ab. Mit ihm starb auch der Pilot – ein erfahrener Kampfpilot der italienischen Luftwaffe.

Die unten im Basislager Zurückgebliebenen hatten mehr Glück: Sie wurden Zeugen von d'Arrigos Husarenstück mit seinem silbernen Hängegleiter. Zwei weitere Alpinisten hatten nach der Spitzengruppe den Gipfel des Mount Everest erreicht: Tarcisio Bellò und Marco Confortola. Allerdings mithilfe von zusätzlichem Sauerstoff. Karl hätte niemals Sauerstoff benutzt. Eher hätte er auf den Gipfel verzichtet, wie er das schon beim ersten, gescheiterten Besteigungsversuch bewiesen hatte. Er war gegenüber den Alpinisten, die auf künstlichen Sauerstoff nicht verzichten mochten, sehr kritisch eingestellt. Seiner Ansicht nach war dieses Hilfsmittel nur bei den »Bergtouristen« kommerzieller Expeditionen vertretbar, die für ihre private Lebensgeschichte unbedingt den Gipfelerfolg auf einem Achttausender benötigten. Für Profis wie Karl galt dies als eine Art des Dopings, als Selbsttäuschung. Karl war Purist. Und als solcher ließ er die Erstbesteigung am Mount Everest als alpine Meisterleistung nicht gelten, wie er in seinem Tagebuch schrieb: »Für mich ist Hillary kein Held, weil er 1953 den Gipfel des Mount Everest bezwang. Mir wäre es lieber, er hätte den Gipfel ohne technische Hilfsmittel, allein mit Muskelkraft, also ›by fair means‹ erreicht, wie Messner sagt. Dass Edward Norton und Howard Somervell 1924 ohne künstlichen Sauerstoff die damalige Rekordhöhe von 8400 Metern erreichten, beweist doch, dass es auch 1953 ohne künstlichen Sauerstoff möglich gewesen wäre. Wären die Erstbesteiger des K2 und des Mount Everest im Alpinstil geklettert, wäre die Bewunderung für diese Männer ungleich größer gewesen. Aber früher oder später hatte es dann doch jemand geschafft: Hermann Buhl, ebenfalls

92

1953, am Nanga Parbat. Er hat diesen schwierigen Berg im Alleingang und im Alpinstil bezwungen. Ich frage mich, ob es heute leichter ist, den Everest und den K2 zu besteigen. Ich glaube, die Antwort ist ja. Die moderne Ausrüstung ist leichter und stabiler. Auch die Klettertechniken haben sich weiterentwickelt. Nur die Schwierigkeiten am Berg sind geblieben, die Risiken noch dieselben wie damals: Lawinen, Steinschlag oder physische Probleme wie Ödeme und Embolien. Der gefährlichste Feind ist das Wetter, auch wenn wir uns heute weitgehend auf die Wetterprognosen verlassen können. Dennoch können sie eine letzte Sicherheit nicht geben. Die Berge sind so unberechenbar wie vor fünfzig Jahren.«

Bei seiner Rückkehr vom Mount Everest nach Italien konnte ich Karl am Flughafen Malpensa zusammen mit Adam und Hubert willkommen heißen. Der Empfang wurde ein regelrechtes Fest. Die Alpinisten wurden wie Helden begrüßt. Doch meine überschwängliche Vorfreude wurde anfänglich etwas enttäuscht. Ich wollte die erste sein, die Karl in die Arme schloss, kam jedoch erst gar nicht zu ihm durch. Alle wollten ein Interview von ihm, und ich musste mich mit einem flüchtigen Gruß begnügen und hinten anstellen. Karl wirkte hager und ausgemergelt, strahlte jedoch über das ganze Gesicht. In Wolkenstein war es dann besser. Die Klettergilde *Catores* hatte ein wunderschönes Fest unterhalb unseres Hauses organisiert: In einem geräumigen Festzelt war ein üppiges Buffet mit Südtiroler Spezialitäten und Bier vom Fass aufgebaut. Alle waren sie gekommen: Karls Freunde, die Bergführer, unsere Nachbarn. Es war Karls Traum, der sich erfüllt hatte, und ich war glücklich, diesen Erfolg mit ihm teilen zu dürfen. Karls Freude wog die vielen Opfer auf, die ich mit der Entscheidung, mein Leben mit einem Alpinisten zu teilen, in Kauf genommen hatte.

Nach 63 Tagen auf dem nächsten Achttausender

»Auf dem Gipfel des K2 fühlte ich mich wie ein Engel im Himmel. Jetzt halten mich nichts und niemand mehr auf. Dort oben, umgeben von Einsamkeit und Stille, höre ich nur das Geräusch meiner Schritte.« KARL UNTERKIRCHER

Er schlief lange, nahm eine Mahlzeit zu sich und legte sich wieder ins Bett. Wenn er dann einmal das Haus verließ, und sei es nur für einen kleinen Gang zum Bäcker, zog er sich ganz dick an. Die Angst saß ihm immer noch im Nacken, so sehr frieren zu müssen wie auf einem Achttausender. In dieser Verfassung war Karl vom Mount Everest zurückgekehrt. Erschöpft und immer müde. Er genoss beinahe übertrieben unsere alltäglichen, selbstverständlich gewordenen Annehmlichkeiten wie ein warmes Bett, eine heiße Dusche, warmes Essen. Ich hatte den Eindruck, als fürchte er, diese könnten ihm eines Tages für immer vorenthalten bleiben. Offenbar hatte er in der für mich unvorstellbaren Kälte am Mount Everest mehr gelitten, als er zugeben wollte. Dennoch war der Ruf der Berge letztendlich zwingender als die Erinnerung an die Entbehrungen im extremen Hochgebirge. Denn als Agostino Da Polenza anrief und seine Einladung zur Expedition zum K2 wiederholte, konnte Karl nicht Nein sagen. Hubert und Adam dagegen konnten und wollten auf die Saison als Bergführer nicht verzichten. Karl stand zur Verfügung. »Ich gehe, weil ich mehr Geld und die tapferste Frau der Welt habe!«, erklärte er mit einem Lächeln.

Zwei Wochen nach der Rückkehr nach Wolkenstein im Grödnertal saß Karl bereits wieder im Flugzeug – diesmal in Richtung Pakistan und Karakorum. Auch diese Expedition war aufwendig und umfangreich organisiert. Sie bestand aus fünfzehn aktiven Alpinisten, Ärzten, Wissenschaftlern und ehemaligen Alpinisten. Anlass war das fünfzigjährige Jubiläum der italienischen Erstbesteigung von 1954. Ein Scheitern war nicht einkalkuliert. Für Karl hätte es keinen größeren Anreiz geben können.

Erst nach seiner Abreise wurde mir so richtig klar, dass ich erneut zwei Monate mit Alex allein sein würde. Die ersten Tage waren sehr schwierig. Meine Stimmung war auf dem Nullpunkt. Karl fehlte mir sehr. Wieder standen mir Tage der Angst und Anspannung bevor. Für mich, die ich zum Warten verdammt zu Hause ausharrte, war es schwierig, die richtige Balance zwischen Sorge und Glück zu finden, die eine so extreme Erfahrung mit sich bringt. Die nicht allzu großen Ängste, die mich während des Unternehmens Everest quälten, hatten sich bei Karls Rückkehr in Stolz und Freude verwandelt. Jetzt war die innere Anspannung wieder groß. Ich wagte kaum, daran zu glauben, dass Karl auch diesmal erfolgreich sein würde. Natürlich wusste ich um seine Kraft und Stärke, seine Fitness und Zähigkeit. Die Frage war nur, ob das genügte, um innerhalb von zwei Monaten die beiden höchsten Berge der Welt zu besteigen, ohne Schaden zu nehmen. Es gehörte immer auch eine Portion Glück dazu – vor allem was Wetter und Gesundheit betraf. In der eisigen Kälte dieses extremen Hochgebirges entwickelte man schnell eine Bronchitis, die den Erfolg eines Unternehmens infrage stellte.

Während der Anreise zum Basislager führte Karl ausführlich Tagebuch und schrieb mir regelmäßig E-Mails. Auf diese Weise blieb ich Teil seines Lebens. Er war sehr neugierig auf die ihm völlig unbekannte neue Welt: die Häuser, die Einfachheit der Menschen, sogar das für ihn reichlich eintönige Essen. Außer Reis, Hühnchen und Gemüse kannte die Küche kaum Variationen. Die Strecke nach Skardu in Nordpakistan, dem Ausgangsort für viele Expeditionen und Trekkingtouren zum K2, zur Gasherbrum-Gruppe und zum Broad Peak legten sie im Bus zurück. Die Straßen waren in miserablem Zustand. So notierte Karl am 18. Juni in sein Tagebuch: »Die Straßen sind zwar asphaltiert, aber mit unzähligen Schlaglöchern, Rillen und gefährlichen Kurven. Leitplanken sind hier unbekannt. Tief unter uns rauscht kakaobraun und schäumend der reißende Indus. Die Busfahrer rasen mit durchgedrücktem Gaspedal durch die Kurven, dass mir angst und bange wird.« Auf dieser Fahrt sah Karl den Nanga Parbat zum ersten Mal. Der Berg faszinierte ihn sofort, und er beschloss spontan, wie er mir schrieb, eines Tages einen Besteigungsversuch zu unternehmen.

Im Ort Skardu unterbrachen Karl und seine Freunde die Reise für ein paar Tage, um die Expeditionstonnen zu sortieren und auf die Träger zu verteilen: Material mit einem Gewicht von zwölf Tonnen musste in Etappen zu je 90 Kilometern von 800 Trägern ins Basislager transportiert werden. In diesen Tonnen befanden sich genügend Lebensmittel, um ungefähr fünfzig Personen zwei Monate lang zu ernähren: 500 Kilogramm Teigwaren, Kaffee, Milchpulver, Gemüse, Schinken, Salami, Käse und drei Expeditionstonnen gefüllt mit Schokolade. Dazu kam die Bergsteigerausrüstung: kilometerweise Seile, Zelte, Eispickel und zwei komplette Expeditionsgarnituren für jeden Alpinisten.

Auf dieser Expedition teilte sich Karl zuerst das Hotelzimmer und anschließend das Zelt mit Michele Compagnoni. Der Name Compagnoni hatte für diese Expedition so etwas wie Symbolcharakter. Michele ist der Großneffe von Achille Compagnoni, dem Erstbezwinger des K2 aus dem Jahr 1954. Karl und Michele verstanden sich sofort blendend. Beide waren unkompliziert, vehemente Verfechter des Alpinstils und Gegner der Sauerstoff-Fraktion. Gleichzeitig war beiden die Art von Kasernenhofton und militärischer Disziplin fremd, die gelegentlich notgedrungen bei Expeditionen größeren Umfangs herrschten. Karl war auch diesmal seinem Ruf als Langschläfer treu und hatte in Michele einen Verbündeten gefunden. Eines Morgens war die Aufstehzeit für sechs Uhr angesagt, da die Expeditionstonnen mit dem wichtigsten Material aussortiert und so schnell wie möglich mit den Trägern zum Basislager geschickt werden mussten. Karl und Michele allerdings erschienen erst um acht. »Wir haben ziemlich giftige Blicke geerntet«, schrieb Karl in sein Tagebuch. »Zum Glück sind die anderen nicht ganz humorlos. Mit ein paar Scherzen haben wir kräftig mit angepackt und die Scharte wieder ausgewetzt.«

Dieses Szenario sollte sich allerdings noch häufiger wiederholen. In einer E-Mail berichtet Karl, dass er Agostino ganz unabsichtlich bis zur Weißglut gereizt habe: »Frühstück findet jeden Morgen gegen 7 Uhr 30 statt. Aber an dem bestimmten Morgen gab es absolut nichts zu tun. Das Wetter war miserabel. Also sind Michele und ich erst gegen 10 Uhr 30 im Messezelt erschienen und haben den Hilfskoch gebeten, uns was Warmes zuzubereiten. Ich kann Dir sagen – Agostino hat getobt, als er uns gesehen hat: ›Was glaubt ihr eigentlich, wo ihr seid?‹, hat er gebrüllt. Am nächsten Tag sind wir wieder erst um elf Uhr aus dem Zelt gekrochen. Aber da hat Agostino schon resigniert: ›Mir reicht's. Mit euch rede ich gar nicht mehr. Ist sowieso sinnlos.‹ Offenbar hat er uns als hoffnungslos eingestuft. Also, liebe Silke, bleibe ich an Tagen, da es nichts zu tun gibt, bis ein Uhr im Zelt. Nur wenn es da drinnen heiß und stickig wird, flüchte ich ins Freie. Meinem Tagesrhythmus haben sich nicht nur Michele, sondern auch Alex Busca und Massimo Farina aus dem Aostatal angepasst. Beim Aufstehen sind wir immer die Letzten.« Nicht nur beim Aufstehen, muss ich hinzufügen. Ich erinnere mich sehr gut, dass sich Karl und seine Freunde beim Aufbruch vom Basislager zum Gipfel des K2 erst um neun Uhr morgens in Bewegung setzten, während alle anderen die Zelte bereits um fünf Uhr verlassen hatten.

Karl und die anderen Alpinisten legten die Strecke zwischen Skardu und Askole auf der unbefestigten Verbindungsstraße mit Jeeps zurück. Es ging 170 Kilometer über Schotter- und Staubpisten. In seinem Tagebuch findet sich dazu folgender Eintrag: »Die Jeeps der Einheimischen sind unglaublich voll. Sie sind völlig überladen mit Gepäck, auf dem die Leute sitzen. Hinter Skardu wird das Tal immer steiler und zerklüfteter. Bäume reichen hier häufig so weit in die Straße, dass sie nur noch einspurig zu befahren ist. Wundert mich nicht, dass gelegentlich ein Jeep im Abgrund landet. Hang- und Felssicherungen gegen Steinschlag wie bei uns gibt es nicht. Deshalb müssen wir immer mal wieder aussteigen und Geröll von der Fahrbahn räumen. Als wir endlich völlig durchgeschüttelt in Askole im Braldutal ankommen, erwartet uns nichts als der Fluss Braldu, der aus dem Baltorogletscher gespeist wird, und eine öde Sandfläche, auf der Dutzende von neugierigen Trägern neben unseren Expeditionstonnen lagern. Erst später registrieren wir, dass das Vierhundertseelendorf Askole, auf 3000 Metern Meereshöhe gelegen, hinter einer Moräne verborgen liegt. Das Dorf ist ausgesprochen einladend, eine grüne Oase mit Aprikosenbäumen, Gersten- und Kartoffelfeldern. Die niedrigen, strohgedeckten Häuser sind aus Stein, Lehm und Holz. Der einzige massive Betonbau, der zwischen den Lehmhäusern unangenehm hervorsticht, ist das kleine Krankenhaus, das im Jahr 2003 von einer italienischen Stiftung gegründet wurde. Leider fügt sich das Gebäude in keiner Weise in das Landschafts- und Ortsbild ein, wirkt wie ein Fremdkörper.«

Währenddessen beschließe ich in Wolkenstein, für eine Woche mit Criss zu verreisen, um ein wenig auszuspannen. Criss ist die Frau von Karls Jugendfreund Martin. Wir hatten beschlossen, dass uns ein paar Tage am Meer in Lignano Sabbiadoro mit den Kindern guttun würden. Ich verstaute alles in unserem nagelneuen Audi, der während Karls Abwesenheit am Mount Everest geliefert und bislang noch kaum gefahren worden war. Als ich Karl von unserer geplanten Spritztour ans Meer erzählte, machte er sich gleich Sorgen – nicht um mich und nicht um Alex – sondern um den Wagen. »Pass mir ja gut auf! Ich möchte auch noch gerne das neue Auto fahren«, erklärte er im Scherz. Auch während der Tage am Meer verfolgte ich den Fortgang der Expedition. Als groß angelegte Jubiläumsveranstaltung zur Erstbesteigung des K2 vor fünfzig Jahren genoss sie große Aufmerksamkeit in den italienischen Medien. Es war daher nicht schwierig, Nachrichten und Meldungen zum Thema im Internet und Radio zu finden. Im Haus in Wolkenstein hatten und haben wir keinen Fernsehapparat. Fernsehen hat uns nie gereizt, und die Kinder kennen es nicht anders. Gelegentlich stiehlt sich Alex davon, um bei seinen Freunden einen Zeichentrickfilm anzuschauen, scheint jedoch sonst nicht unter Fernsehentzug zu leiden. Zu Beginn, als Karl und ich in unser Haus gezogen waren, gab es für uns wichtigere Anschaffungen als einen Fernseher. Während Karl dann einige Monate später an einer Expedition nach Argentinien teilnahm, überredete mein Vater mich, einen überzähligen Fernseher aus dem Hotel meiner Eltern aufzustellen. Anfänglich sah ich jeden Abend fern. Dann konnte ich immer weniger Programme entdecken, die mich interessierten. Ich schlief vor der Mattscheibe auf der Couch ein, wachte irgendwann wie gerädert auf, schleppte mich ins Schlafzimmer und konnte nicht mehr einschlafen. Nach einigen Tagen begann ich abends wieder zu lesen. Seitdem habe ich den Fernseher nicht mehr angestellt. Ich bin das Leben ohne TV gewohnt. Und um den Kontakt zur großen weiten Welt nicht zu verlieren, habe ich ein altes Radio in der Küche und natürlich das Internet. Und wenn wir einen Film anschauen möchten, holen wir uns eine DVD und stecken sie in den Computer.

Am 22. Juni brach die Expeditionskarawane zum Basislager am

K2 auf. Die letzten 90 Kilometer legten sie zu Fuß auf einem Pfad zurück, der sich auf halber Höhe des Steilufers den Fluss Braldu entlangschlängelte und schließlich in den Aufstieg zum Baltorogletscher mündete. Wie so häufig in Karls Aufzeichnungen zu lesen, waren auch diesmal die fleißigen Träger nicht in der Lage, das gesamte Expeditionsmaterial zu transportieren. Es mussten daher erneut die Ausrüstungsgegenstände aussortiert werden, die am dringendsten im Basislager benötigt und daher bevorzugt auf den Weg geschickt werden sollten. Weil der Expeditionscomputer in keine Tonne passte, schulterte Karl außer seinem persönlichem Gepäck auch noch dieses Gerät. Gemeinsam mit Michele machte er sich auf den Weg. In einer E-Mail berichtete Karl über die Gemütsverfassung seines neuen Freundes Michele: »Michele Compagnoni ist der Großneffe des berühmten Bergsteigers. Der Name verpflichtet, ist für ihn Ehre und Bürde zugleich. Er hat natürlich Angst zu versagen. Was ist, wenn er wie zwei Monate zuvor am Everest den Gipfel des K2 nicht erreicht? Alle Welt erwartet, dass er wie der Bruder der Großmutter vor fünfzig Jahren diesen Achttausender bezwingt. Das macht ihm schwer zu schaffen. Ich mache ihm Mut. Versuche ihn aufzuheitern. Ich weiß, wie gut er sich am Everest gehalten hat. Und wenn es nicht klappt, muss er sich keine Vorwürfe machen. Das Leben zu riskieren, nur um die Heldentat des Großonkels zu glorifizieren, hat keinen Sinn.« Michele Compagnoni allerdings war nicht der einzige mit geschichtsträchtigem Namen, der an dieser Jubiläumsexpedition K2-2004 teilnahm. Leonardo Pagani, der Expeditionsarzt, war der Sohn jenes Guido Pagani, der schon 1954 das Team anlässlich der Erstbesteigung des K2 begleitet hatte. Aus der Begegnung bei dieser Expedition ist zwischen Karl und Leonardo eine Freundschaft fürs Leben entstanden.

Auf dem Weg zum Basislager begegneten Michele und Karl Kurt Diemberger. Der mittlerweile 72-jährige Bergsteiger ist ein Veteran des Himalaja. Er ist der Erstbesteiger des Broad Peak und des Dhaulagiri. Heute lebt der gebürtige Österreicher in Calderino di Monte San Pietro, unweit von Bologna. Agostino Da Polenza hatte ihn eingeladen, noch einmal zum Fuß der ihm so vertrauten Berge zurückzukehren. Begleitet von einem Träger war Kurt hinter den anderen zurückgeblieben. Er war kein junger Bursche mehr und ging, wie immer, sein Tempo. Schließlich wusste er nur zu gut, dass noch fast 100 Kilometer Fußmarsch bis zum Basislager vor ihm lagen. »Wer langsam geht, bleibt gesund und kommt weit«, bemerkte er scherzhaft. »Und mit Arthrose in den Knien kraxelt es sich nicht mehr so gut über den Felsschutt der Moräne wie früher!« Nach diesem Motto hatte er die anderen ziehen lassen. Michele und Karl hatten in Absprache mit Da Polenza beschlossen, eine Pause einzulegen, um auf Kurt Diemberger zu warten. »Kurt war völlig fertig und von einer Durchfallkrankheit geschwächt, die er sich in Askole eingefangen hatte«, schrieb Karl an mich. »Er hätte die Gruppe an diesem Tag nie eingeholt. Er war dankbar, ein wenig Schlaf auf der Matte neben dem Zelt nachzuholen, das ich aufgestellt hatte.« Michele war inzwischen bereits weitergegangen. Nur Karl blieb zurück, um über Nacht bei Kurt zu bleiben. Sie kampierten offenbar in der Nähe eines Militärstützpunktes, denn ganz überraschend tauchten vor ihrem Zelt Soldaten auf und boten ihnen Tee und *chapati*, das landesübliche Fladenbrot, an.

Es wurde eine Nacht voller Erinnerungen. Der sympathische Kurt erzählte Karl von den tragischen Ereignissen 1986, durch die er ausgerechnet am K2 seine Bergpartnerin Julie Tullis verloren hatte. Die Tragödie beschäftigte ihn offenbar nach all diesen Jahren noch immer. Das Schlimmste für ihn war, dass er in der Stunde des Todes nicht bei ihr sein konnte. Der erfahrene Bergsteiger berichtete von einem der erschütterndsten Dramen am K2 wie folgt: »Der Abstieg vom Gipfel war ein Kampf ums Überleben, der sich über fünf Tage hinzog. Wir wurden von einem orkanartigen Sturm überrascht und waren gezwungen, zusammen mit vier anderen Alpinisten in drei Zelten in der Todeszone auf über 8000 Meter zu biwakierten. Binnen weniger Stunden war unser Zelt völlig eingeschneit. Wir liefen Gefahr, unter den Schneemassen begraben zu werden. Es gelang uns gerade noch rechtzeitig, uns aus dem Zelt zu wühlen. Ich war als Erster draußen – ohne Schuhe, nur mit Wollsocken an den Füßen – und wollte das Zelt so schnell wie möglich wieder aufstellen. Ein, wie sich herausstellte, unverzeihlicher Fehler! Mir ging es wie so oft in dieser Höhe nur darum, Zeit zu sparen. Dass ich wegen dieser Leichtfertigkeit Julie nie wiedersehen würde, war nicht vorauszusehen. Julie flüchtete schließlich vor dem Sturm in das Zelt der Österreicher, ich in das Zelt des Engländers Alan Rouse. Für uns beide zusammen wäre weder in dem einen noch in dem anderen Zelt Platz gewesen. Auf Strümpfen und im tosenden Orkan hatte ich weder die Kraft noch die Möglichkeit, selbst die wenigen Meter zu unserem zugeschneiten Zelt zu laufen, um meine Schuhe auszubuddeln. Wir alle waren zu Tode erschöpft und wie benommen von der Höhe. Irgendwann, ich hatte jedes Zeitgefühl verloren, versuchte Julie, zum Zelt des Engländers zu kommen, in dem ich lag. Aber die Schneemassen um uns herum hatten sich so hoch angesammelt, dass ich kaum ihren Haarschopf erkennen konnte, als ich mich aus der Zeltöffnung lehnte. Kurz darauf ist sie gestorben. Ob vor Erschöpfung, an Austrocknung oder vielleicht durch ein falsches Medikament, das sie nicht vertragen hat, kann ich nicht sagen. Ich weiß nur, dass ich in dieser schweren Stunde nicht bei ihr war.« Karl war nach diesem Bericht sehr niedergeschlagen. Er schrieb: »Ich habe in Kurts Augen den Ausdruck der bittersüßen Resignation eines Menschen gesehen, dessen Leben die Berge sind, deren Gesetze und Grausamkeiten er gelernt hat, vorbehaltlos zu akzeptieren.«

Am folgenden Morgen erreichte Sadagat, ein *sirdar*, wie die einheimischen Anführer der Träger genannt werden, Karl und Kurt. Da es Kurt wieder besser ging, konnte er seinen Weg in Begleitung des Trägers fortsetzen. Sadagat kümmerte sich von da an um den Veteranen der eisigen Höhen des Himalaja, und Karl war frei, sein Tempo zu gehen und die Freunde einzuholen. In Payu, einem Dorf, dessen Häuser sich geduckt und pittoresk an die Hänge des Karakorum schmiegen, stieß er schließlich wieder zu ihnen. Von Payu aus ist bereits der Anfang der Gletscherzunge des Baltoro zu sehen. Voller Begeisterung schrieb Karl mir von dort: »Das Tal ist breit und ausladend, die Wände schroff und so hoch, als berührten sie den Himmel. Eine wunderschöne Welt tut sich uns auf. Nie zuvor war die Bergwelt für mich faszinierender als hier, wo sich gigantische Gletscher und Gebirgszüge kilometerweit in alle Himmelsrichtungen erstrecken. In Payu hat uns das schlechte Wetter ein paar Tage festgehalten. Wir hatten also Gelegenheit, uns in der Umgebung umzusehen und auf den Baltorogletscher zu steigen: eine gigantische Gletscherzunge aus Eis und Schotter. Allein die Ausdehnung ist beeindruckend. Die Träger machen übrigens traditionell Rast in Payu, um sich zu erholen und zu feiern. Trifft eine Expedition ein, werden zur Feier des Tages normalerweise einige Ziegen geschlachtet. Bei unserer Ankunft musste ein Kalb daran glauben – wobei ich mich allerdings frage, wie dieses Tier überhaupt hierher gekommen ist. Die Wege sind alle furchtbar steil und gefährlich.«

Von Payu aus ging es weiter zum beliebten Rast- und Lagerplatz Urdukas. Von dort erreichte die Expeditionskarawane am 28. Juni im Schneeregen das Basislager des K2. Zum Empfang hatte sich eine Gruppe von fünfzehn Personen, bestehend aus Technikern und Alpinisten, eingefunden, die bereits zwei Wochen früher eingetroffen waren. Sie hatten das Basislager organisiert und die sogenannte *Casa Italia* aufgebaut – ein pyramidenförmiges, weißes Zelt, das als

Hauptquartier der Expedition diente. Erst gegen Ende des langen Marsches, nur wenige Stunden bevor das Basislager erreicht wurde, hatte sich zum ersten Mal der K2 gezeigt. Karl bekam bei seinem Anblick vor Ehrfurcht eine Gänsehaut: »Unverhofft tauchte der K2 vor uns auf. Wir standen auf dem berühmten Concordiaplateau in 4800 Meter Höhe, wo etliche Gletscherarme zusammenfließen. Der K2 erschien mir wie ein Koloss aus Eis und Schnee – unnahbar und fern. Ich frage mich, welche Herausforderungen dieser Gigant des Karakorum wohl für uns bereithält? Messner, der alle Achttausender bestiegen hat, sagt, die 8611 Meter des K2 seien die schwersten. Werde ich den Gipfel erreichen? Ich gebe mein Bestes, liebe Silke. Aber allein die Tatsache, dass ich hier bin, ist ein Traum.«

Wie schon am Mount Everest herrschte auf der weiten Fläche des Basislagers ein ziemliches Gedränge: Zehn Expeditionen besetzten ungefähr 200 Zelte mit etwa hundert Alpinisten. Hier, am Fuße des K2, war praktisch eine kleine Stadt entstanden. Um sie einmal zu durchqueren, brauchte man gut zwanzig Minuten. Im Unterschied zum Mount Everest allerdings wurde das Lager ausschließlich von richtigen Alpinisten und nicht von Bergtouristen bevölkert, die sich die Ersteigung des Dachs der Welt mit Geld erkaufen zu können glaubten. Karl war vom K2 tief beeindruckt. Für ihn war er ein wahrhaftiger, einmaliger Gipfel. Mit seinen 8611 Metern ist er 237 Meter niedriger als der Mount Everest. Dafür herrschen dort im Norden des Karakorums ein raueres Klima und sehr instabile Wetterlagen. Karl gestand mir nach der Besteigung des Mount Everest, dass er den alpin-technischen Schwierigkeitsgrad dieses Achttausenders, von der Höhe einmal abgesehen, verhältnismäßig niedrig einschätze: »Ich habe schon schwierigere Berge bestiegen als diesen mit Fixseilen gezähmten Koloss, ohne dass etwas passiert ist. Aber nach dem Everest haben sie mich zu Hause gefeiert wie nie zuvor. Unglaublich.« Der K2 gehörte für ihn in eine andere Kategorie. Er hatte großen Respekt vor diesem Berg, an dem auch viele der erfahrensten Alpinisten ihr Leben lassen mussten.

Das Leben in der *Casa Italia* war geradezu luxuriös. Täglich kamen die besten italienischen Spezialitäten auf den Tisch, was im übrigen Lager neidvoll registriert wurde: Speck, Bresaola, Käse, Spaghetti Bolognese, Risotto mit Pilzen und sogar Radicchio, wie sich Karl mit einer Zeile in seinem Tagebuch erinnert: »Hier auf 5000 Meter haben wir das Glück, sogar Radicchio aufgetischt zu bekommen. Ich wollte es kaum glauben. Wir schlemmen, bis wir nicht mehr können.«

»Karl! Karl!«, hörte er im Lager oft eine Stimme mit unverkennbar deutschem Akzent rufen. Das war Kurt Diemberger, der Karls Hilfe benötigte. Die Korrekturabzüge seines neuesten Buches *Aufbruch ins Ungewisse* sollten via Satellit an seinen Verlag gesendet werden. Karl verfügte über den Expeditionscomputer und sprach Deutsch, womit er Diembergers Projekt sehr dienlich war. »Ich unterstütze Kurt gerne«, schrieb er mir. »Wir konnten die Korrekturabzüge noch rechtzeitig an den Verlag weiterleiten. Bei der Lektüre des Manuskripts bekam ich große Lust, selbst ein Buch zu schreiben. Hilfst Du mir?«

Das von Agostino Da Polenza organisierte Unternehmen K2-2004 war nicht die einzige italienische Expedition vor Ort. Im Basislager hatte sich auch eine Gruppe der Klettergilde *Scoiattoli di Cortina* (die »Eichhörnchen von Cortina«) eingerichtet, die mit dem Schweizer Bergführer und Höhenbergsteiger Kari Kobler zusammen waren. Zwischen den beiden Gruppen kam es schnell zu Spannungen, wie Karl mir per E-Mail übermittelte. »Es gibt ein Problem, das seit Tagen Gesprächsthema ist, und mit dem sich vor allem die Expeditionsleiter herumschlagen müssen. Kari Kobler hat veranlasst, dass vier Sherpas und vier pakistanische Höhenträger, die von ihm finanziert werden, auf der Aufstiegsroute Fixseile legen. Jetzt will er von uns allen Geld für die Benutzung der Fixseile. Agostino hat ihm klargemacht, dass wir keine kommerzielle Expedition sind, ohne künstlichen Sauerstoff und ohne Sherpas aufsteigen. Es überrascht mich einigermaßen, dass sich Profis wie die *Scoiattoli* überhaupt mit Sauerstoffflaschen belasten. Aber dass wir die Fixseile benutzen, wenn sie sich uns anbieten, ist doch klar. Sie geben Sicherheit und machen den Abstieg natürlich einfacher, obwohl sie nicht ganz zu dem Alpinstil passen, wie ich ihn am liebsten praktiziere. Wenn die Seile dort oben an den Wänden baumeln, hat man immer den Eindruck, als wollten sie den Berg in Ketten legen. Aber ich will hier keine Grundsatzdiskussionen auslösen, mich nicht einmischen. Ich bin froh, hier dabei zu sein. Unser einziges Ziel ist der Gipfel. Und letztendlich sind sich die Expeditionsleiter doch noch einig geworden: 100 Euro für jeden Kletterer, der nach den Fixseilen greift.«

Bei schönem Wetter waren alle Alpinisten damit beschäftigt, die Hochlager einzurichten: zuerst Lager 2, dann das Lager 3 auf 7350 Meter. 1954 waren auf dem Weg zum Gipfel neun Hochlager nötig gewesen. Es ist schon erstaunlich, wie radikal sich die Klettertechnik in den vergangenen fünfzig Jahren verändert hat. Karl und seiner Gruppe genügten vier Hochlager, wobei das erste Lager allerdings beim Gipfelsturm ungenutzt blieb. Heute versucht man, den Aufenthalt in großen Höhen so kurz wie möglich zu halten. Schnelligkeit ist die Grundlage für Sicherheit und Gesundheit. Außerdem spielen eine leichte, verlässliche Ausrüstung, gute Kleidung und eine spezielle Ernährung eine wichtige Rolle. All das begünstigt die Schnelligkeit am Berg. Karl bewunderte die Alpinisten der ersten Stunde sehr, denen es mit einer verhältnismäßig bescheidenen Ausrüstung gelungen war, neue Wege und Gipfel zu erschließen. Diese Hochachtung spricht aus vielen seiner E-Mails und Tagebuchnotizen. So zum Beispiel auch aus der Nachricht vom Vorabend des Aufstiegs zum K2: »Heute haben wir Ultraleichtzelte, wärmste Schlafsäcke, Daunenanzüge, gepolsterte Bergstiefel mit thermisch ausform- und herausnehmbaren Innenschuhen. Ich frage mich, wie es Hermann Buhl geschafft hat, den Nanga Parbat mit einfachen Nagelstiefeln zu besteigen. Das wäre heute undenkbar. Wir verfügen über superleichte Kevlarseile. In den 1940er Jahren dagegen hat man die ausgesprochen schweren Hanfseile benutzt. Als Lino Lacedelli und Achille Compagnoni für die Besteigung des K2 Nylonseile benutzten, war das geradezu revolutionär. Und erst die Rucksäcke! Unser sehr ergonomisch konzipiertes Modell wiegt im Durchschnitt 11 Kilo und ist bei der Einrichtung der Hochlager auch schon mal 15 Kilo schwer. 1954 trug man 25 Kilo und mehr auf dem Buckel. Ich habe mich oft gefragt, wie sie damit die Gipfel der Achttausender erreichen konnten. Allerdings verhindert der Fortschritt offenbar nicht, dass noch immer viele am Berg bleiben. An sie erinnern nur die Namen, die ihre Gefährten in die Teller des Aluminiumgeschirrs aus der Lagerküche ritzen. Hier am K2 liegen eine ganze Menge dieser ›Grabinschriften‹ in allen möglichen Sprachen auf einem Felsvorsprung beim Zusammenfluss des Godwin-Austen- und des Savoiagletschers. Die Teller aus jüngster Zeit erkennt man auf den ersten Blick an ihrem Glanz. Die anderen sind im Lauf der Zeit durch Korrosion beinahe unleserlich geworden. Als wir zu diesem Felsvorsprung aufstiegen, um jener zu gedenken, die am Berg geblieben sind, überfiel mich ein kalter Schauer. Ich habe mich unwillkürlich gefragt, ob auch mein Name eines Tages einen dieser Aluminiumteller schmücken wird.«

Wie schon am Mount Everest blieben Karl und seine Kollegen am K2 nicht von Wetterkapriolen verschont. Während der Vorbereitung war es wichtig, das Großraumzelt, den sogenannten »Dome«, in das letzte Höhenlager zu transportieren und aufzustellen. Dieses Zelt wog 20 Kilo, hatte neun Schlafplätze und war als Übernachtungsmöglichkeit für eine größere Gruppe Alpinisten auf dem Weg zum

Gipfel gedacht. Am 10. Juli brachte ein Trupp unter der Leitung von Gnaro Mondinelli das Zelt zum Hochlager 3 auf 7350 Meter. Dort zwang ein Schlechtwettereinbruch die Männer zur Umkehr. Die zweite Gruppe, zu der auch Karl gehörte, war danach an der Reihe zu vollenden, was dem ersten Team nicht gelungen war: den *Dome* auf 7800 Meter im Lager 4 aufzustellen. Karl war mit Stefano Zavka, Paolo Confortola, Tarcisio Bellò und Walter Nones unterwegs. Walter Nones war ein Freund und Carabiniere, mit dem Karl später noch mehrere Touren unternehmen würde. Sie übernachteten im *Dome*, aber das Wetter war alles andere als günstig. »Wir waren da oben entsetzlich müde und unentschlossen«, notierte Karl. »Von Agostino im Basislager kam die Weisung, aktiv zu werden. Wir sollten das kleine Zelt mit der Ausrüstung abbauen und es zusammen mit dem *Dome* zu Lager 4 hinaufbringen, den wir in Einzelteilen zerlegt in unseren Rucksäcken verstauten. Wir versuchten, Lager 4 zu erreichen. Orkanartige Windböen, die immer stärker wurden, zwangen uns, nach zwei Stunden aufzugeben.«

Das Wetter war eindeutig gegen Karl und seine Gruppe. Die Einrichtung des Lagers 4 war erneut in Gefahr. Die Aktion, beide Zelte ab- und in größerer Höhe wieder aufzubauen, erwies sich als kritischer Punkt der Vorbereitung. Heftige Diskussionen waren die Folge, was wiederum Karl ärgerte. In seinem Tagebuch finden sich darüber nur ein paar dürftige Sätze. Auch später sprach er nicht gern über diese Dinge. Nicht einmal mit mir. Mithilfe eines Beteiligten habe ich versucht, die Sache mit den Zelten zu rekonstruieren. Danach könnte Karls Version mehr oder weniger wie folgt gelautet haben: »Wir haben den *Dome* in einem Loch im Schnee vergraben. Anschließend habe ich die Stelle mit Fähnchen markiert. Der Wind tobte mittlerweile so heftig, dass ich Mühe hatte, einen Fuß vor den anderen zu setzen. In dieser Höhe wurde die Lage gefährlich. Wir sind daher mit dem kleinen Zelt erneut zu Lager 3 abgestiegen. Aber der

Platz dort war mittlerweile von einer anderen Expedition besetzt. Wir hatten keine Wahl: Zusammen mit Tarcisio Bellò und Walter Nones haben wir das Zelt in aller Eile an einem windexponierteren Hang aufgebaut. Die Zeit drängte. Der Sturm wurde immer heftiger. Wir haben die Hochgebirgsschlafsäcke, Handschuhe, Brillen, Nahrungsmittel, Kocher und Filmkamera hineingeworfen und sind schleunigst zum Basislager abgestiegen.«

Die Wetteraussichten versprachen auch weiterhin keine Besserung. In diese angespannte Lage platzte die Nachricht, dass Silvana, Agostino Da Polenzas Frau, einen Kollaps erlitten hatte. Silvana war schon länger sehr krank gewesen, hatte Agostino jedoch gedrängt, dennoch an der Expedition teilzunehmen. Nach ihrem Zusammenbruch gaben die Ärzte in Italien ihr nur noch wenige Tage. Und Agostino beschloss umgehend, zu seiner Frau nach Italien zurückzureisen. Am 20. Juli schrieb Karl: »Agostino hat uns alleingelassen. Die Stimmung ist auf dem Nullpunkt. Ich versuche, mich nicht anstecken zu lassen. Die Vorhersagen sprechen weiterhin von orkanartigen Stürmen in der Gipfelregion. Sogar die Solarpanele spielen jetzt verrückt. Nach den Tagen mit bedecktem Himmel funktioniert die Fotovoltaik-Anlage nicht mehr richtig. Ich habe das alles ziemlich satt. Die Kälte, die tagelange Warterei im Zelt zerrt an den Nerven. Du fehlst mir. Alex fehlt mir. Ich habe Heimweh, sehne mich danach, Dich endlich wieder in die Arme schließen zu können. Wenn ich so weit fort bin, wird mir klar, wie viel Du mir bedeutest. Du gibst mir Kraft, bestärkst mich, wenn mich diese unstillbare Sehnsucht nach einem neuen Berg, einem neuen Gipfel überkommt. Du akzeptierst mich, wie ich bin: ein Egoist, ein Bergsteiger aus Leidenschaft. Ich habe einen Auftrag, und mein Stolz zwingt mich, die Zähne zusammenzubeißen und die Sache zu Ende zu bringen. So mühsam das auch sein mag. Schaffe ich den Gipfel, ist das auch Dein Verdienst. Warte auf mich, mein Schatz. Ich komme bald nach Hause.«

Am 24. Juli schien unerwartet wieder die Sonne. Karl und seine Kollegen begannen in zwei Gruppen mit dem Aufstieg. Im Lager 3 auf über 7000 Meter erwartete sie allerdings eine böse Überraschung. Das Zelt mit den persönlichen Ausrüstungsgegenständen für die letzte Etappe zum Gipfel war verschwunden, der Platz, auf dem es gestanden hatte, leer. Nur ein paar Zeltleinen flatterten dort im Wind, umrahmt von Zelten einer spanischen Expedition und der Klettergilde *Scoiattoli* aus Cortina d'Ampezzo. Vom Depotlager der Expedition K2-2004 keine Spur. Der Verlust des Materials war eine Katastrophe, der Angriff auf den Gipfel war infrage gestellt. Karl und die anderen waren wie unter Schock. Sie waren ohne Material, ohne Übernachtungsmöglichkeit. Die Veltliner Adriano Greco und Marco Confortola beschlossen wütend, abzusteigen. Karl, wie Michele Compagnoni erzählte, saß mit überkreuzten Beinen in der Mitte auf dem leeren Platz, raufte sich die Haare und starrte in den Schnee. »Wie ist das möglich? Wie ist das nur möglich?«, fragte er immer wieder. In seinem Tagebuch hört sich das so an: »Ich verstehe nicht, was passiert ist. Ich bin sicher, dass ich das Zelt mit Tarcisio und Walter sicher verankert und aufgebaut habe. Mitten im Sturm und pulvrigem Schnee keine leichte Aufgabe. Es fühlte sich an, als steckte man die Pflöcke in Zucker. Trotzdem saßen sie bombenfest – jedenfalls habe ich das geglaubt. Vielleicht hat mir die Müdigkeit einen Streich gespielt. Vielleicht habe ich einen Fehler gemacht, ohne es zu merken. Andererseits kann bei diesen Windstärken ein Zelt durchaus weggeweht werden – samt schwerer Ausrüstung. Ist alles schon mal vorgekommen.« Während der chaotischen Ereignisse im Lager 3 setzte Karl ohne ein weiteres Wort unbeirrt seinen Aufstieg fort. Er wollte hinauf zum Lager 4 und kontrollieren, ob dort wenigstens der *Dome* noch an seinem Platz war. Karl schrieb dazu in einer E-Mail an mich: »Nur ein halbes Markierungsfähnchen lugte aus dem Schnee. Ein Glück, dass ich es überhaupt entdeckt habe.« Das Zelt war für die Nacht bei der Rückkehr vom Gipfel am nächsten Tag unverzichtbar. Daher kehrte Karl einigermaßen beruhigt ins Lager 3 zurück.

Dort hatten sich Wut und Aufregung über das rätselhafte Verschwinden des Depotzelts samt Ausrüstung noch immer nicht gelegt. Die Zeltleinen sahen nicht so aus, als wären sie im Wind gerissen. Viel eher schien ein Messer im Spiel gewesen zu sein. Gegenseitige Beschuldigungen machten die Runde. Die Mehrheit glaubte, dass die Sherpas anderer Expeditionen zum Lager 3 aufgestiegen und das Material gestohlen hatten, um es zu verkaufen. Ein Verdacht, der sich später auf dem Rückmarsch in Skardu zumindest teilweise zu bestätigen schien. Dort hatten einige Bergsteiger in einem Laden angeblich zwei Daunenanzüge entdeckt, die eindeutig aus dem verschwundenen Depotzelt stammten. Karl weigerte sich zu glauben, dass es sich um einen Diebstahl und das Werk von Sherpas handelte. Seiner Ansicht nach sprachen auch die schlechten Witterungsverhältnisse gegen einen Aufstieg der Sherpas zum Lager 3. Er neigte eher dazu, die Verantwortung bei sich zu suchen. Auch in Italien äußerte er mehrfach die Vermutung, dass eine der Zeltverankerungen dem Wind nicht standgehalten hatte.

An jenem Nachmittag auf 7300 Meter am K2 musste dann vorrangig geklärt werden, wie zehn Alpinisten mit nur fünf Schlafsäcken und einem einzigen Zelt dort oben die Nacht verbringen sollten. Schließlich zwängte man sich zu viert ins einzige der Expedition verbliebene Zelt, während die übrigen sechs Männer Unterschlupf bei den Spaniern und Cortinesern fanden. Es folgte eine für alle schlaflose Nacht, was so manchen veranlasste, über eine Aufgabe des Unternehmens nachzudenken. Karl gehörte nicht dazu. Auch nach den Anstrengungen des Vortages war er entschlossen, den Gipfel unter allen Umständen zu versuchen, endlich auf dem K2 nur noch den Himmel über sich zu spüren. Am nächsten Tag erreichten sie dann doch zu zehnt das Lager 4 auf 7850 Meter Höhe, wo sie das große Kuppelzelt aufbauten. Die Schwierigkeiten und die Gefühle der letzten Stunden vor dem Gipfelerfolg beschrieb er wie üblich in seinem Tagebuch: »Da wir zu zehnt nur fünf Schlafsäcke hatten, legten wir diese über uns und behielten unsere Daunenkleidung an. Wir lagen sternförmig ausgestreckt mit den Füßen in der Mitte, wo es am wärmsten war. Es war eine frostige Nacht. Das Thermometer zeigte minus 30 Grad Celsius. Um Mitternacht standen wir auf. Wir hatten zwei Stunden Zeit, um Schnee zu schmelzen und Tee zu kochen. Um zwei Uhr morgens brachen wir in eisigem Wind zum Gipfel auf.«

An diesem Tag setzte ich mich in Wolkenstein an den Computer, klickte die Internetseite von *Montagna.tv* an und suchte nach den neuesten Meldungen von der Expedition am K2, die im Stundentakt über den Bildschirm liefen. Ich war nicht die Einzige, die sich auf dem Laufenden hielt. Ganz Wolkenstein, ja fast das ganze Grödnertal verfolgte den Aufstieg, fieberte mit wie bei einem wichtigen Fußballspiel oder einem olympischen Wettbewerb. Dann kam die Meldung, dass extreme Kälte, Sturm und Erschöpfung die Hälfte der Gruppe vor dem berühmten sogenannten »Flaschenhals« (*Bottleneck*) zur Umkehr bewogen hatten. Dazu gehörten Alex Busca, der Karl noch zwei Monate zuvor auf dem Gipfel des Mount Everest umarmt hatte, Mario Merelli, Massimo Farina, Stefano Zavka und Tarcisio Bellò. Die übrigen setzten den Aufstieg fort. Karl ging voraus und legte die Spur. Mir war klar, dass Karl niemals aufgeben, die Besteigung in jedem Fall zu Ende führen würde. Dabei hätte ich ihn nicht ungern unter denen gewusst, die auf den Gipfel verzichtet hatten. Dann wäre er wenigstens in Sicherheit gewesen. Die Anwandlung dauerte nicht lange. Ich wünschte ihm den Erfolg so sehr.

Die Gruppe hatte sich also aufgeteilt. Wie ich Karls Tagebuch entnehme, war das nicht unproblematisch: »Erst als fünf unserer Ka-

Karl Unterkircher in der Rakhiotwand am Nanga Parbat am 15. Juli 2008.

Karl mit 17 Jahren in einer Felswand in den Dolomiten.

Am Fitz Roy (Patagonien) auf der Casarotto-Route im Januar 1995.

Karl und Silke beim Klettertraining in Arco am Gardasee am 4. April 1997.

Auf dem Gipfel des Mount Everest am 24. Mai 2004. Von links in den gelben Anzügen: Karl Unterkircher, Claudio Bastrentaz, Mario Merelli, Alex Busca.

Karl am 26. Juli 2004 auf dem Gipfel des K2, 63 Tage nachdem er den Mount Everest bezwungen hatte.

Karl am Salamiturm (Langkofel), auf dem Christian-Kuntner-Gedächtnisweg.

Der Vater: Zu Hause in Wolkenstein im Grödnertal mit Alex und Miriam im Jahr 2005.

Der Bergführer: Mit dem Kunden Armando Antinori auf dem Gipfel der Fünffingerspitze.

Im Mai 2005 am Fuß des Jasemba. Von links: Karl Unterkircher, Alois Brugger und Hans Kammerlander.

Karl beim Klettern auf der Großen Fermeda.

Im Januar 2006 auf dem Monte La Banca, südlich der Marmolada.

Auf dem Gipfel des Genyen am 16. Mai 2006.
Von links: Gerold Moroder, Walter Nones, Karl Unterkircher, Simon Kehrer.

Mit einheimischen Mönchen im Basislager am Mount Genyen.

Bei der Überquerung der reißenden Flüsse auf dem Weg zum Basislager auf der Nordseite des Gasherbrum II.

Tibetische Kinder in der Schule.

Im Basislager des Jasemba mit der nepalesischen Crew.

Von links: Karl, Daniele Bernasconi und Michele Compagnoni im Juni 2007 auf dem Weg zum Basislager des Gasherbrum II.

Während des Aufstiegs zum Gasherbrum II im Juli 2007.

Auf dem Gipfel des Gasherbrum II am 20. Juli 2007.

Karl im Jahr 2007.

Im Hubschrauber der Bergrettung Aiut Alpin im Jahr 2007.

Wie ein Adlerhorst: das Hochlager am Jasemba 2007.

Bei einer Querung während des Aufstiegs zum Jasemba im Mai 2007.

Auf dem Gipfel des Jasemba am 22. Mai 2007.

Im Frühjahr 2008: Zwischen Karl und mir Marco, daneben Alex und Miriam.

Karl gönnt sich eine Pause während des Anmarsches der Nanga-Parbat-Expedition 2008.

Walter Nones, Karl Unterkircher und Simon Kehrer auf dem Südlichen Chongra im Juli 2008 bei einer Tour während der Akklimatisierungsphase für den Aufstieg zum Nanga Parbat.

Karl am Westgrad des Nördlichen Chongra Peak.

Das letzte Bild von Karl in der Rakhiotwand des Nanga Parbat.

meraden umgekehrt waren, merkten wir, dass sie auch einen Großteil der Seile mitgenommen hatten, die wir brauchten, um den Aufstieg durch den ›Flaschenhals‹ zu sichern. Der ›Flaschenhals‹ ist
eine besonders schwierige Passage mit einer Neigung von 50 Grad.
Zum Glück hatten die Spanier noch 250 Meter Seil. Das genügte
letztendlich. Allerdings hat sich mit Merelli auch das GPS ins Tal verabschiedet. Er hatte es in seinem Rucksack. Die Vermessung des
Gipfels war nicht mehr möglich.«

Karls Aufzeichnungen über die Stunden höchster Anstrengung
beim Aufstieg zum Gipfel versetzen mich immer wieder zurück in
jene Tage intensiver Anspannung, durch die wir uns so nahe gewesen sind: ich unruhig zu Hause wartend und er kurz vor dem Ziel
seiner Wünsche und Träume: »Wir sinken bis zur Hüfte in den
Schnee, müssen ihn mit dem Knie bei jedem Schritt eindrücken, um
dann den nächsten Schritt machen zu können. Nur mit großer Anstrengung und mithilfe der Skistöcke setzen wir einen Fuß vor den
anderen und legen unsere Spur. Fünfzehn Stunden haben wir für
800 Höhenmeter gebraucht. Meter für Meter kämpfe ich mich vorwärts. Die anderen bleiben etwas zurück, aber wir veranstalten hier
kein Wettsteigen. Wichtig ist nur, dass wir in der Höhe mit unseren
Kräften haushalten. Ganz allmählich nähere ich mich dem Gipfel.
Ich greife nach meiner Videokamera, möchte diesen Augenblick
festhalten und mache einen Schwenk tief hinunter ins Tal. Das Panorama ist beispiellos. Ich fühle mich, als schwebte ich wie ein Engel
im Himmel. Dann kommt Silvio und legt ebenfalls eine Rast ein. Er
hat die meisten Strapazen auf sich genommen, hat den neuen Durchstieg durch den ›Flaschenhals‹ gelegt. Jetzt holt ihn die Erschöpfung
ein. Die letzten Meter bis zum Gipfel werde ich nie vergessen. Die
Sonne hat den höchsten Punkt am Horizont schon verlassen. Der
scharfe, schmale Grat, der sich zum Gipfel zieht, wirft seinen Schatten nach Norden, und die Schneekristalle glitzern und blinken um

die Wette – es ist eine Szene wie aus einem Film. Alles kommt mir unwirklich vor. Vor mir ist kein Mensch zu sehen. Ich bekomme Gänsehaut bei dem Gedanken, dass seit drei Jahren niemand mehr hier oben auf dem Gipfel gestanden hat, dass ich der Erste bin, der diesen jungfräulichen Schnee betritt. Ich mache die letzten Schritte, und zum zweiten Mal in zwei Monaten bin ich im siebten Himmel. Jetzt hält mich nichts und niemand mehr auf. Das Geräusch meiner Schritte in dieser Einsamkeit und Stille jagt mir einen Schauer über den Rücken. Ich setze mich für einen Augenblick. Um 16 Uhr 20 am 26. Juli befinde ich mich auf dem höchsten Gipfel des Karakorum. Die Welt scheint von hier oben zwergenhaft klein. Ich möchte schreien vor Glück. Jetzt kommt auch Silvio. Wir umarmen uns. Sind einfach nur glücklich. Es bläst ein eisiger Nordwind. Wir wollen diesen herrlichen Moment mit der Videokamera einfangen. Silvio greift nach dem Satellitentelefon und ruft Agostino an, um ihm unseren Erfolg zu melden. Den Sieg widmen wir seiner Frau Silvana, die im Sterben liegt und die so sehr an den Erfolg dieses Projekts geglaubt hat. Dann treffen auch Michele Compagnoni, Walter Nones und Ugo Giacomelli ein. Im Basislager feiern sie schon, während vor uns noch der lange Abstieg liegt.«

Ich in Wolkenstein war zum Warten verdammt. Nachdem ich von der Umkehr der fünf Alpinisten erfahren hatte, ging ich in den Garten. Ich mähte den Rasen. Die Spannung, die Ungewissheit wurde unerträglich. Endlich meldete *Montagna.tv,* dass Karl und seine Kameraden den Gipfel erreicht hatten. Die Nachricht verbreitete sich wie ein Lauffeuer im ganzen Tal. Telefon und Handy klingelten unaufhörlich: Freunde, Nachbarn, Reporter, alle wollten mir gratulieren. Ich war glücklich, aber noch nicht beruhigt. Der Abstieg machte mir Sorgen, denn sie hatten den Gipfel recht spät erreicht. Ich wusste sehr wohl, dass die meisten Unglücksfälle am K2 beim Abstieg geschehen waren, und Müdigkeit und Erschöpfung in der Höhe einem Bergsteiger oft übel mitspielten. Ich hatte meinen inneren Frieden erst wieder, wenn Karl sicher im Basislager eintraf. Aus diesem Grund war ich nervös und wohl etwas abweisend, als plötzlich unser Nachbar Gerhard Vanzi vor der Tür stand und mir gratulierte. »Was machen die nur um diese Zeit auf dem Gipfel«, entfuhr es mir. »Sie müssten längst auf dem Abstieg sein. Es wird doch schon dunkel.« Später, als die Nachricht kam, dass die Gruppe wohlbehalten im Lager 4 eingetroffen war, wo sie die Nacht verbrachten, fiel alle Anspannung von mir ab.

Am darauffolgenden Tag saß ich wieder am Computer neben dem Fenster mit dem Blick auf den Langkofel. Mein Blick schweifte zum Berg, dann surfte ich weiter im Internet. In den folgenden endlos langen Stunden war keine Meldung über den weiteren Verlauf der Expedition zu finden. Meine Gefühle fuhren Achterbahn. Angesichts der Funkstille steigerte sich Besorgnis zu Panik. Ich ärgerte mich über mich selbst, zwang mich zur Ruhe. Karl war kein Hasardeur. Um sieben Uhr abends brachte es der regionale Rundfunksender: Die Gruppe war wohlbehalten im Basislager angekommen. Unmittelbar danach folgte ein Interview mit Karl, in dem er den kräftezehrenden Aufstieg zum Gipfel beschrieb. In diesem Moment löste sich die nervöse Anspannung vieler Tage in grenzenlose Freude auf. Karl würde zurückkommen. Gleichzeitig hatte der zweijährige Alex tatsächlich die Stimme des Papas beim Interview im Radio erkannt. »*Tati, Tati,* Papa, Papa!«, wiederholte er zu meiner Überraschung und zeigte mit dem Finger auf das Radio. Von diesem Moment an haben wir alle nur noch auf Karls Rückkehr nach Wolkenstein gewartet. Es war ein unbeschreiblich schönes Gefühl, zusammen mit Hubert Moroder und anderen Freunden zu seinem Empfang zum Flughafen nach Malpensa zu fahren. Diesmal verstärkte sogar die Wolkensteiner Blaskapelle, in der Karl als Bub gespielt hatte, das Empfangskomitee.

Als Karl die Ankunftshalle betrat, trafen sich unsere Blicke. Seine Augen strahlten. Ich musste vor Freude und Stolz einige Tränen verdrücken. Um uns herum spielte nicht nur die Kapelle aus Wolkenstein auf. Auch aus den Dörfern und Tälern der anderen Expeditionsmitglieder, die den K2 bestiegen hatten, hatten sich Musikgruppen eingefunden. Sie alle bereiteten den Bergsteigern einen rauschenden Empfang. Als wir endlich nach Wolkenstein kamen, war es schon spät. Das ganze Dorf war zu Karls Ehren geschmückt. An jedem Balkon hing ein Spruchband mit Willkommensgrüßen und Gratulationen zum doppelten Gipfelerfolg: Die Besteigung des Everest und des K2 innerhalb von 63 Tagen war ein Rekord, der ihm einen Eintrag im Guinnessbuch der Rekorde und den Verdienstorden der Italienischen Republik *Cavaliere ufficiale dell'Ordine al Merito della Repubblica Italiana* einbrachte. Unser Nachbar Oswin lud uns alle zu einem mitternächtlichen Spaghetti-Essen in sein Lokal ein. Gegen zwei Uhr morgens waren wir zu Hause. Nur Karl und ich. Endlich allein. Wir umarmten uns lange, heftig und schweigend. Es bedurfte keiner Worte mehr.

Wart' auf mich, bin gleich wieder da!

»Die Berge sind unberechenbar. Das ist das Faszinierende.
Du weißt nie, was dich erwartet.«   KARL UNTERKIRCHER

Ich nannte sie »die drei für ein Ave Maria«: Karl, der temperament-
volle und verwegene Gerold Moroder mit seinen Rastalocken sowie
der eher ruhige und nachdenkliche Markus Kostner, ebenfalls Bergführer und ein typischer Bewohner der Berge. Die drei planten und
gingen Touren zusammen. Aber häufig genug marschierten sie auf
der Suche nach dem Abenteuer einfach los. »Die drei Verrückten«
haben viele sie genannt, denn oft kletterten sie ohne jede Sicherung.
Auch noch Jahre danach schwelgten sie in den Erinnerungen an
diese Abenteuer am Feuer bei einem Glas Wein und haben unser
Heim mit ihren lebendigen Geschichten erfüllt, das in den letzten
Jahren regelrecht zum Hauptquartier für Karls Himalaja-Expeditionen geworden war.

Karl hat den Hüttenwirten nie genau verraten, welche Touren er in
ihrem Gebiet vorhatte, und seine Antworten gingen nie über ein la-
konisches »Klar wollen wir klettern. Wo? Kommt darauf an. Weiß
ich noch nicht. Hängt davon ab ...« hinaus. Mehr war aus ihm meist
nicht herauszubekommen. Diese Art von Geheimniskrämerei gefiel
ihm. Während eines ihrer Abenteuer in der Schweiz hatten Karl und
seine beiden Freunde vor, die Nordwand der Ebenefluh zu durchsteigen, und als die Langschläfer, die sie waren, stiegen sie erst nach sieben Uhr von der Hütte aus auf. Der Hüttenwirt lief ihnen noch hinterher, versuchte vergebens, sie zurückzuhalten: »Was fällt euch ein!
Es ist zu spät!« Als sie am Fuß der Wand ankamen, waren bereits drei
Seilschaften vor Ort, hatten die Wand zur Hälfte durchstiegen. Mar-

117

kus, Karl und Gerold kletterten einzeln, jeder für sich, ohne Seilsicherung. Karl erzählte später von den verdutzten Gesichtern der anderen Kletterer, als die drei in nicht einmal zweieinhalb Stunden 700 Höhenmeter überwunden und alle, die früher da gewesen waren, überholt hatten. Gerold war stets der ausgelassenste mit einem Hang zur Theatralik, er schmückte die Gefahren ihrer Bergabenteuer stets phantasievoll aus. In seiner Eigenschaft als Fachmann für die Montage von Liftanlagen hat Gerold einmal auch Karl für zwei Wochen nach Abetone, den Ski- und Ferienort in der Provinz Pistoia, gelockt, wo er einen neuen Sessellift installieren musste. Bei seiner Rückkehr zeigte sich Karl sehr beeindruckt: »Sessellifte zu installieren ist gefährlicher als Klettern: Wundert mich, dass Gerold das bisher überlebt hat.« Darüber allerdings wunderten wir uns alle, denn Gerold war öfter mal von den Liftpfeilern gestürzt. Einmal fiel er sogar von einer Baumkrone und brach sich beide Beine. Im Krankenhaus flickten sie ihn mit Hilfe von Metallplatten und Schrauben wieder zusammen. All das festigte jedoch nur seinen Ruf als tollkühner Sportsmann.

Eine der ersten Klettertouren, die Gerold und Karl zusammen unternahmen, war die Besteigung der Ortler-Nordwand, dem höchsten Gipfel Südtirols. Dieses Abenteuer war eines ihrer Lieblingsthemen an Winterabenden unter Freunden an unserem runden Tisch bei Speck, Käse und süffigem Rotwein. Gerold war dann in seinem Element, schilderte bildhaft und gespickt mit dramatischen Ausdrücken ein Abenteuer, das immer mehr zum Heldenstück wurde: »Karl und ich gaben uns nichts. Auf dem Weg zur Taberetta-Hütte auf 2556 Meter schlugen wir ein Tempo an wie bei einem Wettlauf. Natürlich sind wir völlig erledigt dort oben angekommen. Unser Ziel war die Ortler-Nordwand, aber der Hüttenwirt riet uns ab, der Wetterbericht war miserabel, und er schimpfte uns verantwortungslos.

Aber das konnte uns nicht schrecken. Um zwei Uhr morgens sind wir aufgestanden, wollten die Wand in Angriff nehmen. Draußen hat es gegossen. Von der Wand floss nicht nur Wasser, es regnete auch Gesteinsbrocken. So heftig, dass wir umkehrten, zur Hütte zurückgingen und weiterschliefen. Um neun Uhr waren wir wieder auf den Beinen. Der Regen hatte aufgehört. ›Fein, probieren wir's nochmal‹, sagten wir uns. Der Hüttenwirt ließ nicht locker: ›Ihr seid verrückt. Absolut verrückt! Das ist reiner Selbstmord.‹ In der anspruchsvollen Eis- und Firnwand hatte sich stellenweise gefährliches Blankeis gebildet. Wir sind trotzdem in die Wand eingestiegen. War vielleicht ein bisschen verantwortungslos, aber wir wussten, wir haben das drauf. Der Gipfel gehörte uns. Nach dem Abstieg ins Dorf sind wir in die Pizzeria gegangen. Und der Ober hat uns schüchtern gefragt: ›Wart ihr das heute droben in der Nordwand?‹ Karl hat ihn verdutzt angesehen. ›Ja, das waren wir. Wir haben die Nordwand gemacht. Warum?‹ Der Ober, verwundert über Karls lässigen Ton, hat geantwortet: ›Weil das da oben heute russisches Roulette war.‹ Und Karl, liebe Silke, hat ihm ganz stolz geantwortet: ›Also, dann können nur wir es gewesen sein.‹ Wir hatten so manch einen Bergführer aus dem Ort verärgert, wurden als verantwortungslos beschimpft, aber am Ende waren wir großartig!«

Ich fand diese Geschichten immer sehr unterhaltsam und interessant. Auch wenn ich sie, was häufig geschah, mehrfach zu hören bekam. Es war auch meine Welt. Karls Abenteuer begeisterten mich, selbst wenn ich nicht dabei gewesen war. Vor allem, wenn er ganz unbefangen schwierige Begehungen und dramatische Zwischenfälle als Spaziergang oder komisches Erlebnis schilderte. So zum Beispiel die Geschichte von der Besteigung des Freney-Pfeilers am Montblanc im August 1993: »Wir waren kurz unter dem Gipfel, und es wurde stockdunkel«, erzählte Karl. »Ich habe zu Gerold gesagt: ›Okay, hol die Stirnlampe raus.‹ Gerold war verlegen. Er hatte die

Lampe zwar nicht vergessen, aber sie im Rucksack eingeschaltet gelassen. Natürlich war der Lichtschein so schwach, dass wir weder vor noch zurück konnten. ›Ist doch immer dasselbe mit dir! Immer dasselbe!‹, habe ich mehrmals wiederholt, damit er es sich auch merkt. Was sollten wir tun? Dort oben, so kurz unter dem Gipfel blieb uns nichts anderes übrig, als zum Schutz eine Schneehöhle zu graben und darin zu übernachten. Der Schnee allerdings war steinhart gefroren. Mehr als einen schmalen, niedrigen Graben auszuheben, schafften wir nicht. Darin haben wir uns der Länge nach ausgestreckt. Jetzt lagen wir dort drinnen, während ein eisiger, orkanartiger Wind über uns hinwegpfiff. Es war unbeschreiblich kalt. Um uns bei diesem Biwak im Freien zu wärmen, hatten wir nur einen dünnen, billigen Schlafsack. Es war so eisig dort oben, dass der Schweiß an unseren Körpern gefror. Gerold robbte sich dicht zu mir heran, um sich zu wärmen. Ich scheuchte ihn weg. Er zitterte und klapperte so mit den Zähnen, dass ich nicht schlafen konnte. Schließlich allerdings haben wir uns doch dicht nebeneinandergelegt, um uns ein bisschen zu wärmen. Und in dieser eiskalten Nacht hatte mein Freund mit den Rastalocken auch noch einen Albtraum: Er träumte, ein Kletterer sei vorbeigekommen und habe zwei Skelette in einem Graben gesehen. Gerold ist dann mitten in der Nacht hochgeschreckt, war hellwach und wollte um jeden Preis absteigen. Ohne Lampe war das unmöglich. Ich musste ihn fast an Händen und Füßen fesseln. Gerold wartete danach nur ungeduldig auf den Morgen, um endlich ins Tal absteigen zu können. ›Mir reicht's‹, hat Gerold prophezeit. ›Das war meine letzte Tour. Ich kaufe mir ein bequemes Sofa und bewege mich bis ans Ende meiner Tage nicht mehr weg.‹ Wie vorherzusehen, war dieser Vorsatz nicht von Dauer. Gerold ließ sich überreden, und gemeinsam erreichten wir den Gipfel. Aber das hat uns nicht genügt. Auf dem Abstieg haben wir den Walker-Pfeiler in den Grandes Jorasses entdeckt. ›Probieren wir den?‹, haben wir uns praktisch unisono gefragt. Zuerst haben wir uns allerdings noch in einem Fachgeschäft für Sportausrüstung einen tollen Biwaksack geleistet. Beim Aufstieg zum Walker-Pfeiler lagen Unmengen Schnee, und wir sind an zwei aufeinanderfolgenden Tagen zwischen Gletscherspalten herumgeirrt, sind immer wieder im Kreis gegangen, ohne den richtigen Weg zu finden. Ich hätte in die Luft gehen können, weil ich wie ein Lemming immer Gerolds angeblichem Orientierungssinn gefolgt bin. Dabei hat der Bursche noch nie den richtigen Weg gefunden!«

Nach etlichen Zwischenfällen erreichten Karl und Gerold letztendlich den Gipfel beider Pfeiler und waren dabei ausgelassen wie Schulbuben. Ich weiß, wovon ich spreche, denn einige Male bin auch ich – als Karl und ich noch kein Paar waren und jedenfalls noch vor Alex' Geburt – bei diesen Abenteuern dabei gewesen.

Ich erinnere mich besonders gut an die Tour im August 1994 in der Brentagruppe. Nie zuvor habe ich Karl so wütend erlebt. Und natürlich war Gerold der Auslöser. Karl, Gerold und ich wollten mit Markus und unserem Freund Derri auf den Croz dell'Altissimo. Karl und Markus stiegen schnell auf, während Gerold sich erbot, mich und Derri zu führen. Gerolds Problem war, auf Karten immer nur einen flüchtigen Blick zu werfen und sich dann auf seinen Instinkt zu verlassen, was prompt dazu führte, dass wir den falschen Weg nahmen. Wir steckten schließlich in einer Wand fest, deren Schwierigkeitsgrad für Derri und mich zu hoch war. Wir kamen einfach nicht mehr weiter. Gerold wusste sich nicht anders zu helfen, als uns mithilfe eines Flaschenzugs hochzuziehen. Markus und Karl waren schon auf der Suche nach uns, fanden uns jedoch erst, als Gerold mit Seil und Rollen hantierte. Karl war wütend, denn wir hatten durch Gerolds Unachtsamkeit Stunden verloren. Wir waren seit fünf Uhr morgens unterwegs und erreichten die Hütte gegen elf Uhr abends. Es endete mit Karls schon üblich gewordenen Abschiedsgruß an Gerold: »Mir langt's. Mit dir gehe ich auf keinen Berg mehr.«

Ich denke oft an das Bild, wie Karl, auf dem Weg zum Gipfel an die Felswand geschmiegt, versucht, den besten Haltepunkt zu ertasten. Wer ihn nicht gut kannte, konnte sich wohl kaum vorstellen, welche Leistungen er beim Extrembergsteigen vollbringen konnte. Dieser nicht besonders große, hagere Mann war gesegnet mit den kräftigen, muskulösen Beinen eines Skirennläufers. Er bezwang Achttausender und erschloss neue Routen auf unberührte Gipfel. Beim Klettern, so vertraute er mir häufig an, empfand er seine »schweren« Schenkel und Waden trotz ihrer Kraft gelegentlich als störend. Es wäre besser, sie wären schlanker, meinte er. Dennoch kam ihm die Kraft der Beine bei den Skiabfahrten in den Steilrinnen, bei der Begehung der Schweizer Nordwände und erst recht bei der Besteigung der Achttausender sehr zugute. Sie waren der Garant für seine Ausdauer, Schnelligkeit und damit seinen Erfolg. Auf den ersten Blick vermutete man in Karl nicht den Bergsteiger, sondern mit seiner sehnigen Statur und dem bärtigem Gesicht eher den Seebären. Aber der Bart kaschierte nur sein jungenhaftes Gesicht mit den dunklen, tiefgründigen Augen, die aufleuchteten, sobald er lachte – dieses ansteckende Lachen, das ich nie vergessen werde. Karl hat es verstanden, beim Klettern Kraft und Beweglichkeit optimal zu verbinden. Seine Bewegungen in Fels oder Eis wirkten immer flüssig, leicht und unangestrengt. Die Gesetze der Schwerkraft schienen für ihn nicht zu gelten. Vielleicht war dies sowie die Ruhe und Sicherheit, die er seinen Klettergefährten vermittelte, das Geheimnis seines Erfolges. Während Karl in die Wand einstieg und ich ihn von unten sicherte, bewunderte ich das perfekte Zusammenspiel zwischen ihm und dem Berg.

Karl liebte die Suche nach neuen Routen, nach Orten, an denen noch niemand vorher war. Beim Sportklettern bevorzugte er eher die

Überhänge als die Platten. Aber in Klettergärten verbrachte er wenig Zeit, etwa um bestimmte Griffkombinationen einzuüben. Das Klettern auf ausgebauten Routen hingegen war nicht unbedingt seine Sache. Es war jedoch ein gutes Training für seine Touren im Hochgebirge. Karl war ein Alpinist mit ganz besonderem Gespür. Er las in der Wand wie einem offenen Buch und sah dort Linien und Möglichkeiten zur Besteigung, wo andere nichts sahen. Er stellte sich bergsteigerischen Herausforderungen in immer neuen Varianten.

In den Dolomiten hatte er schon von den 1990er Jahren an seine Handschrift hinterlassen. Gerade in den heimatlichen Bergen hat er zahlreiche Erstbegehungen durchgeführt, ohne den Fels mit Sicherungspunkten zu durchlöchern, hat nur dann Haken benutzt, wenn es keine andere Möglichkeit gab. Spits, ein im Fels verbleibender, dübelartiger Sicherungshaken, der mit einem Bohrer befestigt wird, benutzte er nicht. Er vertraute den Sicherungsmöglichkeiten, die der Fels selbst bot. Karl hat mir häufig erzählt, dass er eine der abwechslungsreichsten Routen mit Hubert Moroder an der Ostwand des Ersten Plattkofelturms 1997 eröffnet hat: »Wir haben die Route Titti nach der Frau benannt, die dem Wirt auf der Langkofelhütte aushalf. Wenn sie uns nach einem regelrechten Saufgelage am nächsten Morgen nicht gewaltsam wachgerüttelt hätte, hätten wir gar nichts bestiegen!« Offenbar hatten sie bereits damals erkannt, dass hinter jedem ihrer Erfolge auch eine geduldige Frau stand. 2003 eröffnete Karl zusammen mit Markus Kostner die *Via dla Fënes*, die »Route der Ehefrauen«, am Kleinen Plattkofelturm. Sie hatten den Weg ihren Frauen gewidmet, die meist klaglos zu Hause blieben, während sie ihrer Kletterleidenschaft frönten. Ich erinnere mich gut: An jenem Abend wurde es besonders spät, ohne dass sich die beiden bei uns gemeldet hatten. Besorgt rief mich Markus' Frau an. Ihr Mann ging nicht ans Handy. Ich versuchte, sie zu beruhigen. Auch Karl war nicht an sein Handy gegangen, hatte jedoch später zurückgerufen.

Die beiden feierten auf der Langkofelhütte ihre erfolgreich eröffnete neue Route und hatten wegen des Lärms das Telefon nicht gehört. In Wirklichkeit machte auch ich mir langsam Sorgen. Es wurde immer später. Der Abstieg von der Hütte war noch lang. Markus hatte zwar sein Motocross bei sich, um morgens schneller beim Einstieg zu sein, aber Karl weigerte sich nach dem feucht-fröhlichen Abend hinten aufzusteigen und sagte scherzhaft: »Nein, mit dir fahr ich nicht mit, das Leben ist schon noch kurz genug.« Und so fuhr Markus langsam mit seinem Motorrad den steilen Weg hinunter, und Karl ging zu Fuß. Um Mitternacht tauchten die beiden wohlbehalten zu Hause auf und waren furchtbar stolz darauf, dass sie die Route zum Plattkofelturm uns Frauen gewidmet hatten. Karl sind insgesamt ca. vierzig Erstbegehungen in den Dolomiten gemeinsam mit Freunden und Kollegen gelungen, viele davon mit seinem treuen Freund Gerold Moroder.

Nach den erfolgreichen Besteigungen des Mount Everest und des K2 wurden Karl und sämtliche Expeditionsmitglieder von Papst Johannes Paul II. zu einer Audienz in den Vatikan eingeladen. Der Papst liebte die Berge, wo er meist die Sommerferien verbrachte. Für Karl allerdings fand die Begegnung mit dem Papst nie statt. Karl kam zu spät, musste auf die persönlichen Glückwünsche des Heiligen Vaters verzichten. Karls Flug von Bozen nach Rom hatte zwei Stunden Verspätung. Während der Wartezeit auf dem Flughafen traf er aus purem Zufall Hans Kammerlander, den berühmten Bergsteiger, den Karl sehr bewunderte: Auch Kammerlander war auf die Maschine nach Rom gebucht. Zum Zeitvertreib beschlossen sie, draußen vor dem Flughafen etwas zu trinken. Mit Gesprächen über ihre geliebten Berge vergaßen sie jedes Zeitgefühl. Bei der Rückkehr in die Abflughalle konnten sie nur noch zuschauen, wie ihre Maschine nach Rom von der Rollbahn abhob. Karl war felsenfest überzeugt, dass das

Flugzeug zu früh gestartet war. Wütend nahm er den nächsten Flug. Bei seiner Ankunft in Rom war die Audienz beim Papst vorüber. Eine zweite Gelegenheit hat sich nie mehr ergeben – schon aufgrund des sich rapide verschlechternden Gesundheitszustandes des Papstes, der wenige Monate später verstarb. Karl war enttäuscht. Er bewunderte den Heiligen Vater, der sich zeitlebens so vehement für den Frieden eingesetzt hatte. Recht niedergeschlagen kehrte er nach Wolkenstein zurück. Vor allem wusste er nicht, wie er das Missgeschick seiner tief gläubigen Mutter beibringen sollte. Sie wäre sehr unglücklich gewesen, hätte sie erfahren, dass es diese Begegnung zwischen ihrem Sohn und dem Papst nie gegeben hatte. Karl beschloss, sie in dem Glauben zu belassen, er sei vom Papst empfangen worden.

Mit dem Doppelerfolg Everest-K2 nahmen auch Karls Verpflichtungen beim *Aiut Alpin,* der Bergrettung, zu der sich mehrere Rettungsmannschaften aus den Tälern der Dolomiten zusammengeschlossen haben, weiter zu. Im Juni 2005, einen Monat nach der Geburt von Miriam, unserem zweiten Kind, wurde Karl für uns ganz überraschend Präsident dieser Vereinigung. Er übernahm die neue Aufgabe gerne. Sogar als Chef der Rettungsmannschaften war er noch oft selbst im Einsatz. Die Einsatzbefehle erreichten ihn häufig mitten in der Nacht. Dann zog Karl sich hastig an und verließ das Haus. Während der zwölf Jahre, die er der *Aiut Alpin* angehörte, hat er sich stets mit demselben Satz von mir verabschiedet: »Ciao, Schatzi. Wart' auf mich, bin gleich wieder da!« Dann bekam ich einen Kuss auf die Stirn. Oft kam er erst am folgenden Morgen zurück, weil sich die Rettungsaktionen als schwieriger als erwartet herausstellten. Und dieses »Wart' auf mich, bin gleich wieder da!« war nur eine Redewendung, die mich beruhigen sollte. Und natürlich wusste ich, dass alles andere zurückstehen musste, wenn ein Menschenleben auf dem Spiel stand. Manchmal kam er völlig erledigt nach Hause.

Dann hatte die Rettungsaktion den Wettkampf mit der Zeit verloren. Ein Leben konnte nicht mehr gerettet werden. Im Winter 2001 zum Beispiel wurden fünf Skitourengänger von einer gigantischen Lawine im Vinschgau verschüttet. Karl und seine Kollegen arbeiteten einen ganzen Tag lang verzweifelt daran, sie lebendig aus den Schneemassen zu befreien, was ihnen nur bei zwei Mitgliedern der Gruppe gelang. Für die anderen drei kam jede Hilfe zu spät. Als Karl an jenem Abend nach Hause zurückkehrte, war er physisch und psychisch am Ende. Es ist sehr schwierig, ein Lawinenopfer lebend zu bergen, denn die Überlebenschancen von Verschütteten sind sehr gering, es ist ein Kampf gegen die Zeit. Obwohl er wusste, dass sie alles Menschenmögliche getan hatten, war das für ihn kein Trost.

Manchmal musste Karl auch zur Rettung von Tieren ausrücken. Mehr als einmal musste er gemeinsam mit seinem Freund Christian Denicoló Schafe bergen, die sich auf einen Felsvorsprung verirrt hatten und nicht mehr vor noch zurück konnten. Die abenteuerlichsten Rettungsaktionen hat er meistens mit Christian unternommen. Christian betreibt mit seinen Eltern ein Hotel in Wolkenstein und ist von den Bergen ebenfalls »besessen«. Im Winter des Jahres 2007 genossen Karl und ich, nachdem wir die Kinder ins Bett gebracht hatten, einen ruhigen Abend, als das Telefon schrillte. Ein Notfall. Die Bergrettung musste eingreifen. Eine Frau war auf Skiern zur Puezalm aufgebrochen und nicht zurückgekehrt. Karl verabschiedete sich mit dem üblichen »Wart' auf mich, bin gleich wieder da!« und kehrte wie so oft erst am darauffolgenden Morgen zurück. Die Ereignisse der langen Nacht schilderte er folgendermaßen: »Mit Christian bin ich im Fiat Panda mit Vierradantrieb durchs Langental und, soweit es ging, den Weg Richtung Gardenaccia raufgefahren. Zum Schluss hat das Auto die vereiste Steigung kaum noch geschafft. Die Winterreifen drehten immer wieder durch. Irgendwann hatten wir

genug. Wir sind ausgestiegen und den Südhang raufgestiegen. Bei
der Puez-Hütte haben wir deutliche Skispuren entdeckt, die von der
Vermissten stammen mussten. Wie Jagdhunde sind wir der Fährte
nachgegangen. War ziemlich schwierig, unter den vielen Spuren die
richtige rauszufiltern. Dummerweise hatten wir die Schneeschuhe
im Auto zurückgelassen. Wir hatten nicht damit gerechnet, dass der
Schnee da oben so tief sein würde. Wir sanken bis zu den Knien ein,
kamen nur langsam vorwärts und hatten schließlich nasse, eiskalte
Füße. Eine mühsame Angelegenheit. Wir haben die ganze Nacht
weitergesucht. Den Blick unentwegt auf die Skispuren geheftet,
hatte ich nur Angst, sie könnten irgendwann über einem Abgrund
enden. Als wir ins Gadertal kamen, dämmerte schon der Morgen.
Die Kälte saß uns in den Knochen. Über den letzten Häusern von La
Villa stand dann »HILFE« in den Schnee geschrieben. Endlich ein
konkreter Hinweis, dass wir auf dem richtigen Weg waren. Die Vermisste musste irgendwo in der Nähe und vor allem am Leben sein.
»Jetzt finden wir sie«, haben wir uns gesagt. Und tatsächlich, nicht
weit entfernt von der Stelle mit der Schrift im Schnee haben wir sie
dann zusammen mit unseren vom Gadertal aufgestiegenen Kollegen entdeckt. Erschöpft und halb erfroren kauerte sie im Schnee.
Sonst fehlte ihr nichts. Von der Dunkelheit überrascht hatte sie völlig
die Orientierung verloren.«

Von den vielen Unternehmungen erinnerte sich Karl besonders
gern an eine Episode mit Christian im Sommer. Nachdem sie zwei
belgische Bergsteiger am Dritten Sellaturm aus der Wand gerettet
hatten, mussten sie die Nacht im Freien biwakieren. Während des
Abstiegs stützte sich Christian auf einen Felsvorsprung, der plötzlich abbrach. Er stürzte und brach sich das Schienbein. Sie beschlossen, auf den Hubschrauber zu warten. Der allerdings konnte erst im
Morgengrauen aufsteigen. Aber selbst von diesem anstrengenden,
auch noch unglücklich endenden Tag sagte Karl: »Er hat uns eine

herrliche Sternennacht und einen noch großartigeren Sonnenaufgang beschert.«

Karl liebte seinen Beruf als Bergführer und hatte sich einen Kreis sympathischer Gäste erworben, die jedes Jahr wiederkamen. Sie schätzten Karls Geschick, in Schnee und Fels wie in einem offenen Buch zu lesen – und vor allem die Ruhe und Sicherheit, die er auch bei den schwierigsten Touren ausstrahlte. Wenn seine Gäste müde wurden, tröstete er sie meist mit dem Satz: »Nur wenn du müde wirst, fühlst du, dass du lebst.«

Michele Ciceri, ein Unternehmer aus Albavilla in der Provinz Como, wurde schließlich einer seiner engagiertesten Sponsoren. Durch Karl, so erzählt er, habe er die Berge erst richtig kennengelernt. Dafür war er dankbar. »Vor einiger Zeit«, so begann Michele mit seiner Geschichte, »waren wir zu einer Skitour aufgebrochen. Karl führte mich in ein ganz besonderes Gebiet, ich allein würde dort nicht wieder hinfinden. Wir schauten uns um, aber außer uns war weit und breit niemand zu sehen. Vom Gipfel aus bot sich uns der Blick auf Corvara. Es herrschte eine märchenhafte Aussicht und eine unglaubliche Stille. Auf der Abfahrt hatte man das Gefühl, durch Zuckerwatte zu fahren. Wie Karl seine Ski beherrschte, konnte ich nur bewundern. Nie zuvor hatte ich jemanden gesehen, der sich mit dieser tänzerischen Eleganz und Sicherheit auf Skiern bewegen konnte. Plötzlich wurden wir aus unserer Glückstrance gerissen. Am Ende der Abfahrt wussten wir auch, warum es hier so paradiesisch einsam war. Die Schneedecke endete plötzlich! Uns blieb keine Wahl: Mit geschulterten Skiern stapften wir zwei Stunden zu Tal. Typisch Karl! Diese Touren boten für ihn die Gelegenheit zum Aufbautraining für seine Unternehmungen. Halb tot war ich, als wir es endlich geschafft hatten. Ein andermal, im Sommer, hat Karl mich auf eine Route mitgenommen, die er erstmals durchstiegen hatte.

Sie führte über eine nackte Felswand, die bis auf einige wenige Haken für die Standplätze ohne jede Sicherungsvorrichtung war. Auf halber Höhe, bei einem schwierigeren Kletterzug, verlor ich den Halt, rasselte ins Seil und prallte gegen den Fels. Passiert war eigentlich nicht viel. Ich hatte mir lediglich die Knie aufgeschürft. Aber die seelischen Auswirkungen waren umso dramatischer. Jetzt hatte ich einen Knacks weg, ja geradezu panische Angst vor einem erneuten Durchsteigungsversuch. Mein Selbstvertrauen war dahin. Karl war bereits eine Seillänge weiter oben und war am Standplatz gesichert. Ehe ich mich versah, war er wieder neben mir. Er muss meine Angst und mein Zögern gespürt haben und hatte sich wieder abgeseilt. Mit viel Geduld hat er mich die Wand hochgeleitet, mir gezeigt, wo ich mit Füßen oder Händen Halt suchen, wie ich mich bewegen sollte, und so habe auch ich den Gipfel erreicht.«

Trotz des Trainings in Eis und Fels und seiner intensiven Tätigkeit als Bergführer pflegte Karl auch weiterhin seine Leidenschaft fürs Fliegen. Zumindest bis zu dem Zeitpunkt, da ihn die Organisation der Himalaja-Expeditionen in Beschlag nahm. Hoch in der Luft, mit dem Gleitschirm schwebend oder dem Hängegleiter segelnd, bewies er denselben Ehrgeiz wie beim Klettern. Auch beim Fliegen wollte er experimentieren, neue Dinge ausprobieren, an seine Grenzen stoßen, sich immer wieder neu beweisen. Nichts schien seinen Wissensdurst und seine Entdeckungsfreude stillen zu können. Sobald er merkte, dass er eine Sache beherrschte oder erreicht hatte, was er erreichen wollte, wandte er sich anderen Zielen zu. Immer auf der Suche nach einer neuen Herausforderung. Nachdem er die Experimente mit dem Gleitschirm abgehakt hatte, probierte er das Fliegen mit Hängegleitern. Lange vor der Expedition zum Mount Everest machte er mit diesen Starrflüglern Bekanntschaft. Damals war er mit den Freunden Felix Perathoner und Martin Planker auf einen Heuboden geklettert, um den alten Deltasegler von Klaus Mussner, einem

Bekannten, »auszugraben«. Sie schleppten das Fluggerät auf das Grödnerjoch, und Karl stürzte sich im Gleitflug über die weiten Hänge hinunter. Wie schon beim Gleitschirmfliegen natürlich, ohne sich vorher über Funktion und Eigenschaften dieses Fluggeräts eingehender erkundigt zu haben. Der Hängegleiter war für ihn sofort eine neue und faszinierende Herausforderung. Im Vergleich zum Gleitschirm war dieser viel komplizierter zu handhaben: Durch die starre Flügelkonstruktion benötigt man bei Start und Landung mehr Platz und mehr Krafteinsatz bei der Lenkung. Hatte sich Karl einmal in die Luft erhoben, fühlte er sich, wie er selbst sagte, als »Teil des Himmels«.

Letztendlich entschied er sich für den Hängegleiter. Offenbar bescherte nur dieses Fluggerät ihm tatsächlich das Gefühl, Flügel zu haben: »Den Hängegleiter steuert man durch die Gewichtsverlagerung des Körpers. Zieht man sich an der Trapezstange nach vorn, fliegt man schneller, drückt man sich an der Trapezstange nach hinten, fliegt man langsamer. Möchte man die Richtung ändern, drückt man entsprechend nach rechts oder links. Durch die Bewegungen meines Körpers werde ich praktisch eins mit dem Fluggerät und beherrsche es vollkommen. Den Gleitschirm dagegen kann ich nur indirekt über die Seile steuern, an denen er hängt. Außerdem ist meine Haltung entsprechend der Schwerkraft aufrecht.« Karl ist noch Jahre gerne mit dem Hängegleiter geflogen, und er hätte es auch weiterhin gerne getan. In den letzten Jahren fehlte ihm jedoch die nötige Zeit dazu. »In meinem nächsten Leben werde ich nur fliegen«, sagte er oft im Scherz.

Das Hängegleiterfliegen war für Karl eine weitere Möglichkeit, sich frei und eins mit der Natur zu fühlen. Es war zwar nicht dieselbe Herausforderung wie das Klettern, aber er erlebte dabei einmalige und tiefe Emotionen. Wie schon beim Klettern war Karl auch in diesem Sport stets auf der Suche nach Neuem. Mit seinem Freund Martin transportierte er einmal einen Hängegleiter zur Stevia-Alm hinauf. Wahrhaftig kein Spaziergang: Karl und Martin, der auch noch den Rucksack mit seinem Gleitschirm trug, stiegen über eine Stunde auf – das schwere und über sechs Meter lange Fluggepäck auf steilen Wegen zur Alm auf den Schultern herschleppend. Erschöpft kamen sie oben an. Aber wie mir mein Karl erzählte, war es die Mühe wert gewesen: Aus dieser Höhe zu starten, sich in dieser Postkartenlandschaft frei in die Lüfte zu erheben, umgeben von der unbeschreiblichen Kulisse der in goldenes Sonnenlicht getauchten Gipfel der Dolomiten, deren markante Silhouetten sich scharf gegen das unwirkliche Blau des Himmels abzeichneten, war für ihn Glückseligkeit pur. Er legte hastig das Gurtzeug an, kontrollierte die Beweglichkeit des Steuerbügels und startete in die klare Luft. Während er seine Kreise zog, genoss er das wunderbare Gefühl von Losgelöstheit. Ich glaube, Karl gehörte zu den wenigen, war vielleicht sogar der Einzige, der je mit dem Hängegleiter von der Stevia-Alm aus gestartet ist. Immer wieder versuchte er seine Grenzen zu verschieben. Also plante er als Nächstes, einen Nachtflug zu starten. Auch diesen Wunsch erfüllte er sich zusammen mit Martin. »Der Wind, der mir im Mondschein übers Gesicht strich, war eine unvergessliche Zärtlichkeit«, beschrieb er mir seine Gefühle.

Seine wahre Liebe jedoch galt weiterhin dem Alpinismus. Das Fliegen mit dem Hängegleiter war lediglich eine Art Hobby. Er trainierte täglich. Morgens joggte er. Anschließend kletterte er oder fuhr je nach Jahreszeit Ski. Und er machte auch so weiter, nachdem er einmal bewiesen hatte, wie leistungsfähig er in extremen Höhen war. Er wusste, dass er am Ball bleiben musste. Sich in der Bergwelt des Himalajas zu bewähren, seine große Passion, neue Routen zu eröffnen, auch in Tibet und Nepal zu verwirklichen, konnte nebenbei eine Möglichkeit sein, neue Geldquellen zu erschließen, um den Lebensunterhalt für uns, seine Familie, zu sichern. Anfangs jedoch hatten die Sponsoren gerade einmal die Expeditionskosten getragen. Doch die Dinge schienen sich zu bessern, als Herbert Mussner begann, ihn nicht nur bei der Verwaltung seiner Internetseite, sondern auch bei der Akquisition von Sponsoren und Finanzmitteln zu unterstützen. Karl konnte endlich mit seiner Leidenschaft für die Berge Geld verdienen. Und diese glückliche Verbindung von Passion und Erwerbstätigkeit, die ihm nach zahlreichen Anfangsschwierigkeiten gelungen war, machte ihn zuversichtlich. Er war nicht erst seit gestern ein hervorragender Alpinist und wurde in diesen Kreisen immer bekannter. Er wollte jedoch mehr, wollte der Geschichte des Alpinismus etwas Neues hinzufügen, Wege beschreiten, auf die sich vor ihm noch niemand gewagt hatte. Karl lebte eine Symbiose mit den Bergen und notierte über diesen Zustand in sein Tagebuch: »Der Schlüssel zum Erfolg ist sicher das Training. Durch die Opfer, die du bringst, kommst du zum Erfolg, und Erfahrung ist entscheidend für das Überleben. Um Gipfel erfolgreich zu besteigen, musst du an dich glauben. Viele fragen mich immer häufiger, was mich dazu treibt, diese Risiken einzugehen. Das ist dasselbe, als wollte man von einem Marathonläufer wissen, weshalb er Marathon laufe. Er wird dir antworten, er tut es, um sich zu beweisen, dass er die Gabe und das nötige Können dazu hat. Dem Alpinismus liegt ein tieferer Wert inne, der weit über das Ziel, einen Gipfel zu bezwingen hinausgeht. Ohne künstlichen Sauerstoff ist man in der Lage, intensiv in seinen Körper hineinzuhören, zu erfahren, wann der Moment innezuhalten gekommen und wann es Zeit ist, weiterzuklettern. Du weißt, wann der Zeitpunkt, eine Entscheidung zu treffen, erreicht ist. Denn du hörst nur auf dich allein.«

Das Geheimnis des Genyen:
auf dem Gipfel des Heiligen Berges

»Ein ehrbares und unbeschwertes Leben zu führen, ist nur möglich,
wenn wir uns bewusst sind, dass wir eines Tages sterben werden.«

DALAI LAMA

»Warum kommst du nicht mit und steigst mit mir auf einen Achttausender?« Karl versuchte seinen alten Kletterpartner, Gerold Moroder – eben jenen Freund, dem er ständig drohte »Mit dir gehe ich auf keinen Berg mehr« – zu überreden, sich einer neuen Expedition anzuschließen. Gerold entgegnete: »Einen Achttausender? Dafür bin ich noch nicht reif. Aber wenn du Lust hast, würde ich auch sofort mit dir eine neue Wand erklettern – von mir aus auch an einem noch unbekannten Berg.« Es genügte, nur den Köder auszuwerfen, damit Karl sofort anbiss. Er verbrachte ganze Abende am Computer, um mithilfe von Google Earth Himalaja und Karakorum auf der Suche nach entlegenen Gipfeln abzusuchen, die noch kein Mensch zuvor bestiegen hatte. Alex und Miriam ließen ihn dabei keinen Moment allein. Kaum hatte er sich vor den PC gesetzt, sprangen sie auf seinem Schoß und wollten das faszinierende Spiel mitspielen. Karl nahm sie mit auf diese virtuelle Reise, auf der sie wie Adler über die Bergwelt schwebten und aus dieser Perspektive die entlegensten Gipfel anpeilen und umkreisen konnten.

Eines Abends, während er gerade ein Terrain in Ost-Tibet »überflog«, stoppte er den Simulationsflug über einem zerklüfteten Bergmassiv, das aus größerer Höhe betrachtet die Form von Gehirnwindungen zu haben schien. Begeistert führte er es mir vor, zoomte es

133

auf dem Satellitenbild näher heran. Der Berg, der ihn interessierte, war der Genyen, der höchste Gipfel im Gyalthangmassiv. Er war angeblich 6700 Meter hoch und wies sehr schroffe Wände auf. Karl, der im Internet keine Informationen über diesen Berg finden konnte, schrieb die *Chinese Mountaineering Association*, den Chinesischen Alpenverein, an. Die Antwort enthielt ein Foto des Genyen, das aus großer Entfernung gemacht worden war. Die exakte Höhe wurde mit 6240 Metern angegeben. Karl und Gerold waren zufrieden. Sie brachen auf – nur mit einem Satellitenbild und einem Foto im Gepäck. Die Aussicht, in eine neue, unbekannte Welt einzutauchen, eine regelrechte Entdeckungsreise zu unternehmen, beflügelte sie. Zu den beiden gesellten sich noch Walter Nones, der bereits mit Karl auf dem K2 gestanden hatte, Simon Kehrer, mit seinen damals 27 Jahren der jüngste, sowie der Arzt Leonardo Pagani, mit dem Karl seit der Expedition zum K2 eine enge Freundschaft verband. Außerdem wurden sie von Armin Widmann und Hans Peter Karbon begleitet, die einen Film über die Expedition drehen wollten. Die Idee, dieses Abenteuer filmisch zu dokumentieren, stammte von Karl.

Im April 2006 blieb ich daher wieder einmal allein mit dem vierjährigen Alex, der knapp einjährigen Miriam und schwanger mit dem dritten Kind in Wolkenstein zurück. Als ich Karl eröffnete, dass ich erneut ein Kind erwartete, war er zuerst nicht sonderlich begeistert. Er war sich bewusst, dass sich das Leben als professioneller Extrembergsteiger schlecht mit einer immer größer werdenden Familie vertrug. »Jedes Mal, wenn ich von einer Expedition heimkehre, ist wieder ein Kind da«, flachste er. Als Marco dann geboren wurde, war er überglücklich. Und unser Kleinster, der ihm ganz erstaunlich ähnlich ist, hat ihn im Sturm erobert. Karl versuchte, seinen Beruf nicht als familienfeindlich zu sehen. Für ihn waren wir Ansporn und Mahnung zur Vernunft zugleich. Und ich habe versucht, ihm seine zeitweise lange Abwesenheit nie zum Vorwurf zu machen. Für mich war die Intensität einer Vater-Kind-Beziehung nicht von der Stundenzahl abhängig, die der Vater mit seinen Kindern verbrachte. Viele Väter führen aus beruflichen Gründen nur eine Wochenendehe, sehen ihre Kinder also nur zwei bis drei Tage die Woche. Wenn Karl nach einem Tag mit einem Gast vom Klettern zurückkam, wurde er gefeiert wie ein Held. Die Kinder fielen ihm um den Hals, er spielte und malte mit ihnen, und meine Anspannung nach einem anstrengenden Tag allein mit unseren quirligen Kindern verflog im Nu.

Das Projekt Genyen sollte sechs Wochen dauern – eine kurze Zeit im Vergleich zu den Everest- und K2-Unternehmen. Dennoch sehnte ich nur den Augenblick herbei, da er wiederkommen würde, und die Zeit verging quälend langsam. Vielleicht war die Schwangerschaft daran schuld, vielleicht war es der Dauerregen, der mich in jenem Frühjahr mit den Kindern ans Haus fesselte. Wie üblich hielten Karl und ich per E-Mail und Satellitentelefon Kontakt. Letzteres war ein Spende vom Ev-K2-CNR-Team. Etwas jedoch war anders: Ich teilte die Wartezeit mit Sabine, der Ehefrau von Gerold. Wir trafen uns oft mit unseren Kindern und tauschten die Nachrichten aus, die aus Tibet kamen.

Das Ziel der Expedition war die Erstbesteigung des Genyen, des sogenannten »Heiligen Berges«, über die Nordwand. Es sollte zudem die erste Erkundung dieses Bergmassivs überhaupt sein. Diese im tibetischen Teil gelegene Region der Provinz Sichuan war zu diesem Zeitpunkt größtenteils unerforscht. Karl sprach später immer wieder davon, dass der Genyen sein schönstes Bergerlebnis gewesen sei. Die Landschaft in der Umgebung des Basislagers faszinierte ihn ebenso wie die tibetische Kultur, über die er eifrig Aufzeichnungen gemacht hatte. In einer langen E-Mail, die er nur unter großen Schwierigkeiten hatte versenden können, schrieb er mir: »Ciao, Schatz, unsere Reise dauert endlos. Die Eindrücke sind großartig.

Von Peking aus haben wir nach vier Stunden Chengdu und dann im Jeep Dartsedo erreicht. Anschließend sind wir der Tibet-Straße auf der Karawanenverbindung gefolgt, die seit alters her Tibet mit China verbindet. Auf diesem Handelsweg wurden Salz und Stoffe befördert, die man dann gegen Reis und Tee tauschte. Während der neunstündigen Fahrt haben wir drei Pässe über 4000 Meter Höhe überquert, bis wir nach Litang kamen. Die Siedlung liegt auf 4104 Meter und ist eine der höchstgelegenen Städte der Welt. Im Gespräch mit den dort ansässigen Mönchen haben wir erfahren, dass Litang 1580 vom dritten Dalai Lama gegründet und während der Besetzung durch China bombardiert und vollständig zerstört worden ist. Viele Bewohner wurden ermordet und gefoltert. Besucht man den Ort heute, entdeckt man nur die für Tibet so typische Ruhe und heitere Gelassenheit. Daher kann ich kaum begreifen, welches Leid in diesen Mauern geschah. Es geht uns allen gut, und wir sind sehr erwartungsfreudig. Die Nachricht von unserer Ankunft hat sich bereits im ganzen Tal wie ein Lauffeuer verbreitet. Aus Zangla, dem Ziel unserer nächsten Etappe, ist der Bürgermeister extra nach Litang angereist, um uns auf dem Weg in seinen Ort zu begleiten. Es hatte viel geschneit, und der Bürgermeister von Zangla war der Ansicht, dass wir ohne seine Hilfe den Weg über den 4600 Meter hohen Pass nicht bewältigen könnten. Als er uns dann anwies, die Hauptstraße zu verlassen, und uns über eine auf keiner Karte verzeichneten Piste umleitete, hatte ich so meine Bedenken. Wo würde er uns hinführen? Würden wir je den Genyen erreichen? Unsere Geländewagen kamen auf der aufgeweichten und morastigen Straße immer häufiger ins Schlittern. Von Kilometer zu Kilometer wurde die Fahrbahn schlechter. Häufig mussten wir aussteigen und einen Jeep aus einem Schlammloch schieben. Aber letztendlich erwies sich die Route des Bürgermeisters als die Richtige. Immer wieder kamen uns Lastwagen entgegen, die offenbar über den Pass gefahren waren. Ein Zeichen, dass die Passstraße passierbar war. Schließlich haben auch wir es geschafft. In Zangla wurden wir beim Ausladen unserer Ausrüstung von den Dorfbewohnern neugierig beäugt. Fremde kommen hier vermutlich nur selten vorbei. Hinter der Dorfgrenze beginnt für uns jetzt das echte Abenteuer. Niemand kann uns präzise sagen, wie weit es von hier bis zum Genyen ist. Die Angaben variieren von acht Stunden bis zu zwei Tagen. Je näher wir dem bisher noch unsichtbar gebliebenen Berg kommen, desto geheimnisvoller erscheint er uns. Wir stellen eine kleine Karawane aus Yaks und Pferden zusammen, um unsere Ausrüstung zu transportieren. Der Treck durch das »Tal der Wunder«, wie wir es nennen, dauerte schließlich einen ganzen Tag. Gigantische Rhododendronsträucher säumten unseren Weg. Gämsen sprangen über Granitplatten. Hasen jagten kreuz und quer über die Wiesen. Üppige Vegetation, soweit das Auge reicht. Wasserläufe schlängeln sich mal reißend, mal träge mäandrierend gesäumt von bunten Blumenwiesen durch die Landschaft – Oasen der Ruhe. An einer bestimmten Stelle suchte eine Gruppe von Bauern nach den *Jartsa Gunbu,* den tibetischen Raupenkeulenpilzen *Cordyceps sinensis,* einer in China äußerst beliebten Pilzart: Dieser Keulenpilz wird in Pulverform oder in Entenbrühe gekocht gegen Knochenschmerzen und unter anderem auch zur Stärkung des Immunsystems angewendet. Vielleicht sollten wir uns einen Vorrat davon für die Besteigung zulegen.

Der Genyen entzieht sich hinter einer dichten Wolkenhaube hartnäckig unseren Blicken. Auf Tibetisch bedeutet Genyen »der Meditierende«. Nach dem Verständnis der Tibeter bedeutet es den Verzicht auf materielle Güter und die Hingabe an Religiosität und Spiritualität. Endlich offenbarte sich der Genyen – wenn auch nur für wenige Augenblicke. Wir hatten schon die unteren Ausläufer des Berges erreicht. Aber der Genyen zeigte aus dieser Perspektive kaum Ähnlichkeit mit dem Massiv auf dem Foto des Chinesischen Alpenvereins.

Am 9. Mai in der Abenddämmerung erreichten wir schließlich das Kloster Nego Gompa. Die Bauern, die uns begleitet haben, waren erschöpft. Die Mönche empfingen uns unerwartet abweisend und misstrauisch.«

Tatsächlich schienen Karl und seine Kollegen bei ihrer Ankunft in Nego Gompa bei den Mönchen des einsam gelegenen Klosters nur Argwohn zu erregen. Die Alpinisten fühlten sich unerwünscht und hätten ihr Basislager gerne so weit wie möglich vom Kloster entfernt aufgebaut, um die Ruhe der Mönche nicht zu stören. Leider hatten die Träger ihre Last bereits fünf Minuten hinter dem Kloster auf 4060 Metern abgeladen. Weder Karl noch seine Kameraden brachten den Mut auf, die Leute zum Weitergehen anzutreiben. Außerdem versicherte der tibetische Begleiter, dass es keine Probleme mit den Mönchen geben werde. Sie versuchten, ein gewisses Verständnis für das Verhalten der Mönche aufzubringen. Was sie wohl beim Anblick dieser Europäer dachten? Was war der Grund für das offen zur Schau getragene Misstrauen, ja, die kaum verhüllte Feindseligkeit? Die Geschichte sollte sich bald aufklären. Karl berichtete: »Anfangs waren die Mönche überzeugt, dass wir im Auftrag der chinesische Regierung unterwegs wären. Sie glaubten, wir wären gekommen, um nach Erzen und Edelsteinen in ihren Bergen zu suchen. Es bedurfte einiger Überredungskunst, um sie davon zu überzeugen, dass wir lediglich Bergsteiger waren, die nichts anderes im Schilde führten, als den Genyen zu besteigen. Sie kamen jeden Morgen ins Basislager. Sie beobachteten uns, öffneten die Zelte, um zu kontrollieren, was wir taten, und musterten neugierig unsere Ausrüstung. Erst als sie sicher waren, dass wir keine Metalldetektoren, sondern nur Steigeisen und Eispickel im Gepäck hatten und die Landschaft nicht zerstörten, änderten sie ihre Einstellung, wurden zugänglich und hilfsbereit. Sie führten uns durch das 600 Jahre alte Kloster. Kannst Du Dir das vorstellen, Silke? Die Mönche dort leben seit Jahrhunderten im Einklang mit der Natur. Ihre einfache Lebensweise in Gemeinschaft mit Pferden und Yaks hat sich in all der Zeit kaum geändert. Sie waren sich jedoch sicher, dass wir den Gipfel nie erreichen würden, lachten uns aus, schüttelten die Köpfe. Für die Mönche sind ihre Berge heilig – entrückt und für den Menschen unerreichbar. Sie kommen gar nicht auf die Idee, dass der Gipfel nur jenseits ihrer Möglichkeiten liegt, weil ihnen die entsprechende Ausrüstung für eine Besteigung nicht nur fehlt, sondern sie von ihrer Existenz rein gar nichts wissen. Hätten diese kräftigen, zähen Mönche statt Plastikschuhe Bergstiefel und Eispickel, wären wohl auch sie in der Lage, Berge zu besteigen.«

Während Karl niederschrieb, wie sich die anfänglichen Spannungen im Basislager legten und die Mönche ihnen halfen, das tägliche Leben zu bewältigen, entbrannte unter den Alpinisten zu Hause in Italien eine heftig geführte Diskussion über Sinn und Zweck dieser Expedition. Man warf Karl und seinen Kollegen vor, einen heiligen Berg durch eine Besteigung zu entweihen. Leider verstanden nur wenige, dass die Mönche und die von Karl geführte Mannschaft mittlerweile ein enges Vertrauensverhältnis verband. Gegen eine Besteigung des Genyen hatten die Mönche schon deshalb nichts einzuwenden, da sie diese gar nicht für möglich hielten.

Schlechtes Wetter hielt die Gruppe tagelang untätig unten im »Tal der Wunder« fest. Ein Wettersturz brachte schließlich Schnee und Kälte. Die Einhaltung des Zeitplanes wurde mehr als fraglich. Karl ließ sich dadurch nicht entmutigen – obwohl er diesmal der Expeditionsleiter und damit für Erfolg oder Misserfolg der Unternehmung verantwortlich war. Das Warten auf den günstigsten Zeitpunkt für den Aufstieg kannte er mittlerweile zur Genüge. Geduld, das richtige Gefühl für den Berg und ein stabiles Seelenleben waren gefragt. In sein Tagebuch notierte er über diese Tage zwischen Hoffen und Bangen: »Leider dauert das schlechte Wetter an. Ich habe den Eindruck, die Geister sind uns nicht wohlgesinnt. Ich habe mit dieser Expedition zu viel auf mich genommen, um mich wegen ein bisschen Schnee geschlagen zu geben. Wir haben eine tibetische *Stupa (Toben)* als Verehrungszeichen vor den Berggöttern im Lager aufgestellt. Tibeter glauben an die Beseeltheit der ganzen Natur. Ebenso glauben sie an übernatürliche Geistwesen und auch an solche, die das Wetter lenken oder beeinflussen. Die Mönche helfen uns. Beten für uns. Ihr Abt hat Gebetsfahnen geweiht und uns geschenkt. Diese haben wir dann an unsere *Stupa* gebunden. Jetzt können wir nur noch hoffen. Aber ich bin sehr zuversichtlich.«

Während des anhaltend schlechten Wetters, so berichtete Leonardo Pagani bei seiner Rückkehr nach Italien, besuchten die Mönche des Klosters in großer Zahl das Basislager, um sich von ihm behandeln zu lassen und um Medikamente zu bitten. Leo half, so gut er konnte, gab Ratschläge zur Behandlung von Husten, Grippe oder einer Verstauchung. Viel später vertraute er mir an, wie er dank Karl seinen Frieden mit der Welt der Berge gefunden hatte: »Karl war für mich die Verkörperung meiner eigenen Sehnsüchte. Ich sah in ihm das, was ich als viel beschäftigter Arzt nicht sein konnte. Bei meinem Beruf bleibt mir beim besten Willen nicht die Zeit, täglich das Klettern oder Skifahren zu trainieren. Er war wie ein Bruder. Wir empfanden dieselbe Leidenschaft für die Berge, pflegten dieselbe Gelassenheit. Als er in die Gletscherspalte am Nanga Parbat abstürzte, ging ein Teil von mir mit ihm.«

Die Gebete der Mönche wurden offensichtlich erhört, und die Gebetsfahnen brachten Glück. Die Geister schienen also besänftigt. Das Wetter klarte auf, der Schnee schmolz. Der Aufbruch zum Gipfel über die Nordwand war nur noch eine Frage von Stunden. Karl, Walter, Simon und Gerold errichteten das vorgeschobene Basislager auf einer Hochebene in 5000 Meter Höhe, wo sie ihr gesamtes Material deponierten.

Karl wollte den Gipfel ohne Fixseile erreichen, so klettern, wie er das auch in den Alpen tat. Er bevorzugte den Alpinstil. Diese Kletterdisziplin stellt eine große körperliche wie psychische Herausforderung dar. Hierbei wird auf die Errichtung von mehreren Hochlagern ebenso wie auf Fixseile verzichtet. Die Hilfsmittel des Alpinisten, der im Alpinstil klettert, passen alle in einem Rucksack: Lebensmittel, Kleidung, Ausrüstung. Das Gewicht des Rucksacks so niedrig wie möglich zu halten, ist lebenswichtig. Die Technik der Extrembergsteiger basiert auf Leichtigkeit in Verbindung mit Schnelligkeit. Ziel ist es, in einer einzigen Etappe aufzusteigen. Falls das nicht möglich ist, behilft man sich mit einem spartanischen Biwak. Je kürzer der Aufenthalt in großer Höhe, desto geringer das Risiko von Lawinen, Unwettern und Höhenkrankheit. Im Rucksack steckt nur das Allernötigste. Mehr Gewicht verlangsamt nur das Tempo.

Karl lieferte nach seiner Heimkehr während eines gemeinsamen Abendessens mit Freunden eine faszinierende Geschichte zur Besteigung des Genyen: »Der Zeitpunkt zum Gipfelaufstieg wurde auf sechs Uhr morgens festgelegt. Wir kamen jedoch erst um neun Uhr los. Leonardo war angesichts der Verspätung ziemlich verärgert. Ich dagegen habe mir keine Sorgen gemacht, war vielmehr sehr zuversichtlich. Dass es unser Tag werden würde, sagte mir schon mein Gefühl. Am Berg lag der Schnee allerdings noch recht hoch. Wir sanken bis zu den Knien ein. Simon und Walter gingen voraus und legten die Spur, während ich etwas zurückblieb, da Gerold als Letzter mit all den Metallplatten und Nägeln in seinem Bein nur langsam vorankam. Schließlich habe ich an einer Gletscherspalte auf ihn gewartet, die mir nicht einfach zu überwinden schien. Kaum hatte Gerold mich erreicht, begann er wie ein Rohrspatz zu schimpfen: ›Das mach' ich nicht mit! Wenn die beiden weiter so ein Tempo vorlegen, kehre ich um und gehe ins Basislager zurück.‹ Natürlich marschierte

Gerold weiter, hatte sogar bald Gelegenheit, sich zu revanchieren. Die Wand wurde plötzlich sehr steil. Der Schnee war abgerutscht, und darunter kam blankes Eis zum Vorschein. Das Eis war so hart, dass wir keine einzige Eisschraube setzen konnten. Hier aber war Gerold in seinem Element. Mit seiner perfekten Klettertechnik überholte er uns und stieg schnell gipfelwärts voraus. Die letzten 200 Meter unterhalb des Gipfels verlangten uns noch einmal alles ab. Das Gelände war zwar nicht übermäßig steil, dafür lag hier der Schnee wieder sehr hoch. Wir wechselten uns beim Spuren ab. Ich ging mit Gerold in einer Seilschaft. Gerold stieg voraus. Als er jedoch merkte, dass der Gipfel nur noch wenige Meter entfernt war, setzte er zum Endspurt an, begann über die große Gipfelebene zu rennen, um der Erste zu sein. Zum Glück war er noch durch das Seil mit mir verbunden. Mit aller Kraft zog ich ihn zurück und konnte seinen Sturm auf die höchste Erhebung gerade noch bremsen. ›He, wo willst du hin? Bleib stehen!‹, rief ich ihm zu. ›Der Berg ist heilig! Der Gipfel ist tabu!‹

Wir hatten am Tag zuvor beschlossen, kurz unterhalb der höchsten Erhebung auf der Gipfelebene unsere Besteigung zu beenden, um die religiösen Gefühle der Tibeter gegenüber ihrem heiligen Berg nicht zu verletzen. Gerold hatte das in seiner Gipfeleuphorie völlig vergessen. Wir machten gut eine Stunde Rast und genossen voller Begeisterung das unbeschreibliche Panorama. Wir schwebten wie auf Wolken. Wir waren die Ersten! Vor uns hatte noch kein Mensch je diese unberührte Schneedecke betreten.

Wir hatten unser Ziel erreicht: Wir vier Italiener standen am 16. Mai 2006 als erste Menschen nur wenige Meter unterhalb des Gipfels des Genyen. Währenddessen hatte Leo unseren Aufstieg vom Basislager aus mit dem Fernglas beobachtet. Auch er war überglücklich, als er uns dort oben sah – dachte jedoch voller Sorge an den Abstieg. Es war mittlerweile 17 Uhr 40, und der Weg zurück war lang. Die Nordwand erneut zu durchsteigen, war unmöglich, sie war zu steil. Wir mussten uns eine neue Route für den Abstieg suchen. Und so war auch der Rückweg ein neues Abenteuer.«

Der Abstieg von diesem Giganten aus Schnee und Eis war wahrlich kein Spaziergang. Karl hatte nach eigener Aussage lange mit Gerold über die Abstiegsroute diskutiert. Gerold hätte am liebsten die Direttissima über den Gletscher genommen. Karl jedoch bestand darauf, noch ungefähr 100 Meter weiter aufzusteigen, von dort zur Südflanke zu queren und über diese abzusteigen. Simon und Walter vertrauten auf Karls Erfahrung und seine sprichwörtliche Intuition. Die Mehrheit war für Karls Lösung. Für die knapp 100 Meter über eine gefrorene Schneedecke benötigten sie eineinhalb Stunden. Bei jedem Schritt brachen sie in den Firn ein. Vorsicht war geboten. Karl rutschte auf einer beinharten Eisplatte aus, auf der seine Steigeisen kaum Halt fanden, und verlor einen Handschuh, der prompt in einer Gletscherspalte landete. Am Abend auf 6000 Meter Höhe war eine ungeschützte Hand ein ernstes Problem. Erfrierungen waren in diesen Höhenlagen an der Tagesordnung. Um den Handschuh zu retten, stieg er daher in die Gletscherspalte, während Gerold ihn vom Rand des eisigen Schlundes sicherte. Die Mühe war vergebens. Die Spalte fiel steil und endlos in die Tiefe. Vom Handschuh keine Spur. Karl blieb nichts anderes übrig, als die Hand so oft wie möglich in die Jackentasche zu stecken. »Zum Glück haben wir auf Karl gehört«, gab Gerold später zu. »Wenn wir die Route über den Gletscher genommen hätten, hätten wir festgesessen. Hier war ein Labyrinth von Gletscherspalten, wir hätten dort nie einen Ausweg gefunden.«

Dann brach allmählich die Nacht herein, und es stellte sich die Frage, wie es weitergehen sollte. Alle waren ausgelaugt. Karl, der offenbar als Einziger noch fit war, schlug eine Abkürzung vor. Er wollte zu einem Grat aufsteigen, um von dort in den unteren Teil der

Nordwand einzusteigen. Da er nicht sicher war, ob diese Route machbar war, beschloss er, vorauszugehen und den Weg zu erkunden. Gerold erzählte später, dass es ihm in diesem Augenblick schleierhaft gewesen sei, woher Karl die Kraft und Ausdauer für diesen Alleingang nahm. Zu dritt harrten sie erschöpft im Schnee aus. Nach einer Stunde kam Karl zurück. Die Abkürzung taugte nichts. Sie mussten weiter über die Südwand absteigen.

Alle waren müde. Karl fand dennoch aufmunternde Worte und drängte zum Weitergehen. Es war wichtig, so weit wie möglich abzusteigen. Um sich nicht mit schwerem Gepäck zu belasten, hatten sie natürlich auf Zelte und Biwakmaterial verzichtet. Somit wollten sie versuchen, ins Basislager zurückzukehren. Gerold schlug vor, eine Schneehöhle zu schaufeln und Pause zu machen. Walter und Simon, die ebenfalls erschöpft waren, plädierten jedoch dafür, die Zähne zusammenzubeißen und den Abstieg fortzusetzen. »Ich weiß, wo wir am besten runterkommen«, behauptete Karl zur Überraschung der anderen. Wie von einem inneren Kompass geleitet und mit seinem sprichwörtlichen Optimismus setzte er den Abstieg fort. Mehr oder weniger skeptisch folgten ihm die anderen. Wie wollte Karl in der Dunkelheit die richtige Route finden? Ihr Argwohn wurde nicht kleiner, als Karl sie auf dem letzten Abschnitt in eine große Spalte führte, die sich unvermittelt im Eis aufgetan hatte. Wo sollte das enden? Was erwartete sie am Ende dieser Furche aus Eis und Schnee? Eine Talenge? Oder war es eine Sackgasse? Wie durch ein Wunder hatten sie plötzlich wieder festen Fels unter den Füßen und über sich den freien Sternenhimmel, der die Kulisse um sie herum beleuchtete. Nach etwa einer Stunde erreichten sie einen Wald, wo sie vorhatten, sich an einem wärmenden Feuer etwas auszuruhen. In dieser letzten Stunde war es ihr Durst, der sie am meisten quälte. Dazu Karl: »Wir waren völlig ausgetrocknet, hatten einen quälenden Durst. Ich hatte keinen Speichel mehr, meine Kehle brannte wie

Feuer, die Lippen waren von Sonne und Wind aufgesprungen. Um uns nicht mit zu viel Gepäck zu beschweren, hatten wir keine Wasserflaschen, sondern nur einen Kocher mitgenommen, um Schnee schmelzen zu können. Plötzlich blieb ich stehen. Die anderen folgten meinem Beispiel. Unter uns plätscherte Wasser. Irgendwo unter der Erde rauschte ein Bach. Wir fielen auf die Knie und begannen wie die Hunde mit bloßen Händen zu graben, Stein um Stein beiseite zu räumen, um zu der Quelle der Geräusche zu gelangen. Wir tasteten mit den Lippen über den Boden, um etwas Feuchtigkeit, vielleicht einen Tropfen aufzufangen. Vergeblich. Trotz aller Mühe gelang es uns nicht, bis zu diesem unterirdischen Rinnsal vorzudringen. Es lag tiefer, als wir gedacht hatten. Wir mussten noch weiter durchhalten. Im Wald schließlich kam unser Bach unterhalb eines Felsens sprudelnd an die Oberfläche, und wir konnten endlich trinken. Inzwischen war es drei Uhr nachts.«

Nach ausgedehnter Rast unter den schützenden Baumkronen nahmen sie in den frühen Morgenstunden des 17. Mai die letzte Etappe zum Basislager in Angriff: Sie hatten das Gipfelplateau über die Nordwand erreicht und den Abstieg über die Südwand erfolgreich beendet. Nun mussten sie den Berg umrunden, um zum Kloster Nego Gompa zu gelangen. Auf dem Weg durch den Wald kamen sie an der Klause eines Eremiten vorbei, an deren Fassade das Bild des jungen Dalai Lama hing. Die hölzerne Behausung war karg und von Obstbäumen und einem üppigen Garten umgeben. Vor der Tür saß auf einer Bambusmatte ein Tibeter und grüßte die vier Männer lächelnd mit einem Nicken des Kopfes. »Das war ein Ort nach meinem Geschmack«, gestand Karl in seinen Aufzeichnungen. »Hier, in der Stille und dem Frieden der Natur, würde ich gerne leben.« Schon seit Langem sprach Karl davon, mit mir und den Kindern in die Einsamkeit der Wälder und Berge zu ziehen. Eine Idee, die er mit Gerold teilte. Einige Male hatten sie sogar in einer wilden und ursprünglichen Gegend der Provinz Belluno nach einem geeigneten Haus gesucht. Dort in den Belluneser Dolomiten gibt es verlassene Dörfer, von denen die Leute abwandern, um Arbeit in der Stadt zu suchen. Karl stellte sich vor, in dieser vergessenen Region einen verlassenen Hof zu kaufen. Und einmal hatten Karl und Gerold tatsächlich ein altes, renovierungsbedürftiges Haus entdeckt, das ihren Erwartungen entsprach. Aber weder Gerolds Frau Sabine noch ich waren bereit, »Einsiedler« zu spielen. Schon gar nicht mit unseren Kleinkindern. Als Ferienhaus für den Sommer hätte ich diese Behausung noch akzeptiert, aber um ständig dort zu leben, wäre es mir zu einsam gewesen. Die beiden, das wussten Sabine und ich nur zu genau, hätten sich ständig in die Berge verabschiedet und uns in der Einöde allein gelassen. Und obwohl das Thema immer wieder auf den Tisch kam, ist nie etwas daraus geworden. Mir wurde jedoch allmählich klar, dass Karl den Trubel in Wolkenstein immer weniger ertragen hatte: die Skifahrermassen an den Hängen und die langen Autoschlangen auf den Straßen an den Wochenenden im Winter, die Horden von Kletterern in den Wänden im Sommer. Karl liebte das Grödnertal, in dem er geboren und aufgewachsen war. Dennoch wäre er jederzeit bereit gewesen, es gegen die Einsamkeit der Belluneser Dolomiten einzutauschen. Mit den Jahren ist der Rummel in Wolkenstein und Umgebung immer größer geworden. Es war nicht mehr der Ort der Ruhe und Stille, nach der Karl sich so sehnte.

Das Haus in den Belluneser Dolomiten war nicht die einzige Idee, die Karl umtrieb. Eine Zeit lang spielten wir mit dem Gedanken, mit den Kindern für einige Zeit nach Großbritannien oder in die Vereinigten Staaten überzusiedeln, um dort zu arbeiten und die Sprache zu erlernen. Auch Nepal war in der engeren Wahl, was mir durchaus gefallen hätte. Karl hätte dort weiterhin als Bergführer und Leiter von Trekkingtouren arbeiten können. Er war von der Einfachheit des

146

tibetischen Lebens und den äußerst genügsamen Menschen fasziniert, die dankbar für alles waren, was die Natur bot. Auch Karl
fühlte und lebte mit der Natur – er empfand so etwas wie religiösen
Respekt ihr gegenüber. Seit der Expedition zum Genyen schien sich
Karl sehr für den Buddhismus zu interessieren. Oft hat er mir Texte
des Dalai Lama vorgelesen. Und er fragte sich häufig, weshalb diese
Stätten der Meditation und die sie umgebende Gipfelkulisse eine
solche Anziehungskraft auf ihn ausübten. Oft sagte er mir, dass alles
im Leben eine Erklärung habe, und er hoffe, sie eines Tages zu finden. Karl war ein nachdenklicher Mensch. Es beschäftigte ihn, dass
er von dem Wunsch getrieben war, seinen Weg stets »in der Vertikalen« zu suchen, wie er an einer Stelle in seinem Tagebuch schreibt:
»Ständig müssen wir uns anhören, wir seien verrückt. Aber diese intensiven Glücksmomente auf den Gipfeln der Berge möchte ich um
nichts in der Welt vermissen. Oft werde ich gefragt, warum ich das
alles tue. Ich denke, wir suchen auf den Bergen das, was unser Leben
mit Sinn erfüllt. Wir sind nur Durchreisende in dieser Welt. Und wie
der Dalai Lama sagt: ›Ein ehrbares und unbeschwertes Leben zu führen, ist nur möglich, wenn wir uns bewusst sind, dass wir eines Tages
sterben werden.‹ Was die Menschen am Leben erhält, sind Gefühle,
ob gute oder schlechte. Letztendlich suchen wir alle nur die Freude,
das Glück. Aber diesen Zustand erreichen wir oft nur durch Leiden.
Ich bin sicher, Gott hat mich auf diesen Weg geführt. Und ich erlebe
ihn als Kampf gegen die Schwerkraft, die dünne Luft und die Gefahren der Höhe. Bin ich erst auf dem Gipfel, erlebe ich eine große Un-
beschwertheit, die noch lange nachklingt.«

Zurück zu den Ereignissen am Berg Genyen: Nur eine kurze Weg-
strecke hinter der Klause des Einsiedlers entdeckten Karl und seine
Gefährten etwas Interessantes: »Der Saumpfad um den Genyen
führte uns weiter in Richtung Basislager«, berichtete Karl. »Plötzlich
tauchte eine Gruppe von Mönchen auf, die gerade mit dem Bau eines

Hauses beschäftigt waren. Dieses Bauverfahren erschien uns einzigartig: Beginnend mit dem Türstock bauen sie alles andere um diesen Eingang herum. Dabei steht ihnen nur primitives Handwerkszeug zur Verfügung. Wir schickten ihnen nur einen flüchtigen Gruß nach oben, ohne stehen zu bleiben, denn wir fürchteten unnötige Auseinandersetzungen. Schließlich wussten wir nicht, ob sie gemerkt hatten, dass wir vom Genyen kamen und deswegen verärgert reagieren würden. Jedenfalls sahen wir kein bekanntes Gesicht. Es schien keiner der uns wohlgesinnten Mönche vom Kloster Nego Gompa dabei zu sein. Gerold trieb uns zu größerer Eile, denn er hatte plötzlich einen Mönch entdeckt, der, wie es ihm erschien, drohend eine Axt in der Hand hielt. Die Mönche aber bedeuteten uns, stehen zu bleiben. Groß war die Überraschung, als sie uns zu einer Tasse Tee einluden. Die Axt allerdings war noch da – in der Hand eines Mönchs, der uns mit einem fröhlichen, zahnlosen Lächeln begrüßte. Wir setzten uns auf flache Steine, jeder eine Tasse Tee mit Yakbutter in der Hand. Die Unterhaltungsversuche – mit Händen und Füßen – gestalteten sich mühselig und fielen zuweilen auch etwas komisch aus. Schließlich deuteten die Mönche zum Genyen hinauf. Aus Angst vor unangenehmen Folgen verneinte ich mit einem Zeichen. Gerold hingegen verkündete mit kaum verhohlenem Stolz, dort oben gewesen zu sein. Schallendes Gelächter: Offensichtlich glaubten die Mönche ihm keinen Augenblick lang. Aus ihrer Sicht war die Besteigung des heiligen, zugleich unerreichbaren hohen Berges ein Ding der Unmöglichkeit. Dabei beließen sie es. Die Mönche blieben friedlich und schienen lediglich unsere Gesellschaft zu genießen. Nach ungefähr einer Stunde verabschiedeten wir uns. Ich muss gestehen, diesen Menschen gehört mein Herz: Ihr einfaches Leben nur mit dem, was die Natur bietet, bewundere ich. So wie sie würde ich auch gerne leben.«

Als die Gruppe ins Basislager zurückkehrte, bereitete der Koch ein Festessen aus tibetischen Spezialitäten zu, zu dem auch die Mönche eingeladen wurden. Viele von ihnen setzten sich mit Karl, Walter, Simon, Gerold und Leonardo zu Tisch. Sie konnten die erfolgreiche Besteigung des Genyen immer noch nicht glauben, obwohl sie, wie sie uns selbst verrieten, die Besteigung – sogar durch ein Fernglas – verfolgt hatten und angesichts der Kletterszenen offenbar sehr besorgt gewesen waren.

Karl war überzeugt, dass seiner Expedition die Erstbesteigung des Genyen gelungen war. Erst in Italien erreichte ihn die Nachricht, dass eine japanische Bergsteigergruppe die Erstbegehung für sich reklamierte. Die Japaner behaupteten, über die Südwand auf- und abgestiegen zu sein, doch konnten sie kein Gipfelfoto vorweisen. Zusätzlich bezeugte der Chinesische Alpenverein, dass Karls Expeditionsteam zweifelsfrei die Erstbesteigung des Genyen zuzuschreiben ist. Im Oktober 2006, ein halbes Jahr nach der Besteigung des Genyen, versuchten zwei amerikanische Alpinisten, den Gipfel zu erreichen, wobei sie leider von einer Lawine verschüttet wurden.

Nach der Besteigung des Genyen war die Erkundung des Gyalthangmassivs für Karl und seine Freunde allerdings noch nicht abgeschlossen. Sie wollten mehr. Die amtliche Genehmigung für die Besteigung war noch drei Wochen gültig. Sie hatten daher Zeit, einen anderen Gipfel zu erkunden, den geheimnisvollen Sashung, der nach einer buddhistischen Schutzgottheit benannt war. Leonardo bezeichnete diesen 5750 Meter hohen Berg als »patagonischen Pfeiler, der versehentlich in Sichuan gelandet war«.

Währenddessen versuchte ich in Wolkenstein zurechtzukommen und zählte die Tage bis zu Karls Rückkehr. Eines Samstagvormittags, es war der 13. Mai, hörte ich im Radio die erschütternde Nachricht vom Tod Alois Bruggers. Er war zwei Tage zuvor am Jasemba, einem Berg an der nepalesisch-tibetischen Grenze, verunglückt. Alois Brugger und seine Frau waren Bekannte von uns. Erst im Vorjahr, 2005, hatten Karl, Alois und Hans Kammerlander gemeinsam versucht, eben diesen Jasemba zu besteigen. Wegen eines Schlechtwettereinbruchs hatten sie jedoch aufgeben müssen. Kammerlander hatte daraufhin beschlossen, 2006 erneut und mit derselben Mannschaft den Jasemba in Angriff zu nehmen. Jedoch hatte sich Karl inzwischen für den Genyen entschieden, erstmals eine Expedition unter seiner eigenen Leitung.

Der Tod von Alois setzte mir besonders zu. Dass Alpinisten am Berg blieben, war keine Seltenheit. Doch noch nie hatte es jemanden aus unserem engeren Umfeld getroffen. Mit einem Mal wurde die Angst, Karl könne nicht zurückkommen, zur fixen Idee. Ich fand keine Ruhe mehr. Nicht einmal Karl konnte mich am Telefon zuversichtlicher stimmen. Auch er war vom Tod des Freundes und ehemaligen Seilgefährten erschüttert, die Stimmung im Basislager war plötzlich auf den Nullpunkt gesunken.

Karls Versuch, in den Wochen nach der Besteigung des Genyen diese entlegene Region Tibets mit seinem Team weiter zu erkunden, verlief leider recht glücklos. Dreizehn Tage Dauerregen verhinderten zwar die Bezwingung eines weiteren Gipfels, stoppte aber nicht den Unternehmungsgeist der Alpinisten. Die »Unvollendete« war eine große Tour in Granit, Eis, Schnee, Platten, Rissen und luftigen Biwaks in der Ostwand des Sashung. Vom Eifer angesteckt boten sich sogar die Mönche als Träger an. Einige von ihnen transportierten gegen Bezahlung 40 Kilo Ausrüstung zum vorgeschobenen Basislager, bei dessen Aufbau sie halfen. »Wenn sie wirklich böse auf uns gewesen wären, hätten sie uns nicht geholfen«, berichtete Karl am Telefon. Sorgen hingegen bereitete ihm die tibetische Variante des indischen Monsuns, der das Tal allmählich unter Wasser zu setzen drohte. Die Nässe begann, in die Zelte,

Schlafsäcke und Kleidung zu kriechen. »Wir setzen allmählich Schimmel an«, witzelte Karl.

Leonardo Pagani beschrieb dann den weiteren Verlauf der Expedition folgendermaßen: »So manche Verzweiflung kam im gemeinsamen Zelt zusammen und verstärkte sich noch. Karl, Simon, Walter und Gerold waren auf halber Wand von ihrer ›Portaledge‹ geflüchtet, einer Art Bank, die es ermöglicht, in einer vertikalen Wand mit Seilen gesichert zu biwakieren – getrieben von den mächtigen Kräften des Orkans. Aber der Wunsch, zu klettern und Neues zu erkunden, war mindestens so stark wie die Launen des Wetters. Unter starkem, unaufhörlichen Regenfall begaben sich Walter und Karl, gemeinsam mit zwei Mönchen, die bereit waren, sie zu begleiten, und ebenso von der Neugierde gepackt waren, in völlig unbekanntes Gebiet. Sie durchquerten die Seitentäler, um dann von der gegenüberliegenden Seite des Tales wieder ins Basislager zurückzukehren. Bestärkt in ihrem Tun wurden sie nur von zwei lächerlichen Satellitenfotos und ihrer großen Entdeckerlust. Einen Tag später starteten Gerold und Simon noch einmal zum Sashung, wo sie alles zurückgelassen hatten, Seile, Portaledge, Zelte und viel starken Willen.

Die Durchquerung eines Teils des Massivs durch Karl und Walter endete im Basislager am Abend des dritten Tages. Sie überstanden Stürme und Dauerregen, hatten unerwartete Begegnungen mit Nomaden und ihren Yaks und kamen durch tropenähnliche Wälder. Hinzu kam, dass sich Karl, der Expeditionsleiter, wahrscheinlich eine Rippe gebrochen hatte, als er auf einer nassen Gummisohle ausgerutscht und in den Fluss gefallen war. Um nicht von der Strömung mitgerissen zu werden, konnte er sich noch im letzten Moment an dem Ast eines Baumes festhalten, und Walter half ihm heraus. Die beiden Mönche hatten die Unseren schon nach dem ersten Tag verlassen, eingeschüchtert von den schlechten Wetterbedingungen und einem schneebedeckten, 5160 Meter hohen Pass ohne Namen, den es zu überqueren galt. Sie verabschiedeten sich mit Gesten, die sich etwa so übersetzen lassen: ›Wir dorthin?? Seid ihr völlig verrückt? Wer hier hinaufgeht, stirbt, und wenn ihr geht, werdet ihr sterben!‹ Trotz der ›guten Wünsche‹ und wieder einmal nass bis auf die Haut sind Karl und Walter ins Basislager zurückgekehrt. Sie haben uns mit wundervollen Bildern unberührter Orte von märchenhafter Schönheit beschenkt: vom Zonag-Tal, dem Pass ohne Namen und den warmen Quellen längs des Flusses im Tal. Die Nachricht von der gelungenen Unternehmung und der glücklichen Rückkehr der zwei ›Flüchtlinge‹ verbreitete sich rasch bei den Mönchen des Klosters: Alle kamen, um sie zu beglückwünschen, mit einem breiten Lächeln und den Daumen nach oben zeigend, bekundeten sie ihre Zufriedenheit über das Abenteuer.

In der Zwischenzeit beutelte der monsunartige Sturm weiter das gesamte Gebiet mit unerhörter Gewalt. Auf der anderen Seite der Front kämpften Gerold und Simon verzweifelt mit den extremen Schwierigkeiten der Wand, zusätzlich zu den anhaltenden Angriffen der Götter des Tales. Dreieinhalb Tage des Kampfes, aber obwohl Karl mit seiner lädierten Rippe und Walter zur Verstärkung nachgekommen waren und Letzterer sich wie Sisyphus über die Fixseile rauf und runter arbeitete, blieb alles unnütz: Der Mut war ganz auf unserer Seite, aber gegen diese Imitation des Monsuns war nichts zu machen. Der Verzicht zu Gunsten der Sicherheit war für alle Pflicht.«

Aber die Enttäuschung darüber wurde durch die Entdeckung einer spektakulären Tallandschaft aufgewogen. Nie zuvor war einem Menschen aus dem Westen dieser Anblick vergönnt gewesen. Karl hatte den Eindruck, als würde die Besteigung des Genyen durch die Götter belohnt. Es schien, als öffneten sie ihm das Tor zu einer reinen, unverfälschten und großartigen Welt. Tief beeindruckt nannte Karl diesen verwunschenen Platz »Tal der Wunder«: Yaltang, ein Tal von etwa 100 Kilometer Länge, gesäumt von schneebedeckten Gipfeln. Stellenweise schienen sie sich beinahe zu berühren, als wollten sie sich schützend über diesen Taleinschnitt neigen. Karl erfuhr von den Mönchen, dass auch diese Gipfel heilig seien. Götter aus Granit, eifersüchtige und schroffe »Wächter« der uralten tibetischen Kultur. Im Basislager zeichnete Karl eine Karte vom »Tal der Wunder« und konnte mit Hilfe der tibetischen Mönche, die, wie er überrascht feststellte, jeden Berg benannt hatten, die Namen sämtlicher Gipfel eintragen. Jeder dieser Namen hat einen göttlichen Sinn oder bedeutet den Sitz einer Gottheit, es erschien also Karl als Pflicht, die Namen so zu belassen, wie die Mönche sie ihm angegeben hatten.

Erst als die Bergsteiger das Basislager räumten, zeigte sich die Sonne und half, die Yak-Karawane samt ihrer Last trocken in Marsch zu setzen. Karl reiste mit großem Bedauern ab, denn die Schönwetterperiode begann exakt an dem Tag, als die Genehmigung der chinesischen Behörden abgelaufen war. Doch die Erinnerung an das »Tal der Wunder« hatte sich allen unauslöschlich eingeprägt und jegliche Enttäuschung verdrängt. Den letzten Abend vor ihrer Abreise genossen sie alle noch einmal gemeinsam, inmitten des »Tals der Wunder«. Für diesen einmaligen Moment schienen der Mond und die Sterne wieder über ihren Köpfen, und es sah fast so aus, als ob sogar der Genyen ihnen seine letzten Geheimnisse enthüllen mochte.

Karl war fest entschlossen, dorthin zurückzukehren.

Mit Hans Kammerlander zum Gipfelsturm auf den Jasemba

»Ein Leben ohne Wissenschaft ist nicht lebenswert.«

SOKRATES

Die Idee, den 7350 Meter hohen Jasemba mit seinen unberührten Wänden an der chinesisch-nepalesischen Grenze zu besteigen, ergab sich eigentlich rein zufällig. Es geschah während einer Sendung des Südtiroler *Radio Holiday*. Der Sender hatte Hans Kammerlander und Karl als Studiogäste eingeladen, über ihre Erlebnisse als Extrembergsteiger zu berichten. Karl, gerade erst vom Mount Everest und K2 zurückgekehrt, wurde als junges Südtiroler Bergsteigertalent vorgestellt. Hans Kammerlander, der dreizehn Achttausender bestiegen hatte, galt längst als ein Veteran des Himalaja. Noch während der Livesendung schlug Hans Kammerlander Karl die gemeinsame Besteigung des Jasemba vor, und Karl nahm die Einladung des »Altmeisters« mit Freude an. Hans trug sich schon seit Langem mit der Absicht, den Jasemba, den nepalesischen »Glücksberg«, zu erobern. Ganz konkret war der auslösende Faktor für diesen Traum der Winter 1982/83, als er mit nur 26 Jahren zum ersten Mal als Bergpartner Reinhold Messners zum Cho Oyu, dem sechsthöchsten Achttausender, aufgebrochen war.

Zwar erreichten sie diesen Gipfel erst im zweiten Versuch, hatten jedoch ihr Basislager am Fuß des Jasemba aufgeschlagen. Schon damals fühlte sich Hans Kammerlander unwiderstehlich von der Schönheit dieses Berges angezogen. Der Jasemba allerdings lag in einer militärischen Sperrzone. Und über viele Jahre war nie eine Genehmigung für die Besteigung des Nangpai-Gosum-Massivs (mit dem Hauptgipfel Jasemba) von der nepalesischen Flanke aus gewährt worden. Der Grund ist seine Nähe zur chinesischen Grenze, die exakt über den Gipfel des Jasembas verläuft. Die Grenzregion wurde somit zum Rückzugsgebiet der tibetischen Partisanen, die gegen die Besetzung Tibets durch die Chinesen kämpften. Von 2003 an, als sich die Lage in Tibet entspannte, begannen auch die Nepalesen, die ersten offiziellen Genehmigungen für alpine Expeditionen in diese noch völlig unerforschte Hochgebirgsregion zu erteilen. Kammerlander hatte von einem nepalesischen Freund den Hinweis über die veränderte Haltung der nepalesischen Regierung erhalten. Von diesem Zeitpunkt an plante Hans Kammerlander, den unberührten Gipfel in der Region Solo Khumbu zu versuchen. Der Erfolg des ersten gemeinsamen Projekts von Hans, Karl und Alois Brugger 2005 scheiterte am Wetter. Beim zweiten Versuch mit Kammerlander im Folgejahr verunglückte Alois Brugger tödlich, während sich Karl am Genyen aufhielt. Erst im Mai 2007 starteten Hans Kammerlander und Karl zum dritten und erfolgreichen Versuch über die Südflanke zum Gipfel.

Als Karl mir damals eröffnete, dass er in den Himalaja zurückkehren, sich erneut am Jasemba versuchen wolle, schlug mir das Herz bis zum Hals. Ich gewöhnte mich zwar allmählich an seine ausgedehnten Expeditionsreisen, doch die Erlebnisse aus dem Jahr 2005 waren alles andere als positiv gewesen. Ich hatte Mühe, dem Abenteuer an diesem Berg erneut mit Gelassenheit entgegenzusehen. Die Erinnerung an die spannungsgeladenen, angstvollen Wochen zwei Jahre zuvor, als ich mit Miriam schwanger war und erwartete, während Karls Besteigung des Jasemba niederzukommen, war noch sehr präsent,

Martin Planker und seine Frau Chris waren in jenen Tagen im Jahr 2005 vor meiner Niederkunft eine große Hilfe. Sie besuchten mich oft und erboten sich, mich ins Krankenhaus zu begleiten. Damit wollte ich sie nicht noch weiter belasten, und sagte, dass dies mein Vater übernähme. Eigentlich wünschte ich mir Karl an meiner Seite. Dass dieser Wunsch nicht zu erfüllen war, trieb mir Tränen in die Augen.

Am 9. Mai 2005, dem errechneten Geburtstermin, rief Karl über Satellitentelefon an. Für mich eine seltsame Erfahrung: Während ich mich auf die Geburt unseres zweiten Kindes vorbereitete, erkundete er eine neue Aufstiegsroute im Himalaja. Eigentlich rechnete ich damit, nach diesem Telefonat häufiger von Karl zu hören. Stattdessen völlige Funkstille. Das war für mich unverständlich. Immerhin war der Hauptsponsor dieser Expedition eine große Telefongesellschaft. Sobald ich versuchte, ihn anzurufen, schaltete sich stets dieselbe Ansage ein: »Sie haben eine uns unbekannte Nummer gewählt, bitte ...« Setzte Karl andere Prioritäten als seine Familie? Hatte er wie so oft nur seine Berge im Kopf und war nicht fähig, sich mit mir in Verbindung zu setzen? In meinem jetzigen Zustand konnte ich das nicht mehr mit Humor nehmen und begann, mich darüber zu ärgern. Als Karls Schweigen jedoch andauerte, begann ich, mir ernsthaft Sorgen zu machen. Das Telefon blieb beharrlich stumm. Daraus konnte ich nur schließen, dass etwas passiert sein musste, und geriet in Panik. Normalerweise erhielt ich zweimal in der Woche ein Lebenszeichen. Die Ungewissheit zerrte an meinen Nerven, während Miriam keine Anstalten machte, auf die Welt zu kommen, obwohl sie immer lebhafter strampelte. Irgendwann beschloss ich, die Zähne zusammenzubeißen. Ich glaube, so ähnlich, wie es Karl machte, wenn er erschöpft von Müdigkeit und Kälte trotzdem weiter gipfelwärts ging. »Jetzt denke ich nur noch an mich und das ungeborene Kind«, sagte ich zu mir selbst. Prompt wurde ich ruhiger.

Am 18. Mai 2005, nach elf langen Stunden, kam um vier Uhr morgens Miriam zur Welt. Stunden später traf eine erste beruhigende

Nachricht über Karl ein, die auch das Rätsel der totalen Funkstille lösen half: Nur wenige Stunden nach der Geburt erzählte mir meine Mutter von der Nachricht im Radio, dass Karl und seine Berggefährten ihren Gipfelsturm wegen widriger Wetterverhältnisse aufgegeben hatten und bereits auf dem Heimweg waren. Außerdem waren die Satellitentelefone ausgefallen. Mir blieb nicht einmal die Genugtuung, als Erste Karl die freudige Nachricht von der Geburt unserer Tochter überbringen zu dürfen. Als wir uns einen Tag nach der Geburt unserer Tochter endlich verständigen konnten, war er bereits über alles informiert. Sigi Pircher, Hans Kammerlanders Manager, hatte ihn benachrichtigt. Karl war glücklich, dass es diesmal ein Mädchen geworden war. Nur der Name, den ich gewählt hatte, überzeugte ihn weniger. »Warum gerade Miriam?«, fragte er am Telefon. Ziemlich schroff antwortete ich ihm: »Du warst ja nicht da, also habe ich das entschieden.«

Erst nach seiner Rückkehr von der Expedition erfuhr ich, dass das Verbindungskabel zwischen Telefon und Generator durchgeschmort war. Daher konnte in den letzten Tagen keines der Telefone wieder aufgeladen werden. Nicht einmal in Kathmandu waren Ersatzteile verfügbar gewesen. Nicht nur ich, auch Karl war in großer Sorge, nachdem die Verbindung mit Italien zusammengebrochen war. Vier Tage vor Miriams Geburt notierte er in sein Tagebuch: »Der Himmel und diese Wolken versprechen nichts Gutes. Wir warten noch immer auf besseres Wetter. Wenn ich daran denke, dass meine Frau jetzt niederkommt oder schon niedergekommen ist, und ich weiß es noch nicht ... Wäre ich nur bei ihr! Eigentlich wäre das meine Pflicht gewesen. Diese Ungewissheit macht mich sehr unruhig. Aber ich darf jetzt nicht verrückt werden, ich muss mich auf die Wand konzentrieren. Das Aufladekabel des Satellitentelefons ist durchgeschmort, und Ersatz gibt es nicht. Ich muss Ruhe bewahren und mich auf die Wand konzentrieren. Hoffentlich, hoffentlich geht alles gut.«

Als Karl und ich im Winter 2005 über das Für und Wider der Expedition gerade zu diesem Zeitpunkt debattierten, hatten wir vor allem die Erfahrungen Silvio Mondinellis vor Augen. Silvio, von vielen auch »Gnaro« genannt, war damals gemeinsam mit Karl am Everest und am K2. 2004 startete Silvio zu seinem zweiten Versuch am Mount Everest und wurde währenddessen Vater, erreichte den Gipfel jedoch nicht. Und war auch nicht bei der Geburt seines Kindes dabei. Karl war es dann im darauffolgenden Jahr ebenso ergangen. Anfangs hatte ich mich stark genug gefühlt, dies alles allein zu meistern. Schließlich war ich nicht die erste Frau eines Alpinisten, die eine Niederkunft ohne Gatten an ihrer Seite durchzustehen hatte. Doch je näher der Geburtstermin heranrückte, desto dringender vermisste ich Karl. »Alpinisten sind Egoisten«, ist ein Ausspruch von Silvio Mondinelli. »Bei der Geburt der eigenen Kinder dabei zu sein, ist die schönste Sache der Welt. Aber das habe auch ich leider erst zu spät begriffen. Hat ein Bergsteiger erst einmal ein Ziel vor Augen, wirkt das wie eine Droge, die dazu führt, dass er das Geschehen um ihn herum kaum bemerkt. Reue für dieses Verhalten kommt meist zu spät. Könnte ich den Film zurückdrehen, würde ich nicht mehr zum Everest fahren. Jedenfalls wurden Karl und ich bestraft. Nichts ist es geworden mit dem Gipfelerfolg.« Auch wenn Karl es nie zugab, sah ich ihm an, dass er traurig war, die Geburt der Tochter nicht miterlebt zu haben.

Die übliche Rechtfertigung vieler Männer, »sowieso nichts tun zu können«, entspricht überhaupt nicht der Wahrheit. Aber diese Erkenntnis kam wie schon bei Silvio auch bei Karl zu spät. Allerdings hatte Hans Kammerlander Karl mehrfach die Gewissensfrage gestellt – die Frage, ob er seiner Sache ganz sicher sei, ob er wirklich zu diesem Zeitpunkt an der Expedition teilnehmen wolle? Denn von einem Himalajagipfel aus, wie er weiter anmerkte, »könne er nichts für seine Frau und das Baby tun«. Karl, der stets allem etwas Positives abgewinnen konnte, war um die Antwort nicht verlegen: »Welche Hilfe sollte ich schon für Mutter und Kind bei der Geburt sein? Ich kann nur hoffen, dass alles gut geht, und darauf warten, dass ich bei meiner Rückkehr beide umarmen und die verlorene Zeit wiedergutmachen kann.« Karl hatte nichts begriffen. Aber auch mir ist erst allmählich klar geworden, dass die einfache Tatsache seiner Nähe so tröstlich gewesen wäre.

Die Expedition 2005 scheiterte. Karl kehrte nach Wolkenstein zurück – niedergeschlagen und mutlos. Er schwor: Nie wieder eine Begehung mit Kammerlander! Kammerlander hatte die Expedition aufgrund anderweitiger beruflicher Verpflichtungen in Europa abgebrochen. »Wir hatten eine Genehmigung für sechs Wochen. Nach fünf Wochen haben wir unsere Zelte abgebrochen. Nur weil Hans feste Termine hatte, die er angeblich wahrnehmen musste. Hätten wir nur noch ein paar Tage gewartet, es hätte sich vielleicht ein Schönwetterfenster geöffnet, und wir hätten den Gipfel erreicht.« Hans Kammerlander dagegen glaubte nicht mehr an einen Erfolg. Er erklärte: »Sturm ist in dieser Höhe sehr gefährlich. Felsklettern eine Frage des Gleichgewichts. Starke Windböen sind das Letzte, was du brauchen kannst. Das Wetter am Jasemba war miserabel und eine Besserung nicht in Sicht. Zudem hatte die Monsunzeit begonnen. Karl war sehr optimistisch. Er wollte unter allen Umständen auf den Gipfel. Wenn es nach ihm gegangen wäre, hätten wir ein Biwak einrichten und auf ein Schönwetterfenster warten müssen. Das war mir zu gefährlich. In diesen extremen Höhen braucht man ein Zelt. Wir waren auf 6600 Meter, waren 800 Meter geklettert, und die Schneemassen ließen uns keine Wahl. Ich bin erfahrener als Karl und Alois. Ich weiß, wann es keinen Sinn mehr hat. Als Bergsteiger vertrete ich die Philosophie, nur etwas zu riskieren, wenn man die Gefahren unter Kontrolle hat. Dazu stehe ich. In den 22 Jahren meiner Karriere habe ich schon oft verzichten müssen.«

Karl dagegen hatte noch nicht gelernt zu verzichten. Ohne Erfolg, vor allem ohne Gipfelerfolg nach Hause zurückzukehren, war eine neue Erfahrung für ihn. Er stand noch unter großem Erfolgszwang. Wie viele Alpinisten wollte er um jeden Preis zum Ziel, da er fürchtete, keine zweite Chance zu bekommen. »Ich verstand Karl«, sagte Hans Kammerlander zu mir. »Er war jung, hatte Geld in diese Expedition investiert, hat ihr Scheitern als persönliche Niederlage erlebt. Wer vergeudet gerne Zeit oder wirft sein Geld zum Fenster hinaus? Aber selbst wenn eine Expedition misslingt, die Berge bleiben. Zurückkommen kann man immer.« Tief in seinem Inneren wusste auch Karl, dass Hans recht hatte. In seinem Tagebucheintrag vom 2. Mai 2005 liest sich das so: »Wie Hans sagt, ein gewisses Risiko muss sein. Aber wenn er immer alles riskiert hätte, wäre er längst tot.«

In jenen Wochen beim Anmarsch zum Basislager und während der Wartezeit auf den Aufstieg zum Gipfel des Jasemba 2005 führte Karl ausführlich Tagebuch. Ich lese seine Eintragungen und Beobachtungen immer wieder gerne: »Ich stelle mal wieder alles infrage. Was zieht mich in diese Berge? Welchen Sinn hat das Klettern, diese ständige Bewegung in der Vertikalen? Warum lässt Gott mich diese Gipfel erstürmen? Die Sherpas haben uns geholfen, die Einzelzelte und das große Zelt aufzustellen. Im Nu ist einer der Träger, der älteste, darin verschwunden, hat sich schlafen gelegt. Im Ausdruck seines Gesichtes konnte man erkennen, dass er im Leben viel gelitten haben muss. Ganz allmählich sind nacheinander auch die anderen seinem Beispiel gefolgt. Normalerweise betreten die Träger nie die Zelte der Expedition. Sie übernachten im Freien, im Schutz einer Steinmauer. Aber an jenem Abend waren Kälte und Erschöpfung groß. Und in dieser Situation kam Hans Kammerlanders großes Herz wieder einmal zum Tragen. Er war immer für alle da.« Diese Gedanken, während der Zeit am Jasemba aufgeschrieben, drehten sich immer häufiger um die Bewohner dieser Region. Besonders beeindruckte ihn die Geschichte eines jungen Tibeters, der aus seiner Heimatstadt Lhasa geflohen war, um einer Verhaftung durch die Chinesen zu entgehen. »Als wir zurückkamen, nachdem wir den Aufstieg ausgekundschaftet haben, war er plötzlich da, stand im Küchenzelt neben dem Koch. Seine würdevolle Haltung und sein Stolz fielen mir sofort auf. Darin unterschied er sich von den anderen eher schlicht und etwas verwahrlost wirkenden Tibetern. Er betete häufig in der Küche und trennte sich nie von einem großen Rucksack. Da er ein paar Brocken Englisch sprach, konnte ich mir seine Geschichte zusammenreimen. Er war, wie gesagt, vor den Chinesen aus Lhasa nach Indien geflohen. Aber Heimweh und Sehnsucht nach seiner Familie trieben ihn zurück. Zu Fuß, so erzählte er uns, wollte er den eisigen und dick verschneiten Pass Nangpa La auf 5700 Metern überqueren, um das Dorf Tingri zu erreichen. Von dort hoffte er, heimlich auf einem Lastwagen nach Lhasa und zu seiner Familie zu kommen. Der Junge war uns dankbar, weil wir ihm erlaubt haben, sich im Zelt ein wenig aufzuwärmen und ihm zu essen gaben. Mehr konnten wir nicht tun.« Karls tiefes Mitgefühl mit der tibetischen Tragödie verleitete ihn zu Bemerkungen, die nichts mit der Bergwelt zu tun hatten: »Manchmal denke ich, wie ungerecht diese Welt doch ist. Wie kann man der Vernichtung einer Kultur, der Zerstörung von Klöstern und Tempeln gleichgültig zusehen? Warum machen die Menschen nicht endlich Schluss mit Krieg und Völkermord?«

Erst Anfang Mai 2005 beschrieb Karl zum ersten Mal, welche Gefühle der in wenigen Tagen bevorstehende Aufstieg in ihm weckte: »Der Jasemba ist ein wahrlich beeindruckender Berg. Und der riesige Pfeiler, den wir besteigen wollen, nötigt mir großen Respekt ab. Vom Basislager zum Gipfel sind 2000 Höhenmeter zu überwinden. Das wird uns einiges abverlangen. Vor uns hat noch niemand diese Route begangen. Es existiert noch nicht einmal ein Weg bis zum Fuß der Wand. Ich habe daher begonnen, Steinmanderl (Steinpyramiden) als Wegzeichen aufzubauen.« Für Karl war die Rückkehr zum Jasemba im Jahr 2007 eine große Herausforderung. Für Hans Kammerlander, das hat er selbst gestanden, war er ein Berg, den er nach zwei Fehlversuchen unbedingt bezwingen wollte. Zum Expeditionsteam gehörte diesmal auch Ernst Brugger, der Bruder von Alois Brugger. Er war mitgekommen, um den Berg zu sehen, wo Alois im Vorjahr verunglückt war. Zum Andenken an ihn wollte er eine Plakette auf einem sogenannten »Chörten«, einem mit Gebetsfahnen geschmückten Reliquienschrein, niederlegen, den man im Basislager aufgebaut hatte. Alois war in einer Höhe von 6600 Metern beim Abstieg an den Fixseilen abgestürzt. Die Ursache wurde nie geklärt. Laut Hans Kammerlander hatten sie bis auf eine Höhe von 6800 Metern Fixseile verlegt und beschlossen, ins Basislager zurückzukehren, um an den folgenden Tagen den Gipfel zu versuchen. Alois Brugger stieg als Erster über die Fixseile ab, an denen jeweils nur eine Person absteigen konnte. Hans Kammerlander hat daher einige Minuten gewartet und ist erst dann hinterhergestiegen. Plötzlich war Alois aus Hans Kammerlanders Blickfeld verschwunden. Im Schnee waren nur mehr seine Spuren zu erkennen, die plötzlich endeten. Kammerlander wusste nicht, ob Alois Brugger eine Unachtsamkeit zwischen zwei Sicherungspunkten oder fehlerhaftes Material zum Verhängnis geworden waren. Trotz der zur Hilfe gerufenen Hubschrauber gelang es nie, Alois Brugger zu finden.

Hans trug schwer an der Last dieser Tragödie. Seine Rückkehr an den Jasemba sollte ihm auch helfen, das schreckliche Erlebnis zu verarbeiten. Karl war 2007 in hervorragender Verfassung. Er stieß erst am 3. Mai vom heiligen Berg Kailash in Tibet aus zur Mannschaft. Dorthin hatte er eine Trekkingtour mit Freunden aus dem

Grödnertal geführt. In Karls Aufzeichnungen finden sich dazu folgende Anmerkungen: »Nach dem Aufenthalt am Kailash kam ich mir fast wie ein Militäroffizier in Sondermission vor, als mich am Morgen zwei Männer mit einem Geländewagen zum Flughafen von Kathmandu fuhren. Außenstehende hätten mich aber durchaus auch für einen abgeführten Gefangenen halten können. Nach dreitägigem Fußmarsch mit den Trägern erreichte ich Hans im Basislager. Es ist jetzt das zweite Mal, dass ich über die Südflanke zum Jasemba aufsteige. Unsere Route wird dieselbe sein wie bei unserem unvollendet gebliebenen Versuch vor zwei Jahren. Dieses Mal ist das Wetter vielversprechend. Es weht kein Wind, die Temperaturen sind milder. Dafür ist Wasser knapp. Wir nehmen es nur aus einer kleinen Lache oberhalb des Lagers. Die Küchencrew ist ausgesprochen nett. Der Koch spricht nur Nepalesisch. Also versuche ich, mir zumindest ein paar Brocken dieser Sprache anzueignen – um mich abzulenken. Ich habe viel Zeit zum Nachdenken, erlebe die Tage der Akklimatisierung entspannt und warte darauf, den Gipfel in Angriff nehmen zu können. Gelegentlich bin ich versucht, eine Zigarette zu rauchen, aber Nikotin tut mir in dieser Höhe nicht gut.«

Entgegen Karls bevorzugter Methode fand die Besteigung nicht im reinen Alpinstil statt. Die Aufstiegsroute war teilweise mit Fixseilen gesichert. Im Basislager schneite es täglich, aber Hans und Karl konnte das nicht schrecken. Am 13. Mai hatten sie das Hochlager auf 6100 Meter eingerichtet und sich anschließend noch bis auf 6600 Meter vorgearbeitet.

In dieser Höhe erlebten sie dann eine Überraschung, wie Karl mir später erzählte: »Hans' Höhenmesser muss bei seinem Gipfelversuch 2006 mit Brugger ganz offensichtlich fehlerhaft gewesen sein. An der Stelle, wo wir 2007 über dem Hochlager standen, hatte sein Gerät damals eine Höhe von 6900 Metern angezeigt. Jetzt gaben unsere beiden Höhenmesser übereinstimmend 6600 Meter an. Damit fehlten bis zum Gipfel noch 750 Höhenmeter. Die steile Wand erwies sich daher höher und schwieriger als angenommen.« Wie mir Hans Kammerlander verriet, muss Karl in diesem Augenblick klar geworden sein, wie gefährlich 2005 ein Weitersteigen zum Gipfel gewesen wäre. Selbst bei gutem Wetter hatten sie 2007 von 6600 Metern Höhe bis zum Gipfel und den Rückweg zum Lager gut sechzehn Stunden benötigt. Wobei die ganze Strecke von 2000 Höhenmetern dieser Tour laut Hans Kammerlander schwieriger und anspruchsvoller sind als die Eiger-Nordwand – und die ist nur knapp 4000 Meter hoch und liegt unterhalb der 6000-Meter-Grenze.

Der richtige Moment für den Angriff auf den Gipfel kam schließlich am Montag, den 21. Mai. Hans und Karl setzten sich für die erste Etappe das vorgeschobene Lager als Ziel. Nach kurzer Rast beschlossen sie, weiter zum Gipfel aufzusteigen. Im Gegensatz zur Expedition zwei Jahre zuvor waren Hans und Karl diesmal gleichberechtigte Bergpartner. Hans betrachtete Karl mittlerweile als seinen Freund und ebenbürtigen Alpinisten. Sie legten abwechselnd die Spur. »Ich habe mich nach dem traumatischen Erlebnis vom Vorjahr irgendwie unsicher gefühlt«, gestand Hans Kammerlander später. »Karl dagegen sprühte vor Energie, war als Alpinist gereift – nicht was seine Technik betraf, die war schon von jeher hervorragend. Seine Selbstsicherheit wuchs, und er ergriff häufig die Initiative, wenn es darum ging, die richtige Linie von einer Passage zur anderen zu finden. Wenn ich müde wurde oder trüben Gedanken nachhing, reagierte er sehr feinfühlig. Stets schaffte er es, mich in solchen Momenten aufzumuntern, oder er übernahm die Führung und spurte voraus.«

Die restlichen 750 Meter kletterten Hans und Karl ohne Fixseile, und die letzten 120 Meter bildeten einen extrem schmalen, schneebedeckten Grat, der zu beiden Seiten senkrecht abfiel.

Um 15 Uhr am 22. Mai standen Hans und Karl auf dem Gipfel. Dort umarmten sie sich und widmeten den Gipfelsieg Alois Brugger. Karl übermittelte mir ihren Erfolg per SMS direkt vom Hochlager aus: »Gipfel bezwungen – nach sechzehnstündiger Kletterei wieder im Hochlager. Sind todmüde.« Erleichtert atmete ich auf. Aber noch lag der schwierige Abstieg ins Basislager vor ihnen. Und ich hatte nicht vergessen, dass Alois Brugger auf dem Rückweg verunglückt war. Allerdings war die Sache mit der fehlerhaften Höhenmessung nicht die einzige Überraschung, die sie am Jasemba erleben sollten, wie Karl berichtete: »Nach der Nacht im Hochlager schien alles in bester Ordnung zu sein. Am Morgen begannen wir, weiter abzusteigen. Nach 100 Metern allerdings suchten wir unsere Fixseile vergebens. Wir mussten feststellen, dass ein großer Teil der verlegten Seile einfach nicht mehr da war. Eine gigantische Lawine hatte unterhalb unseres Hochlagers alles weggefegt. Wir waren nur um wenige Stunden dem Tod entronnen. Dafür lag jetzt vor uns eine riesige Flanke aus blankem Eis. Zum Glück hatten wir ein Kevlar-Seil und zwei Eisschrauben dabei. Von da an begann der Rest des Abstiegs als waghalsige Abseilaktion in einem Gelände mit hohem Schwierigkeitsgrad.«

Nach der Rückkehr ins Basislager erhielten Diskussionen neue Nahrung, die bereits seit Längerem geführt wurden. Die Geister erhitzten sich an der Frage, ob der Jasemba tatsächlich bis zu Hans' und Karls Gipfelerfolg unbesiegt gewesen war. Man machte ihnen die Erstbesteigung streitig. Karl war in der Überzeugung nach Nepal aufgebrochen, die Erstbesteigung des Jasemba zu unternehmen. Nach dem Gipfelerfolg schien er plötzlich umdenken zu müssen. Offenbar hatte bereits 1986 eine japanische Expedition von tibetischer Seite aus erfolgreich den Jasemba bestiegen. Allerdings vermutlich ohne offizielle Genehmigung der Regierung. Hans Kammerlander verteidigte sich damit, dass er 2004 die Genehmigung ausdrücklich für eine Erstbesteigung des Jasemba erhalten habe. Das Tourismusministerium habe ihm zugesichert, dass der Berg noch unbezwungen sei. Kammerlander vermutete, dass hier ein Missverständnis vorlag, das durch eine kürzliche Namensänderung entstanden sein könnte. Der Berg Pasang Lhamu Chuli war in Jasemba umbenannt worden.

Auch der Erstbegehungsanspruch über die Südroute, also über die nepalesische Flanke, wurde und wird bis heute angefochten. Karl war sicher, dass sie zumindest hier die Ersten waren, die diese tief verschneiten Wände erklettert hatten. Der Protest kam von einer slowenischen Expedition, die behauptete, bereits Mitte 2004 den Jasemba über diese Flanke bestiegen zu haben. Kammerlander wurde skeptisch, weil die Slowenen nie ein Gipfelfoto präsentierten, sondern lediglich eine Aufnahme des Ostgrats. »Beweise haben die Slowenen also nicht zu bieten«, erklärte Hans Kammerlander. »Daher bin ich sicher, dass Karl und mir die Erstbesteigung gelungen ist.« Diese Art der Auseinandersetzung enttäuschte Karl. Schließlich hatte Elizabeth Hawley Hans versichert, die Route über die Südwand sei eine Erstbesteigung. Elizabeth Hawley registriert seit Jahrzehnten jede erfolgreiche Besteigung im Himalaja und Karakorum und genießt in dieser Disziplin unangefochtene Autorität. Sollte sich Elizabeth Hawley geirrt haben? Die aus Chicago stammende ehemalige Journalistin der Nachrichtenagentur Reuters ist mittlerweile 86 Jahre alt und lebt seit 1963 in Kathmandu. In dieser Zeit wurde sie zum wandelnden Archiv eines halben Jahrhunderts der Bergsteigergeschichte.

Bei der Rückkehr vom Gipfel notierte Karl in sein Tagebuch: »Hans hat wegen der Sache mit den Slowenen noch einmal Miss Hawley aufgesucht. Sie verneinte entschieden, dass diese Expedition den Gipfel erreicht hätte. Außerdem haben wir auf unserem Weg zum Gipfel keinerlei Spuren früherer Seilschaften entdecken können. Daher bin ich überzeugt, dass wir diesen Pfeiler als Erste durchstiegen haben.«

Karl kehrte nur vorübergehend nach Hause zurück. Nach der Trekkingtour zum Kailash und der Besteigung des Jasemba stand die Nordwand des Gasherbrum II auf seinem Programm. Zu diesem Zweck hatte er das Basislager zwei Tage vor Hans Kammerlander verlassen. Letzterer war noch geblieben, um die Ausrüstung zu verpacken und den Rücktransport zu organisieren. Auf dem Rückweg wurde Karl wieder einmal Zeuge von den schwierigen Lebensbedingungen der Bewohner dieser kargen Gegend. »Ein Bauernehepaar hat mich eingeladen. Sie waren bettelarm, hatten nur Kartoffeln zu essen«, vertraute er seinen Aufzeichnungen an. »Ich fragte sie, ob sie zum Transport unserer umfangreichen Ausrüstung ein paar Yaks ins Basislager schicken könnten. Hans hatte dort noch alle Hände voll zu tun. Sie gingen voller Freude auf meine Bitte ein. Die Möglichkeit, etwas Geld zu verdienen, versetzte sie in Hochstimmung. Sie waren unendlich dankbar. Der Bauer nahm meine Hand und drückte sie fest an seine Brust, bedankte sich unaufhörlich und sah mich an, als wäre ich der liebe Gott persönlich.«

Am Ende war Karl dreieinhalb Monate fern von Zuhause. In jenen Tagen begann ich ernsthaft darüber nachzudenken, was mich wohl als Frau eines bekannten Alpinisten noch erwarten würde. Allerdings muss ich gestehen, dass Karls Erfolg und die Achtung, die er sich erarbeitet hatte, viele Opfer aufwog. Als ich ihn zu einem Vortragstermin nach Rom begleitete, musste ich nur staunen. Ich hatte nicht erwartet, wie sehr Karl sein Publikum zu fesseln vermochte. Seine aufrichtige, tief empfundene Passion für die Berge war ansteckend. Nie zuvor war mir aufgefallen, welche Magie er ausstrahlte. Er erntete viele Komplimente, doch als wir später alleine waren, gestand er mir verschmitzt: »Wenn die wüssten, was ich meiner Frau so alles zumute!« Es war ein Wechselbad der Gefühle, das Leben an der Seite dieses Mannes: Karl, der seine Passion kompromisslos auslebte, immer wieder zu neuen Ufern strebte, sich häufig auf lange Reisen verabschiedete und den Großteil der Wochenenden auf Klettertouren mit Gästen verbrachte. Sicher habe ich oft von Karl gehört, wie sehr er mich als Frau und Mutter bewunderte, wie ich es fertigbrachte, die Familie zusammenzuhalten. »Wie schaffst du das bloß mit unseren drei Wirbelwinden? Ich alleine würde nie zurechtkommen.« Ich habe Karl stets als den Menschen akzeptiert, der er war. Ich habe ihn geliebt, weil er so war, und versucht, aus dem Leben an seiner Seite das Beste zu machen. Karls Credo war es, das Leben gelassen zu nehmen – das Leben so zu leben, wie es kommt, mit allem, was es dir gibt und was es dir nimmt. Daran hat er sich wohl immer gehalten. Ich erinnere mich an die Tage kurz vor Marcos Geburt. Karl begleitete mich zur letzten Kontrolluntersuchung ins Krankenhaus nach Sterzing. Wie alle Frauen, die vor der Niederkunft stehen, war ich besorgt, fragte mich, ob wohl alles gut gehen würde. Karl sagte mir mit der gewohnten Ruhe: »*Popa*, das ganze Leben ist ein Risiko. Wir könnten uns jetzt auch um Alex Sorgen machen, der gerade im Kindergarten ist. Oder um Miriam bei der Großmutter. Passieren kann immer was. Auch uns auf der Rückfahrt im Auto. Also denk nicht mehr daran. Es hat keinen Sinn, sich ständig unnötig zu ängstigen.« »Das Leben ist nur schön, wenn wir es herausfordern!«, schrieb er in sein Tagebuch. Das war seine Lebensphilosophie. Heute lebe auch ich danach.

Nach der Bezwingung des Gasherbrum II illegal in Pakistan

»Angst ist ein ständiger Begleiter. Dennoch ist es besser, sie für sich zu
behalten, anstatt sich gegenseitig verrückt zu machen.«

KARL UNTERKIRCHER

Karl und seine Freunde Michele Compagnoni und Daniele Bernasconi trauten ihren Ohren nicht, als Militärangehörige sie zu illegalen Einwanderern erklärten. Schlimmer noch: Einige verdächtigten die Bergsteiger als Terroristen, die es zu verhaften und in ein dunkles Verlies in Islamabad einzusperren galt. Der Grund? In den Pässen der Bergsteiger fehlte der amtliche Stempel, der ihre Einreise nach Pakistan bestätigte. Angesichts der strengen Einreisebestimmungen ein nicht ungefährliches Versäumnis. Mit dem fehlenden Stempel hatten sie nie offiziell und damit rechtmäßig die Grenze nach Pakistan passiert. Als illegale Einwanderer konnten sie sich nicht frei im Land bewegen. Aber was für die drei Alpinisten noch folgenschwerer war: Sie durften nicht einfach in ein Flugzeug steigen und nach Europa zurückkehren. Vergeblich versuchten sie dem Militär klarzumachen, dass es dort, wo sie die pakistanische Grenze überquert hatten, keine Zollstation gegeben hatte. Karl und seine Freunde waren schließlich in China aufgebrochen und hatten den Gasherbrum II über die bis dahin unbezwungene Nordwand bestiegen. Auf der Höhe von 8035 Metern verläuft über den Gipfel des Gasherbrum II eine der höchstgelegensten Grenzen der Welt. Es war daher kaum verwunderlich, dass sie dort oben auf keinen Grenzposten gestoßen waren. Die Polizisten, denen sie in den Bergdörfern begegnet waren, hatten sie nicht kontrolliert, sie nicht aufgehalten. Erst in den größeren Städten stießen sie auf den Amtsschimmel.

Die erfolgreiche Erstdurchsteigung der schwierigen Nordwand des Gasherbrum II war dabei nicht das Problem. Kompliziert wurde es, weil sie als Erste überhaupt diesen Achttausender von China aus bestiegen hatten und auf der pakistanischen Seite abgestiegen waren. Mit diesem Vorgang allerdings hatten sowohl die pakistanische Polizei als auch die italienische Botschaft ihre Probleme. »Natürlich haben wir gewusst, dass das, was wir getan haben, nicht ganz den Regeln entsprach«, gestand Karl nach seiner Rückkehr. »Wir hatten halt gehofft, über Islamabad so schnell wie möglich ausreisen und nach Italien zurückkehren zu können. Das Visum für Pakistan hatten wir. Nur der amtliche Einreisestempel fehlte. Und ohne den wollten uns die Behörden nicht ausreisen lassen.«

In der pakistanischen Hauptstadt Islamabad herrschte zu dieser Zeit Ausnahmezustand. Der Aufenthalt in der Stadt war gefährlich. Nach mehreren Attentaten beherrschte das Militär das Stadtbild. Ich erlebte einen ungewöhnlich nervösen Karl am Telefon. Die folgenden zehn Tage waren für Karl und seine Bergpartner eine Zeit des Bangens und Hoffens. Zwar kamen sie nicht ins Gefängnis, aber sie durften sich dem Flughafen nicht nähern. Die Tage verstrichen mit dem Ausfüllen von Formularbergen und dem Unterzeichnen diverser Papiere, oder sie führten abwechselnd ewig lange Telefongespräche mit Italien. Erst nach diesen bürokratischen Hürden durften sie das Ausreisevisum für die ersehnte Rückkehr nach Italien beantragen. Für die drei Alpinisten war die pakistanische Bürokratie einfach unverständlich. Die Behörden beharrten auf die penible Einhaltung des Dienstweges und kosteten ihre Machtstellung weidlich aus. Die Erklärung für das Fehlen des Einreisestempels sollte eigentlich nachvollziehbar sein, aber das schien hier niemand zu interessieren. Sie waren nur sichtlich überrascht und konnten oder wollten einfach nicht verstehen, wieso drei Italiener illegal in Pakistan waren.

In Wolkenstein warteten währenddessen alle auf Karls Rückkehr. Das Fest anlässlich der Erstbesteigung des Gasherbrum II war seit Tagen vorbereitet, und niemand verstand, weshalb sich die Ankunft so lange hinauszögerte. Auf ungeduldige Nachfragen konnte ich nur mit den Schultern zucken und erwidern: »Bürokratie! Was sonst?«

Zum Glück hatten Karl, Michele und Daniele zur Besteigung des Gasherbrum II nicht nur ihre Pässe, sondern auch genügend amerikanische Dollar eingesteckt. Dinge, die man normalerweise auf einem Achttausender nicht benötigt. Der Tipp dazu kam von Hans Kammerlander. Karl hatte vom Basislager aus mit Hans telefoniert. Von ihm stammte der Vorschlag, den Abstieg nach Pakistan zu wagen und deshalb Pässe und Geld mitzunehmen. Er hielt den erneuten Durchstieg der Nordwand auf der chinesischen Seite für ein unnötiges Risiko. Dass sie auf Probleme beim Grenzübertritt stoßen könnten, hatte er vorausgesehen: »Stellt euch einfach dumm, wenn ihr in eine Kontrolle geratet. Keiner wird verstehen, woher ihr kommt.« Dieser Ratschlag half allerdings nicht viel weiter.

Unterdessen begann ich, mir in Wolkenstein große Sorgen zu machen. Völlig überraschend erreichte mich ein Anruf von Giorgio Gajer, einem engen Freund von Agostino Da Polenza. Er erklärte, die Lage in Pakistan sei verfahren. Auch die italienische Botschaft könne erst einmal nicht helfen. Karl und seine Bergpartner würden auf einer Polizeistation festgehalten. Ein Polizist habe sie an einer Straßensperre für afghanische Terroristen und ihre Pässe für Fälschungen gehalten. Die drei bärtigen, von Wind und Wetter gebräunten Männer hatten vielleicht in ihrer Aufmachung einen verdächtigen Eindruck gemacht. Das war für mich vorstellbar. Aber sie für Afghanen zu halten, erschien abwegig. Karl war es offenbar von der Polizeistation aus gelungen, über sein Satellitentelefon die italienische Botschaft über ihren Verbleib zu benachrichtigen. Also befanden sich die drei jetzt in einer Polizeikaserne in Islamabad.

Später schilderte mir Karl die Ereignisse wie folgt: »In der Kaserne hat man uns sogar Tee und Kekse serviert. Aber erst als ein Beamter der Botschaft eintraf, konnten wir den Offizier überzeugen, dass wir tatsächlich Italiener und keine Afghanen waren. Jetzt allerdings war ihre Neugier geweckt. Drei Italiener, die sich illegal in Pakistan aufhielten, hatte es hier noch nie gegeben.« Drei Tage lang mussten sich Karl und seine Freunde in dieser Kaserne immer wieder vorstellen, bis sie endlich eine Sondergenehmigung erhielten, die sie zur Ausreise aus Pakistan berechtigte. Da sie den gebuchten Flug längst verpasst hatten, mussten sie sich neue Tickets besorgen. Sie kehrten am 3. August 2007 nach Italien zurück.

Karl, Michele Compagnoni und Daniele Bernasconi hatten damit ein Unternehmen beendet, das viele Experten als »die bedeutendste Besteigung der vergangenen zehn Jahre« bezeichneten. Sie hatten wahrlich Alpingeschichte geschrieben. Mit der ersten vollständigen Durchsteigung der Nordwand in der direkten Gipfelfalllinie des Gasherbrum II war ihnen eine alpine Großtat gelungen, die lange für unmöglich gehalten worden war.

Die Bezwingung des Gasherbrum II über den Nordostpfeiler war bis 1983 für Agostino Da Polenza und Kurt Diemberger ein gemeinsam anvisiertes Ziel gewesen. In jenem Jahr hatten sie diese Region des Karakorum anlässlich der Besteigung der Nordwand des K2 erkundet, dessen Gipfel Agostino dann auch erreichte. Sie schworen sich damals, zu diesem geheimnisvollen Berg zurückzukehren, ohne den Traum letztendlich realisieren zu können. Aufgegeben hat Agostino Da Polenza den Plan jedoch nie. 2007 organisierte er eine Expedition, für die er unter den besten Bergsteigern der Gegenwart

Karl, Daniele und Michele auswählte. Sie sollten für ihn das Projekt verwirklichen, von dem er schon so lange geträumt hatte.

Um das in dieser Region besonders kostspielige Projekt zu finanzieren, hatte er als Partner ein spanisches Alpinistenteam – mit seiner Fernsehsendung *Al filo de lo imposible* (»An der Grenze des Möglichen«) – gewonnen und eine italienisch-spanische Expedition zusammengestellt.

So kam es, dass sich Karl am 6. Juli 2007 wieder verabschiedete. Er hatte sich intensiv mit dem neuen Vorhaben beschäftigt, war austrainiert und sehr motiviert. Am Morgen seiner Abreise klingelte der Wecker nicht. Ich wachte dennoch im Morgengrauen auf. Karl schlief neben mir tief und fest. Einen Moment lang war ich versucht, ihn nicht zu wecken. Dann hätte er seinen Flug versäumt und wäre zu Hause geblieben. Die kindische Anwandlung währte nicht lange. Ich konnte und wollte ihm das nicht antun. Ich weckte ihn auf. »Jetzt reise ich schon wieder ans andere Ende der Welt. Als Vater bin ich eine Niete«, hatte er mir am Vorabend noch scherzhaft gesagt. Dennoch ahnte er wohl, dass seine lange und häufige Abwesenheit für die Kinder immer schwieriger zu akzeptieren war.

Seine Rolle als Vater ist schwierig zu beurteilen. Dazu hatte er sie zu kurze Zeit inne. Aber die Grundlagen der Kinderbetreuung wie Füttern oder Windeln wechseln gehörten weder zu seinen Lieblingsbeschäftigungen noch bewies er darin großes Geschick. Dafür allerdings konnte er sich in Rekordzeit einen Klettergurt anlegen. Ich weiß noch gut, wie er mir einmal helfen wollte, Miriam zu wickeln, und hartnäckig versuchte, sie in Marcos Windelgröße zu zwängen, die natürlich für eine fast Zweijährige viel zu klein war. Beliebt war auch der umgekehrte Fall. Die Variante des »fürsorglichen Vaters« hatte bei Karl etwas unweigerlich Komisches, was mich häufig zum Lachen brachte. Alex, als Ältester, vergötterte den Vater. Er war be-

reits verständiger als die kleinen Geschwister, und Karl konnte mehr
mit ihm anfangen. Sie hörten zusammen Musik und spielten Fußball – im Winter sogar im Hausflur. Gelegentlich ging Karl auch mit
Alex zum Klettern, was der Junge als ein nur ihm zustehendes Privi-
leg betrachtete. Einige Tage nach seiner Rückkehr vom Gasherbrum II hat Karl, als er Alex nicht zu Hause vorfand, Miriam zum
ersten Mal in den Klettergarten mitgenommen. Als Alex später nach
Hause kam und das merkte, bekam er einen Wutanfall. Er wollte unbedingt mit dem Fahrrad hinterher. Die Vorstellung, eine Gelegenheit verpasst zu haben, etwas mit dem Vater zu unternehmen, war
für ihn schwer erträglich. Alex war damals erst fünf Jahre alt. Ich
konnte ihn daher unmöglich allein mit dem Fahrrad auf die Straße
lassen. Ich war mit dem Baby Marco ans Haus gefesselt. Es dauerte
eine Stunde, bis ich den weinenden und zeternden Jungen überredet
hatte, zu Hause auf den Vater zu warten.

Mitte Juni trafen Karl und seine Gefährten in der chinesischen Stadt
Kashgar (auch Kaxgar) ein und reisten weiter in das Dorf Llica. Von
Llica aus brachen sie zu dem zwei Wochen dauernden Fußmarsch
zum Basislager des Gasherbrum II auf 4800 Meter Höhe auf. Karl hat
die Reise durch diesen Teil Chinas begeistert. Besonders der Abschnitt durch das wilde und abgelegene Autonome Uigurische
Gebiet Yinjiang (früher Sinkiang) hatte es ihm angetan. Dort gab es
weder Brücken noch Straßen, nur riesige Wüstengebiete. Die Etappen zwischen den einzelnen Orten wurden mit Kamelkarawanen zurückgelegt. Diese sehr »geländegängigen« Tiere waren in der Lage,
Lasten von bis zu 200 Kilo zu tragen. Selbst Furten mit hohem Was-
serstand konnten sie ohne Schwierigkeiten durchqueren. Karl war
überzeugt, dass sie ohne Kamele den Transport zum Basislager
nicht hätten bewältigen können. Erst die Gletscher stoppten die Ka-
melkarawane endgültig. Von da ab sollten menschliche Träger ihren

Part übernehmen und die Expeditionstonnen zu Fuß über die Gletscher weitertransportieren. Allerdings gab es ein unvorhergesehenes Problem. Für die nur mit leichten Turnschuhen ausgestatteten Träger war die Route über das ewige Eis riskant. Karl, Michele und Daniele wurden deshalb als »Vorhut« eingesetzt. Durch die mondlandschaftartigen, gigantischen Eispyramiden musste ein gangbarer Weg gefunden werden. Wie sich herausstellte, ein schwieriges Unterfangen. Diese Arbeit im tückischen Büßereis verzögerte den Anmarsch zum Basislager um Tage. Auf ihrer Erkundungstour kamen Karl und seine Freunde an einem mit glasklarem Wasser gefüllten Toteiskessel – eine Hinterlassenschaft des Gletschers im Moränenschutt – vorbei. Auf der makellos glatten Wasseroberfläche spiegelten sich die verschneiten Gipfel des Karakorums in überirdischer Schönheit. Doch so schön dieses Gewässer auch aussehen mochte, so unmöglich erschien es, es zu umgehen. Eine geschlagene Stunde verbrachte der Voraustrupp mit der Suche nach einem Ausweg. Letztendlich sahen sie keine andere Möglichkeit, als mitten hindurch zu waten. Karl entkleidete sich, warf seinen Rucksack ans andere Ufer und stieg als Erster in das eiskalte Wasser. Mit Seil und anderen Hilfsmitteln konstruierten sie eine Art Seilbahn, womit sie das Material ans andere Ufer schaffen konnten. Schließlich waren auch Michele und Daniele an der Reihe, sich in das eiskalte Vergnügen zu stürzen. Glücklicherweise schien die Sonne. Sie trockneten also schnell. Jedes Mal, wenn ich die Fotos von ihrem ungeplanten »Badevergnügen« betrachte, muss ich unwillkürlich lachen. Und dann frage ich mich, wie sie es nur geschafft haben, dieses Eisbad gesund zu überstehen.

Die drei befanden sich nun am gegenüberliegenden Ufer. Erst aus dieser Perspektive entdeckten sie einen mit Bambuspfählen gesäumten Knüppelpfad, mit dem die Wasserfläche zu umgehen war. Vermutlich die Konstruktion einer Schweizer Expedition aus dem Vor-

jahr. Die ganze Mühe und das eiskalte Bad hätten sie sich also erspa-
ren können. Sie richteten den Weg mit Fixseilen und Leitern über
den Spalten ein, sodass die Träger das Gelände mit dem Material
passieren konnten.

Während des Anmarsches zum Basislager trat ein Problem auf,
das beinahe zum Scheitern des Unternehmens geführt hätte. Wie
sich erst jetzt herausstellte, beruhte es auf der unterschiedlichen
Routengestaltung der spanischen und italienischen Expeditionsteilnehmer. Karl, Michele und Daniele hatten die Erstbesteigung des
bislang unbezwungenen Nordpfeilers zum Ziel. Die spanischen
Teilnehmer hingegen beabsichtigten, die Schweizer Route über die
Ostflanke zu begehen. Schließlich kam es zu hitzigen Debatten zwischen beiden Gruppen. Ein Nachgeben einer der beiden streitenden
Parteien hätte die wochenlangen Vorbereitungsarbeiten im jeweiligen Heimatland hinfällig gemacht. Hauptproblem war dabei das Expeditionsmaterial, das nur für eine gemeinsame Expedition zusammengestellt worden war. Auf dem Weg durch das Büßereis-Labyrinth
kam es schließlich zur Einigung. Man teilte Seile, Zelte, Kletterausrüstung, Hochgebirgskleidung, Kocher und Lebensmittelvorräte un-
tereinander auf. Die Aufteilung der knapp bemessenen Kletterausrüstung erwies sich allerdings als sehr schwierig. Vor allem fehlten
ausreichend Felshaken und statische Seile für die Besteigung des
Nordostpfeilers. Dennoch gingen beide Gruppen in versöhnlicher
Stimmung auseinander. Im gemeinsamen Basislager und schließlich auf dem Gipfel des Gasherbrum II wollte man sich wiedersehen.

Als Karl und Michele, die unzertrennlichen Freunde, den idealen
Lagerplatz unterhalb des Nordostpfeilers des Gasherbrum II endlich
erreicht hatten, öffneten sie die Tonne mit den Lebensmitteln. Sie
gehörte zur ersten Ladung, die mit einem Teil der Träger eingetroffen war. Darin fanden sich vakuumverpackt zahlreiche Köstlichkei-
ten: Bresaola (luftgetrocknetes Rindfleisch), Speck, Würste, Kartof-

feln, Essiggurken, Büchsenfleisch, Parmesan und andere Hartkäsesorten. Es mangelte also an nichts, nicht einmal an den Spezialitäten ihrer Heimattäler. Karl war kein Freund von Energieriegeln. Trotz ihres geringen Gewichts hatte er für diese Nahrung nie Platz in seinem Rucksack. Energie und Kraft für seine Klettertouren schöpfte er aus heimischem Speck und Schüttelbrot. Nahrungsmittel, auf die er sogar auf den Gipfeln der Achttausender nicht verzichten wollte. Zuunterst in der Expeditionstonne allerdings entdeckten sie eine flach gedrückte Schokoladentorte, die in der Wärme und durch den Transport auf dem Rücken der Kamele arg gelitten hatte. Während die beiden auf Daniele und den Rest der Träger warteten, konnten sie nicht widerstehen und machten sich über die Torte her. »Wir haben uns gefühlt wie bei einem Lausbubenstreich. Und ehe wir uns versahen, hatten wir die ganze Torte verdrückt. Anschließend haben wir uns geschämt, denn Daniele hätte auch ein Stück verdient«, erzählte Michele später nach der Rückkehr nach Italien.

Im Basislager hatte jeder der drei Bergpartner sein eigenes Zelt. Als jedoch während der Akklimatisierungsphase Schneefall einsetzte, verzogen sich Karl und Michele häufig zusammen in ein Zelt. Dort spielten sie Karten oder erzählten sich bei einer Zigarette alte Geschichten. Karl rauchte nur noch selten, genoss jedoch den Tabakduft, wenn er sich möglichst bedächtig eine Zigarette drehte. Rauchen war für Karl vor allem eine Art Ritual, kein Laster.

Ständig lösten sich Eis- und Felsbrocken aus den Wänden des Nordostpfeilers. Das permanente Krachen und Bersten hallte wie ein Echo durch das ganze Tal. Eine unangenehme Geräuschkulisse, die den Bergsteigern nachts den Schlaf raubte, und an die man sich nur schwer gewöhnte. Eines Tages im Morgengrauen allerdings schwoll das übliche Gepolter zu einem ohrenbetäubenden Getöse an. Karl und die anderen sprangen spärlich bekleidet aus den Zelten, um sich vor Fels- und Eisschlag in Sicherheit zu bringen. Mit einem

Blick wurde ihnen klar, dass sich ein riesiger Sérac ganz oben im Pfeiler gelöst hatte. Der Eisturm überschlug sich krachend, donnerte gegen den Fels, zerbarst in Brocken und Stücke, die sich schließlich in feinen Staub auflösten. Sämtliche Bewohner des Basislagers beobachteten das Schauspiel im Schutz größerer Felsblöcke, während der Boden wie bei einem Erdbeben schwankte. Glücklicherweise ging nur eine Wolke aus pulverisiertem Eis über dem Lager nieder, die alles mit einer feinen, weißen Schicht überzog. Nach diesem Vorfall verlegten sie die Zelte und beschlossen, auch die Aufstiegsroute für den unteren Konglomerat-Pfeiler etwas weiter nach links über dem Grat zu verschieben. Der nächtliche Vorfall hatte sehr eindrucksvoll demonstriert, dass die Linie über den Grat zu riskant war. Dieser untere 900 Meter hohe Pfeiler wurde innerhalb weniger Tage mit Fixseilen abgesichert. Von dort erreichten sie das Plateau auf 5900 Meter. Um sich zu akklimatisieren, schliefen die drei Bergsteiger im Hochlager. Noch in derselben Nacht setzte in der Höhe Schneefall ein. Daniele war am nächsten Morgen schon um sieben Uhr auf den Beinen, berichtete Karl später, während Michele und er ihrem Ruf als Langschläfer treu blieben. Sie streckten erst um ein Uhr mittags die Köpfe aus dem Zelt.

Karl nahm jede Gelegenheit wahr, unberührtes Terrain zu erkunden. Nicht einmal die Akklimatisierungsphase am Gasherbrum II konnte ihn daran hindern, wie aus seinen Tagebucheintragungen hervorgeht: »Bernasconi hatte in den ersten Tagen etwas Mühe mit der Höhe und beschloss daher, an den Fixseilen bis zum Basislager abzusteigen. Michele und ich dagegen waren wie immer in Entdeckerlaune. Wir beschlossen, entlang der Séracs ins Tal zurückzukehren. Wir querten ein riesiges, tief verschneites Plateau, das bisher noch niemand begangen hatte, genossen die Faszination des Neuen, die Konfrontation mit dem Unbekannten. Im leichten Nebel merkten wir plötzlich, dass wir die Aufstiegslinie im Osten kreuzten, die sich die Spanier vornehmen wollten. Beim Abstieg lichtete sich der Nebel, und zum ersten Mal sahen wir die Nordflanke des Gasherbrum I. Ein unvergesslicher Anblick! Die Wand ist eine Pracht. Michele und ich haben uns nur angesehen und gewusst, dass wir unbedingt zu ihr zurückkehren müssen.«

Karl Gabl, Spezialist für Wetterprognosen im Himalaja, übermittelte von Innsbruck aus die Wettervorhersage für die nächsten Tage. Nach zwei Wochen mit heftigem Wind und Schneegestöber bestand Hoffnung, dass sich ein Schönwetterfenster von drei Tagen öffnen würde. Ein Zeitraum, der für die Gipfelbesteigung und den Abstieg genügen sollte.

Der Aufbruch zum Gipfel am 18. Juli war ein erhebendes Erlebnis. Sie stiegen wieder die 900 Meter des gigantischen Konglomerat-Pfeilers an den Fixseilen auf. Auf halber Höhe vernahmen Karl und seine Gefährten über ihren Köpfen ein Donnern wie bei einem Erdbeben. Sie starrten in die Höhe. Über ihnen hatte sich eine Lawine gelöst, die bedrohlich auf sie zustürzte. Dennoch wurden sie von ihr nicht erfasst. Ein schmaler Vorsprung über ihnen rettete das Leben der Bergsteiger. Dieser Vorsprung wirkte wie ein Sprungbrett, das die Schnee- und Eismassen über ihre Köpfe hinwegkatapultierte. In einiger Entfernung landete die Lawine unter ihnen und wälzte sich weiter talwärts. Schließlich erreichten sie wohlbehalten das Zelt, das sie im Neuschnee auf dem Plateau aufgestellt hatten. Am nächsten Tag brachen sie um vier Uhr morgens auf, um die bislang unberührte, gefährliche Nordwand in Angriff zu nehmen. »Das Spuren dort oben ist eine buchstäblich beinharte Angelegenheit«, notiert Karl in sein Tagebuch. »Wir wühlen uns durch hüfthohen, lockeren Neuschnee. Jetzt sind wir die Wand doch etwas weiter links vom Grat angegangen, wo die Neigung ein bisschen flacher ist. Von dort aus stiegen wir in der Vertikale dem Gipfel entgegen. Die Rampen weiter oben sind unglaublich steil. Es würde mich reizen, von dort mit den Skiern abzufahren – aber ich bin Realist. Es wird ein Traum bleiben, es ist viel zu steil.«

Michele, der sich bereits am ersten Klettertag nicht wohlgefühlt hatte, ging es erneut schlecht. Er konnte weder essen noch trinken. Jedes Mal, wenn er versuchte, etwas zu sich zu nehmen, musste er sich übergeben. Mit eisernem Willen gelang es ihm dennoch, in dieser anspruchsvollen, tückischen Wand weiterzusteigen. Er wusste, dass ihm hier oben niemand helfen konnte und dass er auf sein klettertechnisches Können und seine eigene Kraft vertrauen musste. Erschöpft, aber glücklich erreichten sie alle drei die Höhe von 7000 Metern und kletterten auf einen verschneiten Vorsprung. Dort schaufelten sie einen dreieckigen Platz für das Zelt frei. Der Platz war so knapp, dass man sich mehr oder weniger in das Zelt hinein- oder herauswinden musste. Begrenzt wurde dieses Adlernest auf der einen Seite durch die Wand, auf den beiden anderen Seiten durch zwei Überhänge. Nicht einmal pinkeln konnte man hier unangeseilt. Ein orkanartiger böiger Wind zwang die drei dann, bis um neun Uhr morgens im Zelt auszuharren. »In diesem Moment wurde mir klar, dass es unmöglich war, auf dem Rückweg wieder über diese Wand abzusteigen«, schreibt Karl in seinen Notizen. »Und auch der weitere Aufstieg ist eine waghalsige Angelegenheit mit vielen Unbekannten. Die Angst ist ein ständiger Begleiter. Dennoch ist es besser, sie für sich zu behalten und sich nicht gegenseitig verrückt zu machen.«

Als sich der Wind endlich etwas beruhigte, verließen sie praktisch fluchtartig ihr Adlernest. Sie nahmen sich nicht einmal die Zeit für den Zeltabbau – was Karl ärgerte. Er war stets bemüht, am Berg nichts zurückzulassen. Hierzu steht in seinen Notizen: »Der Wind blies so heftig, fing sich in meinen Hosenbeinen, dass ich fast abhob. Nur mit der Kraft der Verzweiflung konnte ich mich mit den

Eispickeln an der Wand einhalten. Es hat mich eine unmenschliche Kraft gekostet, nicht locker zu lassen. Anderenfalls hätte es mich davongeweht.«

In jener Nacht verschlechterte sich Micheles Zustand. Im Morgengrauen, als der Wind etwas abflaute, konnte er das Frühstück erneut nicht bei sich behalten. Beim Essen bekam er sofort Magenkrämpfe und musste sich übergeben. Danach ging es ihm zwar wieder besser, doch er fühlte sich erschöpft und kraftlos. Michele schleppte sich mühsam hinter Karl und Daniele her. Mit vereinten Kräften erreichten sie ein zweites Gletscherplateau auf 7500 Meter Höhe. Von dort aus verlief der Anstieg flacher, und die Schneedecke war hart gefroren. So kamen sie schneller voran. Während Michele den anderen in einigem Abstand folgte, erhielt er einen Telefonanruf der spanischen Alpinisten. Sie verzweifelten gerade am schwierigen Aufstieg zum Gipfel über den Ostgrat. In dem flacheren Gelände war der Neuschnee nicht abgerutscht und das Spuren unter diesen Bedingungen an der Grenze des Machbaren. »Ich habe gesehen, wie die Spanier abstiegen anstatt aufzusteigen«, erzählte Michele später. »Natürlich habe ich mich gefragt, was das für uns bedeutete. Ursprünglich wollten wir über die Ostflanke absteigen und zwar in der Spur, die die Spanier gelegt hatten. Das allerdings fiel schon mal flach. Die Spanier hatten aufgegeben. Von unserem Standort aus den direkten Rückweg anzutreten, war technisch unmöglich. Den Eisbruch hatten wir gerade noch unversehrt hinter uns gebracht. Es wäre mehr als leichtsinnig gewesen, beim Abstieg dasselbe Risiko noch einmal einzugehen. Damit blieb uns nur noch die dritte Lösung: auf der Normalroute nach Pakistan abzusteigen, wie es uns Kammerlander vorgeschlagen hatte. Unsere Pässe hatten wir also nicht umsonst mitgenommen.«

Als sie die Höhe von 7850 Metern erreichten, war Michele völlig erschöpft. Es war spät geworden. Den Gipfel hätte er nur mit großen

Schwierigkeiten erreicht. Die Gruppe beschloss, sich aufzuteilen. Karl und Daniele setzten den Weg zum Gipfel fort. Michele dagegen querte zum Südwestgrat und verließ damit die direkte Gipfelfalllinie, auf der Karl und Daniele den Gasherbrum II eroberten. Sie verabredeten, sich unterhalb des Nordwestsattels wieder zu treffen. Von dort aus beabsichtigten sie, zu dritt über die Normalroute nach Pakistan abzusteigen.

Am 20. Juli 2007 um 20 Uhr chinesischer Zeit und um 17 Uhr pakistanischer Zeit umarmten sich Daniele und Karl auf dem Gipfel des Gasherbrum II nach elfstündigem Aufstieg. Anschließend stiegen sie eilig ab, doch unter dem Nordwestsattel war noch keine Spur von Michele zu sehen. Selbst bei gemächlichem Tempo sollte er ihn längst erreicht haben. Sein Satellitentelefon blieb stumm. Es war entweder ausgeschaltet, oder – was wahrscheinlicher war – die Batterie hatte ihren Geist aufgegeben. Es wurde bereits dunkel, und Karl begann so etwas wie Panik zu spüren. Er fühlte sich wie immer für seine Seilgefährten verantwortlich. Ungeachtet seiner Erschöpfung machte Karl kehrt, um seinen Freund Michele zu suchen. Nach zwanzig Minuten entdeckte er zum Glück den schwachen Schein von Micheles Stirnlampe. Sie umarmten sich erleichtert und kehrten zu Daniele zurück, der inzwischen Rast gemacht hatte. Es war bereits Mitternacht, als sie zu dritt mit dem eigentlichen Abstieg in Richtung Pakistan begannen. Es dauerte nicht lange, bis Michele erneut immer weiter zurückblieb, den Anschluss an die beiden verlor. Karl drehte sich immer wieder nach ihm um, rief seinen Namen, bekam jedoch keine Antwort. Er suchte im Dunkeln nach dem Schein von Micheles Stirnlampe, konnte ihn jedoch nirgends entdecken. Karl war selbst erschöpft, und diesmal fehlte ihm die Energie, um noch einmal umzukehren und nach Michele zu suchen. Er war verzweifelt. Wie durch ein Wunder gelang es Michele, seine letzten Kräfte zu mobilisieren und durchzuhalten. Er konnte sich kaum noch auf den Beinen halten, als er schwankend schließlich Karl und Daniele am Rand eines gigantischen Séracs erreichte. In der Dunkelheit waren sie wohl von der Normalroute abgekommen und hatten den falschen Weg eingeschlagen. Von dieser Stelle aus war an ein Weiterkommen zu Fuß nicht mehr zu denken. Ob allerdings das Seil zum Abseilen ausreichen würde, wussten sie nicht. Der Mond tauchte die gesamte Bergkulisse in ein geradezu unwirkliches Licht. Trotz dieser günstigen Lichtverhältnisse beschlossen sie um zwei Uhr morgens, auf 7000 Meter zu biwakieren, um am nächsten Morgen besser beurteilen zu können, was zu tun war. Im Morgengrauen ging es Michele endlich etwas besser. Je tiefer sie kamen, je mehr sie allmählich die extremen Höhen verließen, desto schwächer wurden die Symptome der Höhenkrankheit, die ihn drei Tage lang gequält hatten. Während Karl, Michele und Daniele abstiegen, bot sich ihnen von oben ein unerwarteter Anblick. Das Lager 2 auf pakistanischer Seite hatten sie voll besetzt mit Alpinisten erwartet, die über diese Flanke zum Gipfel aufsteigen wollten. Stattdessen trafen sie auf eine verlassene Geisterstadt aus dreißig orangefarbenen Zelten. Keine Menschenseele war zu sehen. Alles hier sah aus, als sei das Lager fluchtartig verlassen worden. Je näher sie kamen, desto mehr verstärkte sich dieser Eindruck. Lebensmittel, Kocher, Schlafsäcke, Kletterausrüstung lagen in den Zelten. Erst jetzt entdeckte Karl, dass die Fixseile, die normalerweise den Aufstieg zum Lager 2 sicherten, unter einer hohen Schneedecke begraben waren. Von dieser Seite schien schon seit geraumer Zeit niemand mehr aufgestiegen zu sein.

Karl rief mich über das Satellitentelefon an. Er wollte wissen, warum im Lager 2 am Gasherbrum II gespenstische Ruhe herrschte. Er war besorgt. Für mich dagegen war sein Anruf eine große Erleichterung. Von der pakistanischen Flanke des Gasherbrum II hatte sich eine gigantische Lawine ins Tal gewälzt und dabei zwei Alpinisten unter sich begraben. Aus diesem Grund hatte niemand mehr den

183

Aufstieg von dort gewagt. In der Nacht, als Karl und seine Gefährten auf 7000 Meter biwakiert hatten, war Stefano Zavka am K2 verschollen. 2004 hatte er mit Karl zum Team am K2 gehört. Den Meldungen zufolge war er beim Abstieg hinter seinen Kameraden zurückgeblieben. Niemand hat ihn je wiedergesehen. Karl beruhigte mich, versicherte mir, sie seien wohlauf. Die Sonne schien, sie waren guter Dinge und wollten in Ruhe den restlichen Abstieg bewältigen. »Wenn wir bis jetzt überlebt haben, dann erreichen wir auch ohne Probleme das Basislager«, war seine Antwort.

Während Karls Gruppe unter dem Gipfel des Gasherbrum II auf pakistanischer Seite biwakierte, erfuhr ich in Wolkenstein mit großer Sorge von orkanartigen Stürmen im Himalaja. Dass die Nacht auf der pakistanischen Flanke des Gasherbrum II windstill und sternenklar war, konnte ich nicht ahnen. In jener Nacht hatte ich einen seltsam anmutenden Traum. Ich träumte von einem bestimmten Datum: dem 3. Dezember 2006, dem Tag, an dem Marco geboren worden war. Und im Traum erlebte ich alles noch einmal.

Karl hatte mich ins Krankenhaus nach Sterzing begleitet. Er war noch immer nicht sicher, ob er die Geburt persönlich miterleben wollte. Bisher jedenfalls war er nie dabei gewesen. Jetzt war seine letzte Gelegenheit gekommen. Ein viertes Kind würde es schwerlich geben. Alex war durch einen Kaiserschnitt zur Welt gekommen. Bei Miriams Geburt war er am Jasemba gewesen. Karl hatte in diesem Moment wahrscheinlich einfach nur Angst vor dem, was ihn erwartete. Deshalb versuchte ich erst gar nicht, ihn zu drängen, und überließ es bis zur letzten Minute seinem eigenen Ermessen, ob er die Geburt miterleben wollte oder nicht. Ich lag in den Wehen, und die Hebamme schickte sich an, mich in den Kreißsaal zu schieben. Währenddessen blickte Karl mich mit großen Augen an und fragte auf Ladinisch: »*Cie dessi pa fe?* Was soll ich tun?« Heute muss ich darüber lachen, doch damals war ich ziemlich gereizt und habe geantwortet: »Mach, was du willst!« Schließlich blieb er bei mir. Und hat es offenbar nie bereut. Wie üblich blieb er ziemlich wortkarg. Am Ende umarmte er mich und sagte: »Für mich, der ich daran gewöhnt bin, mit dem Tod in den Bergen konfrontiert zu werden, war die Geburt meines Kindes eine unvergessliche Erfahrung.«

Karl, Michele und Daniele erreichten vom Lager 2 aus das Lager 1 ohne große Probleme. Dort wurden sie sofort mit einer Schale Reis verköstigt, die sie gierig und mit großem Appetit aßen. Sie hatten keine Schokolade mehr, und auch die Speckration war aufgebraucht. Anschließend setzten die drei Männer ihren Marsch über den Gletscher Richtung Basislager fort. Auf halber Strecke stießen sie auf Mario Merelli und Mario Panzeri. Beide Bergsteiger waren mit Karl und Michele auf dem Mount Everest und dem K2 gewesen. Ihr Ziel war diesmal der Gasherbrum I. Die Gefährten fielen sich glücklich in die Arme, gönnten sich eine Rast und tauschten Erlebnisse und Ratschläge aus. Es war ein fröhliches Wiedersehen.

Zu Hause in Wolkenstein strich Alex währenddessen die Tage auf dem Kalender aus, die er bis zur Rückkehr des Vaters nicht mehr warten musste. Das letzte Kästchen, das er vor Karls Rückkehr nach Italien auskreuzen durfte, rückte immer näher.

Die zerrissene Seite

»Wir werden geboren, und eines Tages werden wir sterben.
Dazwischen liegt das Leben! Ich nenne es Geheimnis. Niemand von
uns besitzt den Schlüssel dafür. Unser Leben liegt in Gottes Hand.
Und wenn er uns ruft, dann müssen wir gehen.«

KARL UNTERKIRCHER

Am Morgen des 16. Juli 2008 läutete kurz nach sieben Uhr die Haustürklingel. Ich lag mit Alex, Miriam und Marco noch im Bett. Die Kinder hatten wie immer, wenn der Vater zu einer Expedition aufgebrochen war, unser Schlafzimmer erobert und schliefen bei mir. An jenem Morgen habe ich die Tür geöffnet und wusste im selben Augenblick, dass etwas geschehen war. Herbert Mussner und ich verstanden uns wortlos. Dem großen, stattlichen Mann, der Karl so engagiert unterstützte, liefen die Tränen übers Gesicht. Damit war klar: Es musste etwas Schlimmes passiert sein. Ich schwankte zwischen Angst und Hoffnung – wollte erst nicht akzeptieren, was sich im Unterbewusstsein bereits festsetzte. Wie sollte ich mich gegenüber den Kindern verhalten? Ihnen vor allem galt mein erster Gedanke.

An jenem Julimorgen hatte Herbert gegen 6 Uhr 20 sein Büro betreten. Er ist Frühaufsteher und hatte viel zu erledigen. Das Display seines Telefons zeigte zwei Anrufe an. Beide stammten von Karls Satellitentelefonnummer. Der erste um 5 Uhr 50, der zweite um 6 Uhr 10, aber keine Nachricht auf dem Anrufbeantworter. Herbert dachte an nichts Böses. Er wertete die Nachrichten vom Nanga Parbat regelmäßig aus und brachte damit Karls Internetseite immer auf den neuesten Stand. Er nahm daher an, Karl habe ihm mitteilen wollen, die Séraczone sei überwunden. Da der große Eisbruch im Vorfeld der Besteigung viel Kopfzerbrechen bereitet hatte, wollte Herbert die gute Nachricht umgehend ins Netz stellen. Herbert rief also sofort Karls Nummer an: »Hallo Karl! Alles in Ordnung?« Am anderen Ende meldete sich Simon. Seine Stimme klang müde, aber ruhig. Er sagte nur wenige Sätze, aber die trafen Herbert Mussner mitten ins Herz: »Karl ist in eine Gletscherspalte gestürzt. Der Schnee hat ihn unter sich begraben.« Dass Karl tot war, erwähnte Simon nicht. Vermutlich wollte er es selbst nicht wahrhaben. Trotzdem ließ seine Formulierung eigentlich keinen Raum für Optimismus. Simon fügte noch hinzu, dass die Batterie des Satellitentelefons sehr schwach sei. Walter und ihm fehle nichts. Sie hätten vor, die Wand weiter bis zum Silbersattel zu durchsteigen, um von dort, wie geplant, mit den Skiern abzufahren. Über die Eiswand abzusteigen, sei zu gefährlich. Außerdem hätten sie nicht genügend Eisschrauben.

Zwei Stunden später läuteten in Wolkenstein die Totenglocken. In dem kleinen Ort und schließlich im ganzen Grödnertal verbreitete sich die Nachricht wie ein Lauffeuer. Als Herbert das Glockengeläut hörte, kamen ihm plötzlich Zweifel. Vielleicht hatte er Simon missverstanden. Vielleicht war Karl gar nicht tot. Vielleicht war er nur verletzt. Eigentlich hatte Simon lediglich gesagt: »Der Schnee hat ihn begraben.« Noch am Vormittag versuchten wir mindestens ein Dutzend Mal, Simon anzurufen. Das Rufzeichen des Satellitentelefons verhallte ungehört. Erst Tage später erfuhren wir, dass das Telefon keinen Klingelton mehr von sich gegeben hatte. Am späten Vormittag rief ich schließlich Herbert an, um ihn auf den Boden der Tatsachen zurückzuholen. »Du hast das schon richtig verstanden. Karl ist tot«, sagte ich ihm.

Die Bestätigung erfuhr ich von Walters Frau Manuela. Sie ist eine sehr offene und starke Persönlichkeit. Sie rief mich an. Nach Simons Anruf bei Herbert hatte Walter kurz mit ihr gesprochen. Manuela berichtete, die Schneebrücke über einer Gletscherspalte sei eingebrochen und habe Karl in die Tiefe gerissen. Nachstürzender Schnee habe ihn unter sich begraben. Aus Pietät vermied auch sie vermutlich das entscheidende Wort, das in jenen ersten Stunden niemand zu sagen wagte: »Karl ist tot.« Mit großem Taktgefühl gab sie mir zu verstehen, dass Walter und Simon alles Menschenmögliche getan hatten, um Karl aus der Gletscherspalte zu bergen.

Bis zu Walters und Simons Ankunft in Gilgit war nicht eindeutig klar, ob sie Karl überhaupt gefunden hatten. Wir in Wolkenstein wussten nur, dass sie offenbar seinen Rucksack mit Satellitentelefon und Seil bergen konnten. Viele Fragen waren offengeblieben: Wo war Karl jetzt? War er verletzt? Und vor allem: Hatten sie ihn wirklich tot gesehen? Uns Daheimgebliebenen war nur bekannt, dass sich Karls Berggefährten zum Bazin-Gletscher aufgemacht hatten, um von dort aus auf der Buhl-Route abzufahren. Dass Simon und Walter jedoch auf keinen Fall weitergestiegen wären, wäre Karl noch am Leben gewesen, stand für mich außer Frage. Niemals hätten sie einen Sterbenden alleingelassen. Und genau deshalb musste ich mich davon überzeugen, dass es Karl nicht mehr gab. Diese Tatsache musste ich irgendwie versuchen anzunehmen.

Im Verlauf der folgenden beiden Tage konzentrierte sich die Aufmerksamkeit der ganzen Welt auf Walter Nones und Simon Kehrer, die ohne ihren Expeditionsleiter, ihren Seilersten am Berg zurückgeblieben waren. Allein in einer unbekannten Wand an einem der klettertechnisch schwierigsten Berge der Welt. Karl und sein Schicksal traten in den Hintergrund. Aber das war die Normalität. Die beiden lebten schließlich noch. Mein Mann dagegen nicht. Er würde nie wieder aus seinen Bergen zurückkehren, um seine Kinder in die Arme zu schließen. »Da ist nichts mehr zu machen. Nichts mehr zu machen«, wiederholte ich für mich mantrahaft. Nur mit großer Mühe begriff ich allmählich, dass es sinnlos war, auf einen Telefonanruf zu warten, sinnlos, davon zu träumen, dass sich die Haustüre öffnen, er hereinkommen und mich mit seinem geliebten Lächeln wie immer begrüßen würde: »Ciao, Schatz. Ich bin wieder da.«

Während ganz Italien gebannt das Schicksal von Walter und Simon verfolgte, beherrschte mich in jenen Stunden tiefster Not zwischen Bangen und Hoffnung nur ein Gedanke: Immer wieder lief vor meinem geistigen Auge der Film *Sturz ins Leere (Touching the Void)* ab, den ich noch zusammen mit Karl gesehen hatte. Er handelt von der wahren Geschichte zweier Freunde und begeisterter Bergsteiger, die zusammen den Siula Grande in den peruanischen Anden besteigen. Während des Abstiegs bricht sich der eine, Joe Simpson, das Bein. Der andere, Simon Yates, versucht, ihm zu helfen. Letztendlich jedoch ist er gezwungen, das Seil zu durchschneiden, das sie verbindet, um zumindest sich selbst zu retten. Simon ist überzeugt, dass Joe tot ist, und kehrt ins Basislager zurück. Joe jedoch hat wider Erwarten den Sturz überlebt. Er liegt hilflos mit einem zerschmetterten Bein in einer Gletscherspalte. Mit der unglaublichen Willenskraft, die ein Mensch wohl nur im Angesicht des Todes aufbringt, schafft Joe es, sich aus der Gletscherspalte zu befreien und erreicht wie in Trance mit letzter Kraft das Basislager: schwer verletzt, dehydriert, die Haut von der Sonne aufgesprungen – aber lebend. Wie unter Zwang stellte ich mir vor, Karl könnte es ebenso ergangen sein. Möglicherweise hatte auch er sich aus der Gletscherspalte befreit und versuchte nun, allein auf sich gestellt, das Basislager zu erreichen. Vielleicht hatten sich seine Freunde getäuscht. Vielleicht war er gar nicht tot, sondern kämpfte tief unten im Eis um sein Leben. In meiner Phantasie sah ich ihn, wie er verzweifelt versuchte, sich aus diesem eisigen Gefängnis zu befreien. Gedanken, die jeder Grundlage entbehrten. Ich weiß. Ich klammerte mich lediglich verzweifelt an ein real nicht existierendes Quäntchen Hoffnung. Aber all diese Gefühle, die Verzweiflung trug ich nicht nach außen, behielt sie für mich.

Nach außen hin, gegenüber den Journalisten, die mich interviewten, gab ich mich gefasst. Einige der Reporter versuchten, mich zu Anschuldigungen gegen Walter und Simon zu verleiten. »Warum, glauben Sie, haben seine Gefährten Karl dort oben alleingelassen?«, lautete eine der häufigsten Fragen. »Was glauben Sie? War Ihr Mann noch am Leben, als Simon und Walter ihn in der Spalte gesehen haben?« Oder: »Warum haben die beiden nicht einmal Karls Leiche geborgen?« Ich habe die Entscheidung von Karls Freunden stets verteidigt. Was anderes hätten Walter und Simon denn tun können? Ihn auf die Schultern nehmen und zu Tal tragen? In diesen Höhenlagen lässt man einen toten Bergsteiger im Eis zurück, auch wenn das den meisten Leuten pietätlos erscheinen mag. Unter bestimmten Umständen ist es unmöglich, einen Toten zu bergen. Und selbst die Hubschrauber der Bergrettung können ab einer bestimmten Höhe aufgrund der dünnen Luft und fehlenden Landemöglichkeiten nicht mehr helfen.

Die Erinnerung an diese Tage ist geprägt von Schmerz, Sorge und Hoffnung. Wir drei Frauen, Lebenspartnerinnen der Männer, die aus ihrer Leidenschaft für die Berge einen Beruf, ja eine Berufung gemacht hatten, erlebten damals ein Wechselbad der Gefühle. Manuela, Walters Frau, und Marta, Simons Freundin, schienen mir gegenüber beinahe etwas wie Schuldbewusstsein zu empfinden. Für sie bestand noch die Hoffnung, ihre Männer lebend wiederzusehen. Allerdings hatte ich zu diesem Zeitpunkt bereits Gewissheit. Manuela und Marta mussten noch um Walter und Simon bangen. Wir Frauen haben uns damals gegenseitig gestützt. Zuerst waren es nur Manuela und ich, denn wir lebten ja beide in Wolkenstein. Dann rief ich eines Tages Marta an, denn auch sie war zutiefst besorgt. Und von da an blieben wir drei in Verbindung. Kamen positive Nachrichten aus dem Himalaja, zeigten sich Manuela und Marta in meiner Gegenwart nie überschwänglich froh, um meine Gefühle nicht zu verletzen. Ich habe mit ihnen gehofft, mich mit ihnen gefreut. Erst als wir erfuhren, dass Walter und Simon gerettet waren, nach Hause zurückkehren würden, haderte ich kurz mit meinem, unserem Schicksal. Seine Endgültigkeit wurde mir in diesem Moment sehr schmerzlich bewusst. Neid habe ich nicht empfunden. Aber gern wäre ich statt Simon und Walter bis zum letzten Augenblick bei Karl gewesen. Hätte so gerne noch einmal sein Lachen gesehen und ihn ein letztes Mal umarmt. Sie waren dann auch diejenigen, die Karl die letzte Ehre erwiesen und im Basislager in einen Blechteller aus dem Messezelt seinen Namen sowie das Geburts- und Todesdatum ritzten: 27. August 1970 – 15. Juli 2008. Diese Gedenktafel stellten sie an einem Felsen unterhalb des Berges auf, der Karl auf ewig in seine Arme geschlossen hatte.

Es war mir ein Anliegen, alles über die letzten Stunden in Karls Leben zu erfahren. Als Walter und Simon nach Italien zurückkehrten, kamen sie daher zu mir und berichteten mir ausführlich, was geschehen war. Nur Simon hatte gesehen, wie Karl im tiefen Schnee verschwunden war, während er auf der Suche nach einem geeigneten Zeltplatz vorausging: »Wir hatten gerade den gefürchteten Eisbruch überwunden, waren nach den anstrengenden Stunden in der Wand völlig erschöpft. Plötzlich wurde Karl vom Schnee verschluckt. Lautlos, ohne ein Geräusch, ohne einen Schrei. Im ersten Moment dachte ich, er macht einen Scherz, und habe so was gerufen wie: ›He Karl, was machst du? Soll das ein Witz sein? Das ist nicht zum Lachen!‹ Ich habe immer wieder seinen Namen gebrüllt, aber es kam keine Antwort. Als Nächstes habe ich gehofft, dass die Spalte nur zwei bis drei Meter tief ist, ich ihn dort ein bisschen erschrocken, aber gesund und munter rausholen könnte. Aber diese verdammte Spalte schien bodenlos tief zu sein. Dort drunten war es unheimlich still. Wir hatten keine Wahl. Das einzige Seil steckte in Karls Rucksack. Wir mussten improvisieren, um überhaupt dort runtersteigen zu können. Wir haben sämtliche Schlingen aufgeschnitten und sie mit allen Reepschnüren, die wir hatten, zu einer Seillänge von etwa 15 Metern zusammengeknotet. Es war eine Geduldsarbeit. Wir haben uns beeilt, so gut es ging. Jede Sekunde zählte, das war uns klar. Zwanzig Minuten später hatte Walter mit seinen Skiern einen Standplatz eingerichtet, damit er mich in die Spalte abseilen konnte. Unten in der Spalte habe ich mit bloßen Händen nach Karl gegraben, während über mir eine zweite Schneebrücke über der Spalte einzustürzen drohte. Durch meine Bewegungen musste Walter das Seil immer nachführen, und das schnitt allmählich immer tiefer in diese Brücke ein, fraß sich weiter in den festgebackenen Schnee, der über der Spalte hing. Ich durfte mich also so wenig wie möglich bewegen und musste dabei versuchen, das Seil so weit wie möglich von der Wand abzuhalten, um nicht auch noch unter den Schneemassen zu landen.« Simon gelang es, gut 70 Zentimeter tief zu graben, wobei er immer wieder nach Karl rief. Aber in diesem eisigen Schlund herrschten nur unheimliche Stille und Kälte. »Sehen konnte ich da unten praktisch nichts«, berichtete Simon weiter. »Oben ging ja schon die Sonne unter. Ich war fast so weit, aufzugeben und wieder raufzusteigen. Dann hab' ich's noch mal mit dem Eispickel versucht, ihn wie eine Sonde vorsichtig in den Schnee gesteckt. Dabei bin ich schließlich auf was Weiches – auf Karls Rucksack – gestoßen. Und darunter lag Karl. Ich habe sein Gesicht freigelegt, die Eiskristalle weggewischt. Er war bleich, die Augen weit geöffnet. Ich habe seinen Puls gefühlt. Nichts. Kein Pulsschlag, nichts zu spüren. Ich glaube, Karl hat sich beim Sturz das Genick gebrochen.« Simon und Walter sagten noch, dass sie anschließend versucht hatten, Karl mit dem Seil, das sich in seinem Rucksack befand, aus der Spalte nach oben zu ziehen. Sie haben es nicht geschafft.

Am nächsten Tag stieg Simon noch einmal in diese Spalte hinunter, um bei Tageslicht und Sonnenschein zu prüfen, ob es eine Möglichkeit gab, Karls Leichnam aus der Spalte zu bergen: »Die Situation hatte sich verschlechtert. Die zweite Schneebrücke drohte jeden Moment einzubrechen. Die geringste Belastung oder Bewegung konnte sie zum Einsturz bringen. Deshalb haben wir aufgegeben.« Nur Karls Rucksack und das Satellitentelefon haben sie geborgen. Danach verbrachten sie eine weitere Nacht im Zelt in der Nähe, um eine schwierige Entscheidung zu treffen. Am Morgen des 17. Juli brachen sie schließlich auf. Karls Rucksack hängten sie am Rand der Gletscherspalte an seinem Eispickel auf, ließen beides wie ein Grabkreuz zurück. »Wir wollten die Stelle wenigstens für ein paar Tage markieren. Später wird sich der Gletscher sowieso alles einverleiben. Wir hatten den Plan, so schnell wie möglich mit Hubschrauber und Seilen dorthin zurückzukehren, um Karl zu bergen und nach Hause zu überführen.« Das allerdings erwies sich als unmöglich. Auf 6400 Meter Höhe war eine solche Aktion nicht durchführbar. Und Karl hat seinen Frieden gefunden – inmitten all jener Berge, die ihn so sehr fasziniert hatten, die sein Lebensinhalt geworden waren. Es beruhigt mich in gewisser Weise, ihn dort zu wissen, dort, wo er am liebsten war, wo ihn seine Sehnsucht immer wieder hingetrieben hat.

Ich kann noch immer nicht ganz glauben, was geschehen ist. Ausgerechnet Karl, der so intuitiv war, auf alles penibel achtete, jede Gefahr erahnte, wenn noch kein anderer überhaupt daran dachte. Er hatte großen Respekt vor den Séracs. Und doch hat er diesen gefährlichen Eisbruch letztendlich heil überwunden. Dafür ist ihm eine versteckte, längsseits der Eiswand verlaufende Gletscherspalte zum Verhängnis geworden. Wenn ich daran denke, welche Gefahren Karl in seiner Karriere als Extrembergsteiger erfolgreich überstanden hat, ist die Ursache für seinen Tod geradezu banal. Aber das ist typisch für die Berge. Dort holt dich die Gefahr ein, wenn du es am wenigsten vermutest. Unfälle kommen überall vor. Auch zu Hause. Dabei fällt mir unwillkürlich Hans Kammerlander ein, einer der besten Höhenbergsteiger der Welt. Er hat viele Achttausender ohne künstlichen Sauerstoff bestiegen, hat neue Routen eröffnet, ist einer der Pioniere des Alpinstils im Himalaja. Während seiner langen Karriere hatte er nie einen schweren Unfall. Aber im April 2008, während er barfuß durch sein Haus lief, stieß er gegen einen Schrank und brach sich den kleinen Zeh.

Als die Tragödie am Nanga Parbat die Medien in aller Welt beschäftigte, war Karls Internetportal völlig überlastet. Der Besitzer des Internetnetzwerks in St. Ulrich, der die Domain verwaltete, rief Herbert alarmiert an. Er musste befürchten, dass sämtliche Verbindungen zusammenbrachen. Tatsächlich wurde die Seite statt 80-mal pro Tag plötzlich 36 000-mal aufgerufen. In weniger als einem Monat zählte ich 1400 E-Mails. Bergfreunde, Väter und Mütter, Arbeiter, Angestellte, zahllose Unbekannte, die Karls Schicksal berührt hatte, schrieben auf seiner Webseite: »Es gibt Menschen, die davon träumen, den Himmel ganz aus der Nähe zu sehen. Der, dem es gelang, kann es uns nicht mehr erzählen. Danke. Eliseo.« »Du wolltest den Himmel erreichen, immer höher steigen, Schritt für Schritt. Jetzt hast Du den Gipfel erreicht, und mit einer Träne lächle ich Dir zu. Francesca.« »Lieber Karl, die Berge sind Dein Leben. Heute hast Du Dein Leben für sie gegeben, bist für immer dort oben geblieben. Ruhe sanft. Efrem.« Viele Briefe waren auch an mich gerichtet: »Liebe Silke, wir kennen uns nicht. Dennoch möchte ich Dich umarmen, Dir mein Mitgefühl aussprechen. Was Du über Deinen Karl geschrieben hast, hat mir gezeigt, dass Du eine ungewöhnliche Frau bist. Anuccia.« »Liebe Silke, ich wünsche Dir, dass Du Karl immer in den Augen Deiner lieben Kinder siehst. Loretta.«

Karl hatte das Schicksal vieler Menschen, die erst nach ihrem Tod zu Ruhm gelangten. Viele sind nach Karls Tod zu mir gekommen: Berggefährten, Freunde, Fremde. Ich erhielt stoßweise Briefe, die mir Mut gemacht haben. Auch Anna, Alois Bruggers Witwe, hat mir geschrieben. Ihre Worte haben mir sehr geholfen. Alois Brugger, der Alpinist aus dem Ahrntal, war 2006 auf der Tour mit Hans Kammerlander zum Jasemba abgestürzt. Auch sie war plötzlich mit drei Kindern allein geblieben. Wir teilen dieselben Ängste, dieselbe Einsamkeit, aber auch die Dankbarkeit, das Leben zumindest für kurze Zeit mit einem Mann geteilt zu haben, den wir zutiefst geliebt haben. Die Briefe von Anna sind immer ein Quell der Hoffnung: »Öffne Dich in Deinem Schmerz und in Deiner Trauer, nimm sie an als die intensivsten Gefühle deines Lebens, wie die Liebe. Behandle sie wie Freunde, und sie werden Dich heilen.« Ihre Worte drücken oft das aus, was ich gerade erlebe: »Der Tod unserer Lieben verändert uns. Wir sehen vieles in einem anderen Licht, und oft freue ich mich über meine Stärke und meine Leichtigkeit zu leben! Dann überfällt mich aber wieder große Einsamkeit, und ich sehne mich nach Liebe und Geborgenheit! Gehen wir gemeinsam unseren nicht leichten Weg und lassen wir uns immer wieder neu von Gottes Nähe heilen.«

Möglicherweise war Karl am Nanga Parbat verunsichert. Jedenfalls entnehme ich das einigen seiner Berichte, die er vor dem Einstieg in die Rakhiotwand ins Netz gestellt hat. Simon und Walter allerdings wollen nichts dergleichen an ihm bemerkt haben. Für sie machte er einen ausgeglichenen und entschlossenen Eindruck. Aber ich weiß, dass er Gefühle wie Angst seinen Seilgefährten am Berg nie gezeigt hätte. Solche Dinge wären bei ihm erst nach dem Ende eines Unternehmens zur Sprache gekommen. Karl war überzeugt, diese Wand zu bezwingen. Da bin ich sicher. Er kannte die objektiven Risiken, hat sie nicht unterschätzt. Hans Kammerlander sagt, Karl habe eine »gesunde« Angst gehabt. Konzentration und ein gewisses Maß an Angst sind wichtig, wenn man auf ein Ziel fixiert ist. Aufgeben sollte man am Berg erst, wenn die Konzentration ab- und die Unsicherheit zunimmt. Hätte die Angst am Nanga Parbat die Oberhand gewonnen, wäre Karl trotz seines sprichwörtlichen Kampfgeistes umgekehrt. Der Alpinismus ist mit anderen Extremsportarten, die ein gewisses Maß an Sicherheitsgarantien haben, nicht vergleichbar. Wenn ein Formel-1-Rennwagen von der Strecke fliegt, landet er meist in einem Reifenstapel. Der Extremkletterer in einer schwierigen Wand weiß nie genau, was ihn erwartet. Das Restrisiko in Fels und Eis ist hoch und wird es immer bleiben.

Ich habe mich oft gefragt, ob die Dinge anders verlaufen wären, hätten sich Karl und seine Partner angeseilt. In einer Seilschaft ist der eine vom anderen abhängig. Das Seil verbindet sie wie eine Nabelschnur von 50 Meter Länge und 9 Millimeter Durchmesser. Es ist ein Sicherheitssystem, das auf Gletschern oder im schwierigen Fels angewendet wird. Diese Verbindung baut auf das uneingeschränkte Vertrauen und das Können des Seilgefährten. Daher halten Freundschaften in den Bergen oft lebenslang. Im Himalaja gelten andere Regeln. In diesen Höhen ist das Schrittmaß individuell sehr unterschiedlich: Der eine geht langsamer, der andere schneller. Alles hängt von der körperlichen Verfassung ab. Im Unterschied zu unseren Alpen ist in extremer Höhe die Schnelligkeit entscheidend. Und Verzögerungen, die durch eine Seilverbindung entstehen, sind bisweilen gefährlicher als klettertechnisches Risiko. An den Achttausendern seilt man sich nur an besonders komplizierten Passagen an. Wären die drei am Nanga Parbat in einer Seilschaft gegangen, dann wäre vermutlich auch Simon in diese Gletscherspalte gestürzt. Er war nur drei Meter von Karl entfernt, hätte also niemals schnell genug reagieren können. Auch wenn er den Sicherheitsabstand eingehalten hätte, hätte er nicht die Kraft besessen, Karls Sturz abzufangen. Gelegentlich kann das Seil töten, anstatt zu retten. Stürzt ein

Seilpartner ab und die Sicherungspunkte halten nicht, reißt er den anderen mit in den Tod.

Vor meinen Kindern, die die Tragödie miterlebt haben, habe ich nichts verborgen. Aber nur Alex hat mit seinen sechs Jahren wohl wirklich verstanden, was geschehen ist. Umso mehr hat er gelitten. Marco und die dreijährige Miriam waren noch zu klein. Ich habe vorsichtig zu erklären versucht, dass ihr Vater nie wieder nach Hause zurückkommen wird. Miriam hat mich dabei einmal aus ihren großen Augen angesehen und gefragt: »Aber warum nicht? Hat er kein Auto dabei?« Ich habe ihr erzählt, der Vater sei in den Himmel geflogen, schaue jetzt von dort oben auf uns herab, um uns zu beschützen. Mittlerweile habe ich festgestellt, dass sie die Version bevorzugt, der Vater befände sich auf einer sehr langen Expedition. Auch heute mit der Distanz von fast einem Jahr fragt sie gelegentlich überrascht: »Aber Papa ist jetzt schon so lange fort. Er soll endlich wiederkommen.« Und dann lacht sie. Der Kummer der Kinder hängt auch von meiner Verfassung ab. Wenn mich das Unglück packt und ich es mir gestatte, zu weinen, weinen sie mit mir. Ich kann und will meinen Schmerz nicht vor ihnen verbergen. Aber manchmal brauche ich einen Moment für mich alleine. Dann mache ich einen Spaziergang, um mich nach Herzenslust auszuweinen.

Nur wenige Tage nach dem Unglück am Nanga Parbat musste ich mit Alex im Garten eines von Karls ausrangierten Zelten aufbauen. Dort hat Alex dann mit seinen beiden kleinen Freunden Andrea und Gabriel den ganzen Tag mit Eispickeln, Helmen und Bergsteigerkleidung »Karl, Simon und Walter« gespielt. Sie sind auf allen vieren über den Rasen gekrochen und haben die Eispickel in die Wiese gehackt. Die Spuren ihrer »Klettertour« waren noch lange zu sehen. Es war nur ein Spiel. Doch Alex hat vermutlich auf diese Weise begonnen, das Geschehene zu verarbeiten.

Immer wenn ich meine Kinder beobachte, wird mir klar, dass in jedem von ihnen ein Teil von Karl weiterlebt: Marco hat seine Ruhe, Miriam seine Entschlossenheit, Alex seine Sensibilität. Wenn ich den Computer einschalte, und sei es nur, um E-Mails abzufragen, ist das für sie ein Fest. Dann scharen sie sich um den Bildschirm und rufen »*Tati, Tati!* Papa, Papa!« Sie kennen ihn nur noch über Fotos und Videofilme. Es ist die einzige Möglichkeit, ihn wiederzusehen. Nur so ist er ihnen noch nahe. Kaum erscheint Karls Gesicht auf dem Bildschirm, wird Alex ganz still und sieht nur noch seinen Vater. Die beiden Kleinen strecken ihre Hände nach ihm aus, als könnten sie ihn greifen.

Oft denke ich an die vielen Projekte, die Karl vorhatte und die nun nicht mehr stattfinden werden. An die Reise allein zum Manaslu, durch Alaska mit Skiern zusammen mit Hans Kammerlander, an die Besteigung des Shisha Pangma mit seinem Freund Christian und die Expedition in die Antarktis.

Im Februar 2008 hatte Karl Prinz Albert von Monaco kennengelernt. Der Prinz war auf einer Promotiontour für die Stiftung *Star team for children* nach Wolkenstein gekommen. Diese Stiftung, von seiner Mutter Grace Kelly ins Leben gerufen, hat sich zur Aufgabe gemacht, Spenden für die armen Kinder dieser Welt zu sammeln. Zu diesem Zweck werden spezielle Wettbewerbe mit mehr oder weniger bekannten Persönlichkeiten organisiert – unter anderem Fußballspiele und Skirennen. Am Abend vor der Veranstaltung waren Karl und ich gemeinsam mit anderen Gästen zu einem Abendessen mit dem Prinzen auf einer Almhütte geladen. Wir fühlten uns sehr geehrt. Karl hat mich bei diesem Anlass zum ersten Mal in zwölf Jahren zum Tanzen aufgefordert. Die Skirennen wurden paarweise bestritten. Karl war dem Prinzen als Partner zugeteilt worden. Nach dem Rennen machten sie gemeinsam eine Skitour abseits der Pisten in der Sellagruppe. Prinz Albert bewunderte die Unternehmungen von Karl und hatte sich erboten, im Sommer 2009 eine Expedition ins Himalajagebiet zu finanzieren. Aber auch das ist ein Traum geblieben. Ein anderer Traum ist dank Herbert Mussner noch zu Karls Lebzeiten Wirklichkeit geworden: ein Büro für Karl allein, das ihm die Verwaltung des Grödnertals vom März 2008 an beim Tourismusverein von Wolkenstein zur Verfügung stellte. Mit seinem Freund Herbert gelang es ihm, einen Computer und einen Drucker zu organisieren. Karl war überglücklich, kam jedoch nur kurz in den Genuss dieses Luxus.

Karl war für das Tal zu einer Symbolfigur geworden – und zwar in einem solchen Maße, dass sich viele Institutionen erkenntlich zeigen wollten. So brachten ihm seine Projekte zahlreiche Ehrungen ein: Die vielleicht wertvollste Auszeichnung erhielt Karl im Juni 2006. Die Idee dazu stammte vom italienischen Staatspräsidenten Carlo Azeglio Ciampi. Überreicht wurde sie dann von seinem Nachfolger Giorgio Napolitano. Karl erhielt für seine herausragenden sportlichen Leistungen den Verdienstorden der Italienischen Republik *Cavaliere ufficiale dell'Ordine al Merito della Repubblica italiana*. Auch seine Heimatgemeinde wollte ihn ehren und verlieh ihm die Ehrenbürgerschaft von Wolkenstein im Grödnertal. 2007 kam der 1. Preis *Riccardo Cassin* hinzu, eine Anerkennung für Verdienste um die Bergwelt. Am Ende desselben Jahres erhielt er den *Cator d'or* für seine alpinen Leistungen durch die Klettergilde *Catores*. 2008 folgte der Preis *Paolo Consiglio* des Italienischen Akademischen Alpenvereins (CAAI). Karl hatte viele Ideen, war immer aktiv, erschien unermüdlich. In sein Tagebuch schrieb er das Zitat von Reinhard Karl, das er besonders liebte: »Ich wollte alle Berge dieser Welt besteigen. Das habe ich nicht geschafft, das werde ich auch nie schaffen. Trotzdem gehe ich weiter in die Berge, denn ich habe noch keinen Ersatz dafür gefunden. Wenn ich klettere, fühle ich immer noch am intensivsten, dass ich bin. Die Berge scheinen unzählige Türen zu haben: Wenn man eine öffnet, steht man vor unzähligen weiteren. Es ist unmöglich, sie alle zu öffnen. Doch hinter jeder Tür vermutet man etwas Neues.«

In den letzten Monaten wurde sein Leben immer hektischer. Seine Freunde berichten, dass er zwischen den Klettertouren, die er zum Training oder mit Gästen unternahm, ständig telefonierte oder Kurzmitteilungen auf dem Handy verschickte. Er hatte kaum mehr die Zeit, die Natur und das herrliche Panorama all der Orte zu genießen, die er mit seinen Kletterschuhen erreichen konnte. Alle wollten etwas von ihm, und so hastete er atemlos von einem Posten, von einer Aufgabe zur anderen. Karl war immer verfügbar, konnte nur selten Nein sagen. Er war im Begriff, ein bekannter Alpinist zu werden. Auch wenn ihm dies einerseits eine gewisse Genugtuung gab, bereitete es ihm andererseits großen Stress. Er hatte Mühe, seine Zeit zwischen Familie, Bergen, Terminen und der Bergrettung gerecht aufzuteilen. Manchmal beschleicht mich das Gefühl, diese Reise ohne Wiederkehr zum Nanga Parbat könnte wie eine Flucht, ein Befreiungsschlag gewesen sein, um den inneren Frieden wiederzufinden.

Nach dem Unglück bin ich im Geiste noch einmal alle diese warnenden Vorzeichen durchgegangen, all die Hinweise, dass etwas geschehen könnte. Seine ständige Abwesenheit von zu Hause, seine seltsamen Mitteilungen, sein Tagebuch voller Unschlüssigkeit. Der Sturz über diesen Blumentopf vor der Bar in Wolkenstein, die Begegnung mit Martin im Langental und ihr Gespräch über das Heiraten. Franco Mucchietto, ein alter Freund der Familie Simon Kehrers, war auf dem Flughafen von Malpensa, als sie sich in den Himalaja und zum Nanga Parbat verabschiedeten. Er war mit Karl ins Gespräch gekommen. Dabei, so berichtet er, habe ihm Karl das Foto unserer Kinder gezeigt und besorgt gesagt: »Ich habe eine Familie. Hoffentlich passiert mir dort oben nichts.« Dann zückte er eine Aufnahme der Rakhiotwand, die er besteigen wollte, und fügte hinzu: »Dieser Pfeiler in der Mitte macht mir Sorgen.« Einige Wochen später durchstieg er diesen Pfeiler, den er gefürchtet hatte, und endete in einer Gletscherspalte unweit der Stelle, auf die er auf der Ansichtskarte gedeutet hatte.

In jenem letzten Jahr wurde ich zudem das Gefühl nicht los, dass Karl mich auf seinen Tod vorbereitete – auf die Möglichkeit, dass ich ihn eines Tages nicht wiedersehen würde. Ich glaube, nur so ist es mir gelungen, die Ereignisse einigermaßen gefasst hinzunehmen. Zu Beginn des Jahres 2008, an einem Vormittag, da wir uns einige gemeinsame Stunden allein gönnten und einen Spaziergang durch unsere Täler unternahmen, bemerkte er: »Eines Tages bleibe ich am Berg, das fühle ich.« Er hat diese Ahnung mir gegenüber nur einmal, aber mit einer Überzeugung ausgesprochen, die mich fassungslos machte, und mir die Tränen in die Augen trieb. Karl hat wohl immer mit einem solchen Ende gerechnet. Unbewusst hat sich das vermutlich auf mich übertragen. Ich habe nur gehofft, es würde nicht so bald geschehen.

Als die Tragödie am Nanga Parbat geschah, verbrachte ich den Nachmittag mit meinen drei Kindern im Haus von Martin Planker, seiner Frau Chris und deren zwei Kindern. Ich besuchte die Familie häufig. Auf diese Weise war ich weniger einsam und fand etwas Entspannung von dem Stress, allein mit drei Kleinkindern zu sein. In Gesellschaft anderer Kinder war vieles leichter, und die Kinder hatten ihren Spaß. Martin und Chris hatten mich damals gedrängt, zum Abendessen zu bleiben. Sie wollten ein großes Pastaessen für alle zubereiten. Ich weiß nicht, was mich an diesem Abend geritten hat. Ich war nicht in Stimmung, war nervös, wollte nach Hause, sehnte mich nach meinen vier Wänden. Ich brachte die Kinder zu Bett und blieb bei ihnen, nachdem sie eingeschlafen waren. Seltsamerweise dachte ich lange darüber nach, wie es sein würde, wenn Karl nicht wiederkäme. Plötzlich wurde ich ganz gelassen und bin, die Kinder im Arm, eingeschlafen. Karl war zu diesem Zeitpunkt bereits tot. Nur wussten wir das nicht. Wir hatten keine Ahnung, dass sich unser Leben so drastisch verändern würde.

Natürlich sieht man die Zeichen an der Wand erst im Nachhinein. Erkennt man sie tatsächlich früher, verdrängt man sie meist oder nimmt sie nicht ernst. In den vergangenen Monaten habe ich Karls Tagebucheintragungen gelesen. Ich habe seine Bücher durchgesehen, die Alben mit den vielen Gipfelfotos vom Himalaja und den Alpen durchgeblättert. Dabei fiel mir das Buch *Himalaja Magic Lines – Die anspruchsvollsten Routen auf die höchsten Gipfel* von Andy Fanshawe und Stephen Venables in die Hände. Darin sind alle vierzehn Achttausender der Welt mit ihren unterschiedlichen Gipfelrouten beschrieben. Als ich zum Kapitel über den Nanga Parbat kam, entdeckte ich, dass die Seite beschädigt, einmal zerrissen und sorgfältig mit durchsichtigem Tesafilm wieder zusammengeklebt worden war. Der lange Riss verlief über die ganze Seite mitten durch die abgebildete Wand. Unwillkürlich lief mir ein kalter Schauer über den Rücken. Ich habe lange nachgedacht und ganz allmählich gelang es mir, die Szene zu rekonstruieren. Einige Monate vor seiner Abreise, als Karl eigentlich noch vorhatte, den Gasherbrum I zu besteigen, betrachtete er das besagte Buch, umgeben von seinen Kindern. Die Kinder veranstalteten wie immer einen ziemlichen Zirkus und wollten lieber mit dem Vater spielen. Sie ließen sich nicht abwimmeln, und irgendwann griff Alex zum Spaß nach dem Buch und zerriss dabei unabsichtlich eine Seite. Die Seite mit dem Foto des Nanga Parbat. Karl war wütend, hielt ihm eine Standpauke. Dann machte er sich geduldig daran, den Schaden zu beheben und die Seite mit Tesafilm wieder zusammenzufügen. War auch das ein Vorzeichen? Ich weiß es nicht. Zu diesem Zeitpunkt merkte ich gar nicht, dass die beschädigte Seite den Nanga Parbat zeigte.

Ich habe mich häufig gefragt, ob Karl leiden musste, ob er sofort tot war, am Schnee erstickte oder an den Verletzungen starb, die er sich beim Sturz in die Tiefe zugezogen hatte. Und vor allem, ob er in diesem Moment erkannte, dass er sterben würde. Eines Tages hat Simon mir einige CDs übergeben. Auf ihnen waren sämtliche Fotos der Expedition gespeichert. Eine dieser CDs trug die Aufschrift »Achtung!« Ich habe Simon fragend angesehen. »Ich habe Karl fotografiert«, hat er mir geantwortet. Ich hatte verstanden. Auf dieser CD befanden sich die Fotos von Karl unten in der Gletscherspalte. Der Beweis, dass er tot war, die Bilder, die Simon und Walter gegen Verdächtigungen schützen sollten, sie hätten sich aus dem Staub gemacht, ohne sicher zu sein, dass Karl nicht mehr lebte. Aber sie hatten die Fotos auch für mich gemacht, um zu verhindern, dass ich mich unbewusst falschen Hoffnungen hingab. Ich sollte endgültig verstehen, dass ich Karl nie wiedersehen würde. Ich wartete einen Tag, bis ich den Computer einschaltete. Die Kinder schliefen. Ich saß allein vor dem Bildschirm. Mir war klar, dass dies der Moment war, in dem ich die Wahrheit annehmen musste. Die CD enthielt nur zwei Fotos. Karls bleiches Gesicht wirkte friedlich und entspannt. Daraus schließe ich, dass er sofort tot gewesen sein muss. Hinter ihm im Schnee sind seine pistaziengrünen Ski zu sehen. Er war es also wirklich.

Epilog

Ich habe es nie bereut, ihn ziehen zu lassen – auch nicht beim letzten Mal. Hätte ich Karl gebeten, zu Hause zu bleiben, auf das Abenteuer zu verzichten, wäre er vielleicht heute noch hier, hier an meiner Seite. Aber dann wäre er nicht der einzigartige Mann gewesen, den ich, mit all seinen Verrücktheiten, Ecken und Kanten gekannt und geliebt habe. Der Mann, den ich zutiefst bewundert habe für die Leidenschaft, mit der er seine Herausforderungen suchte, für den Mut, mit dem er seine Träume verwirklichte. Seine größte Leidenschaft waren die Berge. Klettern, die Gipfel erobern, die Welt jenseits der Wolken entdecken, das war die Quintessenz seines Lebens.

Tief in seinem Herzen hegte er die Sehnsucht nach dem Unendlichen. Ich habe es immer gewusst. Und das war der Grund, weshalb ich alles angenommen habe: den Trennungsschmerz, die langen Wochen der Einsamkeit, die Stunden der Angst und der Zweifel, wenn ich keine Nachricht von ihm hatte, die gelegentlich unerträglich schwere Bürde einer Alleinerziehenden. Und das alles fiel jedes Mal in dem Augenblick von mir ab, da Karl nach Hause zurückkam. Durch Karl habe ich die Berge lieben gelernt. Ein Gefühl, das, seit er nicht mehr da ist, noch gewachsen ist. Ich mache häufig Skitouren in unsere Berge oder wandere auf bekannten Wegen. Und genau dann und dort fühle ich seine Nähe. Dort sehe ich sein Gesicht vor mir, mit den offenen, strahlenden Augen, die mir zu sagen scheinen: »Bravo, *Popa*. Du gehst also in die Berge. Du machst dich! Lebe dein Leben.« Daraus schöpfe ich Kraft. Meine Kinder kennen den Vater eigentlich nur noch durch meine Erinnerungen. Ich hoffe, ihnen die Geisteshaltung vermitteln zu können, mit der Karl sein kurzes Leben so intensiv gelebt hat.

Mit diesem Buch sollte nicht nur das ungewöhnliche und abenteuerliche Leben von Karl Unterkircher erzählt werden – es sollte vor allem mit den Augen und dem Herzen derjenigen geschehen, die immer auf ihn gewartet hat – und jetzt nicht mehr wartet. Ich widme es all denen, die wie Karl dort oben in den Armen der Berge die ewige Ruhe gefunden haben.

Zum Schluss schließe ich in meine Gedanken die Personen mit ein, die wie ich einen geliebten Menschen verloren haben. Es ist nicht das Ende. Unsere Lieben leben in unseren Herzen, in unseren Gedanken, in unseren Kindern und in all denjenigen weiter, die sie geliebt und gekannt haben. Mit ihrer Hilfe gelingt es uns Schritt für Schritt, ein neues Leben zu beginnen. Denn wir sind reifer und um eine intensive, wenn auch schmerzliche Erfahrung reicher – und dankbar für das Glück, einen Teil des Lebens mit einem sehr besonderen Menschen verbracht zu haben, der uns viel gegeben und uns so sehr geliebt hat.

Silke Unterkircher

Karl Unterkirchers Erstbegehungen
in den Dolomiten von Mauro Bernardi

Die alpinistische Karriere von Karl Unterkircher nahm 1985 in den Dolomiten mit der Wiederholung vieler, auch berühmter Routen ihren Anfang. Er hat schätzungsweise 300 Besteigungen durchgeführt. Die Bedeutendsten sind: fünfzehn Routen über die Südwand der Marmolada (darunter *Tempi moderni, Irreale, Olimpo,* Vinatzer), an den Drei Zinnen (*Comici, Cassin, Hasse/Brandler*), an der Civetta (Solleder, Weg der Freunde) und am Langkofel (Messner, *Soldà*).

1993 eröffnete er den Reigen seiner Erstbesteigungen in der näheren Umgebung seiner Heimat. Konsequent im Alpinstil ohne Spits, also ohne Dübelverankerungstechnik, wie der Kletterpartner Gerold Moroder aus St. Ulrich betont. Bei seinen Touren war er immer mit Freunden, treuen Gästen, aber auch mit Mitgliedern der *Catores* von der Klettergilde aus Gröden unterwegs. So zum Beispiel mit Adam, Christian, Hubert, Markus und Reinhard, die seine Routenvorschläge annahmen, oder sich durch eigene Ideen empfahlen. Die Aufmerksamkeit Karls und seiner Gefährten galt neuen Routen in der Langkofelgruppe, dem Sellastock und der Geisler-Puez-Gruppe. Damit stieß er zu jener Elite des Alpinismus vor, die in den Bergen Maßstäbe setzte. Von seinen Erstbegehungen sind 37 registriert, doch man geht davon aus, dass es in Wirklichkeit wesentlich mehr sind. Leider sind die exakten Daten häufig nicht mehr nachvollziehbar.

Er war ständig auf der Suche nach besonders einsamen und wilden Regionen, die oft nur nach langen Anmarschwegen zu erreichen waren. Dort präsentierte er etliche seiner »Meisterwerke«, einige mit höchstem Schwierigkeitsgrad. Fern vom störenden Lärm dieser Welt genoss er im Fels den absoluten Bergfrieden. Eines Tages gestand mir Karl, dass er seine Erstbegehungen veröffentlichen wolle. Auch um deren Richtigkeit klarzustellen, da jemand seine Routen fälschlicherweise nur als »Varianten« gelten lassen wollte. In den Beschreibungen seiner Begehungen zeigt sich das Wesen eines reinen und romantischen Alpinismus, in dem sich die Liebe zur Natur und zum Leben widerspiegelt. Häufig brach Karl ohne ein bestimmtes

Ziel in klettertechnisch noch unerkundete Regionen auf, um seinen Wunsch nach Ruhe und neuen Herausforderungen zu stillen. Diese Einstellung zieht sich wie ein roter Faden durch sein Leben als Bergsteiger, die er bis in die endlosen Gipfelketten des Himalaja und des Karakorum getragen hat.

Langkofelgruppe

CASTIGLIONITURM 2630 m (Plattkofelgruppe), Nordostwand, Route *Speedycic* mit Gerold Moroder; Höhenunterschied 450 m, VII–, am 9. Juli 1994.
Anspruchsvolle Route in wilder Landschaft. Mit Gerold entwickelte sich eine große freundschaftliche und harmonische Beziehung, die bis zu den letzten Unternehmungen andauerte.

INNERKOFLERTURM 3098 m, Südwest-Pfeiler, Route *Nordwind* mit Silke Perathoner; Höhenunterschied 180 m, VI–, am 1. August 1996.
Als Seil- und Lebenspartnerin hat Silke ihn auch auf anderen Erstbesteigungen begleitet.

LANGKOFEL-NORDWESTTURM 2830 m (Langkofelgruppe), Westwand, Route *Plan de cunfin* mit Derri Pasquali; Höhenunterschied 400 m, VI+, am 3. August 1997.
Wildes, einsames Ambiente, genau die Gegend, die Karl gefiel.

TSCHUCKY-PFEILER 2850 m (Langkofelgruppe), Route *Apocalypse now* mit Roberto Tasser; Höhenunterschied 450 m, VI+, am 9. August 1997.
Die erste Route, die über diesen Pfeiler in der Direttissima eröffnet wurde. Sie führt über Platten und Verschneidungen.

VIERTER PLATTKOFELTURM 2830 m, Route *Nordpfeiler* mit Martin Planker; Höhenunterschied 300 m, VII–, 14. August 1997.
Karls Seilschaft war die erste, die die bis dahin noch unbezwungene Westwand über einen geradezu abweisenden gelben Pfeiler bestieg.

Verlauf der Route *Titti*,
gezeichnet von
Karl Unterkircher.

ERSTER PLATTKOFELTURM 2691 m, Nordostwand, Route *Titti* mit Hubert Moroder; Höhenunterschied 300 m, VII–, am 31. August 1997.
Eine schöne und mit großem Einfühlungsvermögen eröffnete Linie rechts der Route *Soldà*. Hubert wird zusammen mit Karl an der Expedition zum Mount Everest 2004 teilnehmen.

PUNTA LEONE 2850 m (Fünffingerspitze), Ostgrat, Route *Spigolo cuencen* mit Markus Kostner; Höhenunterschied 250 m, VII–, am 22. August 1997.
Eine ausgesprochen elegante Route, die fälschlicherweise als bloße Variante bezeichnet wurde.

INNERKOFLERTURM 3098 m, Nordwand, Route *Mucé dal scur* (»Route Flucht vor der Dunkelheit«), mit Reinhard Senoner; Höhenunterschied 600 m, VII–, am 24. September 1997.
Wunderschöne, logische Linie.

Nordwest-Vorgipfel des WESSELYTURM 3050 m, Südwestwand, Route *Vinzenz-Malsiner-Gedächtnisweg* mit Hubert Moroder; Höhenunterschied 350 m, VIII Ao, am 14. August 1998.
Extreme, großteils freie Kletterei mit einigen technisch anspruchsvollen Stellen.

INNERKOFLERTURM 3098 m, Südwand, Route *Cony* mit Adam Holzknecht; Höhenunterschied 450 m, VII+, am 27. Juni 2003.
Die Route wurde Konrad Nocker, von Freunden auch »*Cony dla Runcata*« genannt, einem der Begründer der Bergrettungsgruppe Gröden, gewidmet. Die Linie verläuft wenig rechts vom markanten und tiefen Rizzi-Kamin (Rizziführe).

LANGKOFELECK 3081 m Südlicher Langkofeleckpfeiler mit Hubert Moroder; Höhenunterschied 400 m, VI, am 9. Juli 2003.
Die Linie verläuft über eine Folge von Pfeilern.

HÜTTENTURM 2870 m, (nahe der Toni-Demetz-Hütte), Südwand über die Route Roman mit Hubert Moroder; Höhenunterschied 200 m, IV+, am 10. Juli 2003.
Eine reizvolle Kletterlinie unmittelbar über der Toni-Demetz-Hütte in der Langkofelscharte.

KLEINER PLATTKOFELTURM 2533 m, Nordwand, Route *Via dla fënes* (»Route der Frauen«) mit Markus Kostner; Höhenunterschied 400 m, VII+ Ao, am 1. Oktober 2003.
Eine schöne, aber sehr anspruchsvolle, sich herrlich entwickelnde Linie, die gut siebzehn Seillängen erfordert.

SALAMITURM 2836 m (Langkofelgruppe), über die Westwand, Route *Christian-Kuntner-Gedächtnis-Weg* mit Gerold Moroder; Höhenunterschied 320 m, VIII, im August 2005.
Ein großartiges Abenteuer am berühmtesten Turm des Langkofels.

Sellagruppe

PORDOISPITZE 2950 m, Westwand über die Route *Via Pisciadói* (»Wasserfall-Route«) mit Gerold Moroder; Höhenunterschied 700 m, VI+, am 16. Oktober 1994 und am 5. September 2007.
Eine traumhafte Kletterroute links von der Niagara-Route, die in zwei Tagen geklettert wurde.

ÖSTLICHER MEISULESTURM 2330 m, Nordwand, Route *Peas* mit Derri Pasquali; Höhenunterschied 200 m, VII–, am 13. August 1997.
Knapp rechts von der Route Geo fanden Karl und Derri noch eine aufregendere Linie.

MEISULES 2700 m (Piz de Ciavazes), Westwand, Route *Via di ujins* (»Route der Nachbarn«) mit Reinhard Senoner, damals Karls Nachbar; Höhenunterschied 350 m, VI+, am 16. September 1997.
Kleiner Pfeiler links vom Pössnecker-Klettersteig.

FREA-MURFREIT 2200 m, Nordwand, Route *Via Zirm Cueciun* (»Rote-Zirbe-Route«) mit Benno Vinatzer; Höhenunterschied 120 m, VI Ao, im August 1998.
Anspruchsvolle Kletterroute beim Sportklettergarten *Frea* und rechts von der Route Wasserfallkante.

PIZ DA LECH 2908 m, Südostwand, Route *Via Tres l èura dal Sablón* mit Simon Kehrer, Höhenunterschied 230 m, VI+, am 22. August 2006.
Die letzte eröffnete Route mit dem Berggefährten der Achttausender.

Geislergruppe

VILLNÖSSER ROTWAND 2590 m, Nordwand, Route *Franz-Runggaldier-Gedächtnisweg* mit Adam Holzknecht; Höhenunterschied 220 m, VIII, im August 1997.
Kletterlinie mit hohem Schwierigkeitsgrad. Adam Holzknecht gehörte 2004 ebenfalls zum Expeditionsteam am Mount Everest.

Stevia-Puez-Chedulgruppe

ZIRMEI 2153 m, Nordwand, Route *Via L Surëdl* (»Sonnen-Route«) mit Christian Denicolò; Höhenunterschied 300 m, VI+, am 22. Mai 1993.

CREP DLA PORTA (»Felstor«) 2150 m, Südostwand, Route *Via Busc de Stevia* (»Route Loch von Stevia«) mit Markus Kostner; Höhenunterschied 400 m, VI–, am 21. Juni 1993.
Der Weg verläuft links des Klettersteigs Sandro Pertini bei der Stevia-Hütte.

PIZ DAL SABLÓN 2156 m, Nordwand mit Gerold Moroder; Höhenunterschied 250 m, V+, am 10. August 1994.

COL TUROND 2419 m (Val-de-Lietres-Flanke), Südwestwand, Route *Salvéra* mit Markus Kostner; Höhenunterschied 150 m, V+, am 9. Juni 1995.
Oberer Teil (West) des einsamen Lietres-Tals, das ausschließlich von Gämsen bevölkert wird; Karl hat dort oft Zuflucht gesucht und die ideale Landschaft für seine Klettertouren gefunden.

STEVIA 2552 m, Nordwestgrat, Route *Auf der Alm gibt's koa Sünd* mit Silke Perathoner; Höhenunterschied ca. 400 m, V, im Juli 1998.
Der obere Teil wurde vermutlich von Matteo Demetz und Emilio Boyer 1933 durchstiegen. Der Anstieg verläuft links vom berühmten Vinatzerriss.

PLAN DE CHEDUL (oder PUNTON DAL FIER) 2107 m, Nordwand mit Christian Denicolò und Paola Mangutsch; Höhenunterschied 300 m, VI, im August 1998.

COL TUROND 2419 m (Richtung Val-de-Lietres-Flanke), Südwestwand mit Silke Perathoner; Höhenunterschied 80 m, VI+, im August 1998.
Kurzer Riss/Kamin in der dem Lietres-Turm zugewandten Wand, links von der Route *Stria dal vënt*.

COL TUROND 2419 m (Langtal-Flanke), Westwand, Route *Endurance* mit Paolo Parissenti; Höhenunterschied 350 m, VI+, am 16. Juli 2003.
Wildes Gebiet weit ab der Welt. Die Route eröffnete Karl in seiner Eigenschaft als Bergführer mit einem seiner Gäste.

Verlauf der Route
Endurance, gezeichnet
von Karl Unterkircher.

MUR DE PRA DA RI 2000 m (unterer Teil), Nordwand, Route *I vedli cumpanies* (»Route der alten Freunde«) mit Gerold Moroder; Höhenunterschied 200 m, VI–, im September 2004.

COL TUROND 2419 m (Val-de-Lietres-Flanke), Südwestwand, Route *La scela dl infiërn* (»Die Höllenstiegen-Route«) mit Gerold Moroder; Höhenunterschied 150 m, VII–, am 5. August 2005.
Die interessante Linie erfordert sieben Seillängen.

SCIBLOTATURM (MUR DE PRA DA RI) 2427 m (oberer Teil), Nordwand, Route *La sfëssa dl plajëi* mit Gerold Moroder; Höhenunterschied 150 m, V+, am 13. August 2005.

L FËUR DE SËURA (Vorgipfel/Mont de Seura) 2427 m (Val-de-Lietres-Flanke), Westwand, Route *Ciampanela dl vadel* (»Route Glocke des Kälbchens«) mit Gerold Moroder; Höhenunterschied 150 m, VII+, am 13. August 2005.

Diese Route und die vorausgegangene wurden nach schnellem Ortswechsel an einem Tag eröffnet.

LIETRES-TURM 2400 m (Val-de-Lietres-Flanke), Südriss, Route *Fe pa cech te uës, ma ië tl ei pa dit* mit Gerold Moroder; Höhenunterschied 60 m, VII–, im September 2005.
Der Anstieg verläuft links von der klassischen Hruschka-Verschneidung. Diese Route und die nachfolgende wurden am selben Tag eröffnet.

COL TUROND 2419 m (Val-de-Lietres-Flanke), Südwestwand, Route *Stria dal vënt* (»Windhosen-Route«) mit Gerold Moroder; Höhenunterschied 80 m, VIII, im September 2005.
Wand gegenüber des Lietres-Turmes. Der Einstieg beginnt fünf Meter weiter rechts von der Route durch den Riss/Kamin von Karl und Silke aus dem Jahr 1998, am linken Fuß einer überhängenden gelben Wand entlang eines Risses.

MONT DE SEURA 2577 m (Hochfläche von Crespeina), Ostwand, Route *Ciuldi fe sauri sce la va enc ert* (Wand und Verschneidung links des folgenden Weges), Höhenunterschied 90 m, VI, und Route *La maruëia de Chedul* (Große Verschneidung), Höhenunterschied 90 m, mit Peter Unterkircher, am 22. Oktober 2005.
Karls älterer Bruder Peter folgte ihm vertrauensvoll auf vielen Abenteuern beim Klettern in der Vertikalen.

LA MESCULA 2348 m (Langental), Südostwand, Route *Dalonc tl suën* mit Gerold Moroder; Höhenunterschied 150 m, VIII, am 27. Oktober 2005.
Anspruchsvolle Kletterroute auf ausgezeichnetem Fels.

MONT DE SEURA 2577 m (Chedul-Tal), Südwand, Route *La flama (ne se destudrá mei)* mit Gerold Moroder; Höhenunterschied 180 m, VII+ Ao, am 9. November 2005.
Die letzte Erstbegehung der unzertrennlichen treuen Freunde und Seilgefährten Karl Unterkircher und Gerold Moroder.

Danksagung

Ein riesengroßes Dankeschön sagen wir allen Freunden von Karl, die mit ihren Erinnerungen und der Zeit, die sie geopfert haben, viel dazu beitrugen, seine außerordentlichen alpinistischen Leistungen wieder aufleben zu lassen. Dank vor allem für die Sympathie und Begeisterung seitens Gerold Moroders, des treuen Freundes Markus Kostner, der Seilgefährten Hubert Moroder, Adam Holzknecht, Christian Denicolò, Roberto Tasser, Livio Prinoth, Michele Ciceri, des Majors Renzo Martini und des Oberstleutnants Stefano Gallonetto.

Ein Dankeschön geht gleichermaßen an die Bergrettung *Aiut Alpin,* an ihren Präsidenten Raffael Kostner und an Sebastiano Oberbacher. Dank auch an die Freunde Klaus Malsiner und Paolo Pinroth.

Dank an Karls Freunde der Kindheit Martin Planker, Felix Perathoner und den Lehrer Paoli Senoner sowie nicht zuletzt natürlich an die Familie Unterkircher, die mit ihren Beiträgen Karls Kindheit wieder lebendig werden ließen.

Dank an die Kletterpartner im Himalaja Alex Busca, Michele Compagnoni, Silvio Mondinelli, Daniele Bernasconi und Adriano Greco. Ihre Erzählungen trugen dazu bei, das Dach der Welt mit den herausfordernden Erlebnissen in den extremen Höhenlagen nahezubringen.

Dank an Walter Nones und Simon Kehrer, die es uns ermöglicht haben, Karls letzte Lebenstage zu rekonstruieren. Ein herzliches Dankeschön geht gleichermaßen an ihre Lebenspartnerinnen Manuela und Marta.

Dankbar sind wir Giorgio Poretti und seiner Unterstützung in wissenschaftlichen Fragen, Herbert Mussner für seine taktvolle Hilfe und Leonardo Pagani für seinen kompetenten Rat.

Dank an die Veteranen des Himalaja Kurt Diemberger und Hans Kammerlander sowie dessen Manager Sigi Pircher, die so ausführlich Rede und Antwort gestanden haben.

Unendlich dankbar sind wir Franco Mucchietto. Ohne seine Vorleistungen wäre dieses Buch niemals zustande gekommen. Dank auch Luciano Ferraro und Mario Garofalo, denn ohne sie hätten sich Silke und ich nie kennengelernt.

Danke an Antonio Troiano und an Manuela Galbiati, die an uns geglaubt und unser Projekt unterstützt haben, und an Simona Incerto für ihre Redaktionsarbeit.

Wir danken Giusi Fasano und Papa Tonino für ihre guten Ratschläge und Enrico Caiano für die Zeit, die er investiert hat, und seine wertvollen Beiträge.

Ein herzliches Dankeschön gebührt auch Mauro Bernardi, der uns mit seinem alpinistischen Wissen zur Seite stand und unser Buch bereichert hat.

Und nicht zuletzt geht unser Dank an Pasquale Faiella – für die Geduld und Liebe, mit der er unsere Arbeit begleitet hat, und für seinen Gleichmut, mit der er die Berg- und Talfahrten unserer Launen ertragen hat.

Cristina Marrone   Silke Unterkircher

Über alle Berge

Evelyne Binsack
Schritte an der Grenze
Die erste Schweizerin auf dem
Mount Everest
Verfasst von Gabriella Baumann-von Arx

Die Schweizerin Evelyne Binsack führt uns die hart errungenen 8850 Meter hinauf in die eisigen Höhen ihres Erfolgs.

Peter Habeler
Der einsame Sieg
Erstbesteigung des Mount Everest ohne Sauerstoffgerät

Peter Habeler vollbringt am 8. Mai 1978 das Undenkbare: An der Seite Reinhold Messners bezwingt er den Everest ohne Sauerstoffgerät.

Michael Kodas
Der Gipfel des Verbrechens
Die Everest-Mafia und ihre dreckigen Geschäfte

Schockierend, aber wahr: Der höchste Berg der Erde steht heute für schnelles Geld und kriminelle Machenschaften. »Ein aufwühlendes Buch, das nicht nur für Bergsteiger spannend ist.«

ARD

Gipfelwärts mit dem größten lebenden Bergsteiger der Welt

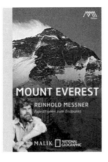

Reinhold Messner
Mount Everest
Expeditionen zum Endpunkt

Die Hommage an den Mythos Everest mit der packenden Schilderung von Messners Erstbesteigung »by fair means«.

Reinhold Messner
Sturm am Manaslu
Drama auf dem Dach der Welt

Der Bergthriller über Messners zweite Achttausenderbegehung – eines der größten Dramen im Himalajabergsteigen.

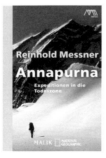

Reinhold Messner
Annapurna
Expeditionen in die Todeszone

Das mitreißende Porträt des risikoreichsten Berges im Himalaja – von der sensationellen Erstbesteigung bis zur Gegenwart.

MALIK ◼ NATIONAL GEOGRAPHIC

Das Glück liegt in der Ferne.

Claire Scobie
Wiedersehen in Lhasa
Die Geschichte einer außergewöhnlichen Freundschaft zweier Frauen

»Ein Reisebuch, das in äußere und innere Welten entführt und den ausgetretenen Pfaden der Klischees traumwandlerisch ausweicht.«
DIE WELT

Andrew Stevenson
Mein Weg zum Mount Everest
Auf dem Trekking-Pfad durchs Khumbu Himal

Eine bewegende Pilgerreise zu den Orten und Menschen am Fuße des Mount Everest und ein einfühlsames Porträt einer der beliebtesten Trekking-Regionen der Welt.

Andrew Jackson
Das Buch des Lebens
Eine Reise zu den Ältesten der Welt

Eine Reise zu den ältesten Menschen der Welt: als Hommage an das Leben und an das Alter als Lebensphase der Reife und der Ernte.

MALIK NATIONAL GEOGRAPHIC

Die Erkundung der Welt

Dieter Kreutzkamp
Das Blockhaus am Denali
Leben in Alaska

Auf das Angebot einer Freundin, ihr Blockhaus am majestätischen Mount Denali für eine Auszeit zu nutzen, folgen Dieter Kreutzkamp und seine Frau Juliana dem Ruf der Wildnis.

Carmen Rohrbach
Im Reich der Königin von Saba
Auf Karawanenwegen im Jemen

Nach Erfahrungen auf allen Kontinenten beschließt Carmen Rohrbach, sich den großen Traum ihrer Kindheit zu erfüllen: Allein durch den geheimnisvollen Jemen, mit viel Intuition und wachem Blick.

Fergus Fleming / Annabel Merullo
Legendäre Expeditionen
50 Originalberichte

Die großen Entdecker der Geschichte in Originalberichten und -illustrationen: eine buntgemischte Gruppe aus Forschern, Seefahrern, Wanderern und Abenteurern, die Außerordentliches leisteten.

Naturgewalten

Stefan Krücken/Achim Multhaupt
Orkanfahrt
26 Kapitäne erzählen ihre besten Geschichten

»Ein Prachtband! Ein Buch für alle, die sich fürs Meer interessieren! Deftige, lehrreiche, spannende Geschichten.« WDR

Martin Strel/Matthew Mohlke
Der Amazonas-Schwimmer
5200 Kilometer durch den gefährlichsten Fluss der Welt

Martin Strel durchschwimmt als erster Mensch den gesamten Amazonas und bringt seinen Körper an die Grenzen dessen, was ein Mensch ertragen kann.

Carla Perrotti
Die Wüstenfrau
An den Grenzen des Lebens

Carla Perrotti durchwandert allein die Kalahari und die größte Salzwüste der Erde in Bolivien und findet unter den überwältigenden Eindrücken der Natur zu sich selbst.

MALIK **NATIONAL GEOGRAPHIC**

In der Stille der Wildnis

Konrad Gallei/Gaby Hermsdorf
Blockhausleben
Fünf Jahre in der Wildnis Kanadas

Mitten in der Wildnis Kanadas baut Konrad Gallei mit Freunden ein Blockhaus. Doch trotz sorgfältiger Planung fordert bald Unvorhergesehenes alle Phantasie und Kreativität.

Chris Czajkowski
Blockhaus am singenden Fluss
Eine Frau allein in der Wildnis Kanadas

Unerschrocken macht sich die Abenteurerin Chris Czajkowski auf und zimmert sich – ohne besondere Vorkenntnisse – ihr Traumhaus inmitten der Schönheit unberührter Natur.

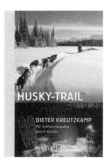

Dieter Kreutzkamp
Husky-Trail
Mit Schlittenhunden durch Alaska

Zwei Winter lebt Dieter Kreutzkamp mit Familie in Blockhäusern am Tanana- und Yukon-River. Höhepunkt seines inspirierenden Ausstiegs auf Zeit: das berühmte Iditarod-Rennen.

MALIK ■ NATIONAL GEOGRAPHIC

Mit mutigen Frauen um die Welt

I. Emerick/F. Conlon/H.C. de Tessan
Solotour
29 spannende Abenteuer von Frauen, die allein reisen

Wer mit diesen Frauen reist, spürt Freiheit und sieht sich selbst und die Welt mit neuen Augen.

Milbry Polk/Mary Tiegreen
Frauen erkunden die Welt
Entdecken. Forschen. Berichten.

84 Entdeckerinnen aus zwei Jahrtausenden: wahre Geschichten, die mitreißender sind als jeder Abenteuerroman.

Elly Beinhorn
Alleinflug
Mein Leben

»Die letzte Königin der Lüfte« (FAZ) schildert ihre abenteuerlichsten Flüge und unvergessliche Begegnungen in aller Welt.

An einem Finger in den Wänden der Welt

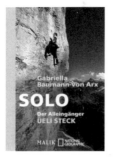

Gabriella Baumann-von Arx
Solo
Der Alleingänger Ueli Steck

»Ueli Steck gehört zu jener Hand voll Leuten, die wissen, wie zeitgemäße Herausforderungen gelöst werden können.«

Reinhold Messner

Alexander Huber
Der Berg in mir
Klettern am Limit

Die faszinierende Autobiografie des Ausnahmebergsteigers Alexander Huber: »ein Markenzeichen in der Alpinistenszene.«

Frankfurter Allgemeine Zeitung

Al Alvarez
Wandsüchtig
Linien eines Bergsteigerlebens
Mit einem Vorwort von Ueli Steck

Unvergessliche Momente im Leben der britischen Berg- und Ausrüsterlegende Mo Anthoine.

MALIK NATIONAL GEOGRAPHIC